J.W. OCKER

Finstere Versprechen

GOLDMANN

Buch

Eingeschworene Gruppen, deren Mitglieder durch Gehirnwäsche unter Kontrolle gehalten werden, damit sie die kruden Machenschaften ihrer Anführer verbergen – Sekten üben eine ungemeine Faszination aus, gleichzeitig ängstigt man sich vor ihnen. Wie kommt es, dass ganz normale intelligente Bürger in die Fänge von Kulten geraten?

In dieser fesselnden Geschichtensammlung offenbaren sich die Abgründe der bekanntesten Sekten der Weltgeschichte: Menschenhandel, Opfergaben, Massensuizide, UFO-Glaube, Drogenmissbrauch, Ausbeutung, Mord. J.W. Ocker beleuchtet die Anziehungskraft der bekanntesten Sekten der Welt, analysiert deren psychologische und soziologische Strukturen und liefert damit packende Unterhaltung.

Autor

J.W. (Jason) Ocker ist ein mit dem Edgar Award ausgezeichneter Reiseschriftsteller, Horrorromanautor und Blogger.

J.W. OCKER

FINSTERE VERSPRECHEN

30 unheimliche Sekten
und Kulte – wie sie uns fangen
und manipulieren

Aus dem Englischen
von Christine Heinzius

GOLDMANN

Die amerikanische Originalausgabe erschien 2024 unter dem Titel
»Cult Following« bei Quirk Books, Philadelphia.

FSC www.fsc.org
MIX
Papier | Fördert
gute Waldnutzung
FSC® C083411

Penguin Random House Verlagsgruppe FSC® N001967

1. Auflage
Deutsche Erstausgabe November 2025

Redaktion: Andrea Kalbe
Illustrationen: Shutterstock/Anna_leni,
Shutterstock/Gorbash Varvara, Shutterstock/polygraphus
Umschlag: Uno Werbeagentur, München,
nach einem Design von Elissa Flanigan
Umschlagmotiv: Joshua Noom
Satz: Satzwerk Huber, Germering
Druck und Bindung: CPI books GmbH, Leck
Printed in EU
AR · CF
ISBN 978-3-442-14322-1

www.goldmann-verlag.de

Für Christian Haunton
aus Literatur- wie Lebensgründen

Inhalt

EINLEITUNG

Wir sind alle Anhänger

Sekte ist ein gruseliges Wort. Wie *Terrorist*. Oder *Lepra. Sharknado*. Sogar Leute in Sekten mögen das Wort *Sekte* nicht. Auch Wörterbuchdefinitionen können die Angst und die Abscheu, die das Wort auslöst, nicht einfangen. Merriam-Webster beschreibt eine Sekte als »eine Religion, die als unorthodox oder unecht« angesehen wird. Im Oxford English Dictionary kommen wir der gruseligen Konnotation etwas näher: »eine relativ kleine Gruppe, die einem Glauben (bes. religiös) oder Riten anhängt, die von anderen als merkwürdig oder unheilvoll angesehen werden oder die extreme Kontrolle über die Mitglieder ausübt«.

Der bekannte Psychiater Robert Jay Lifton geht in seinem Paper »Cult Formation« von 1991 tiefer. Hier die drei Elemente seiner Definition:

1. Ein charismatischer Anführer, der oft zum Ziel von Personenkult wird
2. Ein Prozess der Indoktrination
3. Ein Mechanismus der Ausbeutung, finanziell, sexuell oder anders

Jetzt wird es wirklich gruselig. Aber es wird noch schlimmer. Sekten scheinen oft schlimm zu enden – mal in Massenselbstmord, Massenmord oder auch nur öffentlicher Beschämung. Siehe zum Beispiel die Anhänger von Heaven's Gate, die tot in ihren Etagenbetten lagen, den Bauch voller Phenobarbital und Apfelmus. Oder Chen Tao in ihren weißen Kleidern und mit Cowboyhüten, die enttäuscht ihren texanischen Vorort verließen, als die UFOs nicht an dem von ihrem Anführer vorhergesagten Tag kamen. Oder Game-of-Thrones-Fans, die ihren Fernseher ausschalten, fassungslos darüber, wie acht Jahre voller Engagement und Hingabe mit einer Antiklimax belohnt wurden. Und dann gibt es da die Faustregel, sollte der Anführer sterben oder im Knast landen, dann handelte es sich bei der Gruppe wahrscheinlich um eine Sekte.

Trotz dieser vielen Definitionen und obwohl Sekten die Öffentlichkeit faszinieren, ist es überraschend schwierig, eine Sekte zu definieren oder auch eine zu erkennen. So ist die Grenze zwischen Religion und Sekte eine dünne, vage Linie. Liftons Definition kann man leicht auf jede Religion anwenden – aber die kaum merkbare Trennlinie zwischen einer Sekte und einer Religion kann auch schlicht ihr Erfolg sein. Religionen sind groß. Mainstream. Und was das schlimme Ende angeht, so sind Religionen groß und einflussreich genug, um Verbrechen, Skandale und Tragödien innerhalb ihrer Strukturen aufzufangen oder standzuhalten und weiterzumachen, die Krawatten gerichtet, die Kragen gestärkt und die Heiligenscheine poliert, wie es kleinere Sekten nicht können.

Und um die Definition noch etwas schwieriger zu gestalten, bilden sich Sekten nicht nur um religiöse Vorstellungen und Ziele herum, sondern auch um alles Mögliche andere – von der Wissenschaft über die Politik bis zum Kommerz. Die Remnant Fellowship Church zum Beispiel basierte ausgerechnet auf Diäten. Und natürlich haben wir die Definition noch weiter gefasst – durch den Ausdruck *Kult*, der die Besessenheit und den Fanatismus in der Popkultur beschreibt.

Aber was, wenn ich behaupte, dass trotz der Angst, der Merkwürdigkeiten und der Gefahr, die Sekten mit sich bringen können, Mitglied einer Sekte zu werden, zu den menschlichsten Dingen überhaupt gehört?

Wir alle wollen etwas angehören, das größer ist als wir selbst, wollen von gleichgesinnten Menschen akzeptiert werden. Wir alle wollen glauben, dass unsere Vorstellungen von der Welt der ultimativen Wahrheit des Universums entsprechen. Sekten sind so direkt: Sinn, Gemeinschaft und das Verständnis dafür, wie die Welt funktioniert. Wer will all das nicht?

Und wir sind alle Anhänger. Selbst der egoistischste Alphatyp da draußen folgt irgendetwas oder irgendwem. Wir folgen Eltern und Chefs, Experten und Mentoren, kulturellen Normen, Gesetzen und dem wissenschaftlichen Konsens. Wir folgen Markttrends, Modetrends und Social-Media-Trends. Wir sind darauf programmiert zu folgen.

Und doch wird niemand Mitglied einer Sekte. Jedenfalls nicht bewusst, laut dem Sektenexperten Dr. Steven Hassan in der *Sydney Morning Herald*: »Menschen werden Mitglieder von Gemeinschaften, nicht von Sekten.« Und Sekten können ein echtes Gemeinschaftsgefühl und all die Vorteile davon bieten – Freundschaft, Hingabe an eine Sache, Stabilität, Schutz. Wenigstens zu Beginn. Das grausige Ende vieler Sektenanhänger ist oft der letzte Schritt in einem jahrelangen Indoktrinationsprozess, der mit einer langen Flitterwochenphase beginnt, dann zu immer stärkerer Isolation und Kontrolle führt und schließlich in einer Tragödie gipfelt, wenn jede andere Fluchtroute blockiert ist. Manche Menschen merken nie, dass sie Teil einer Sekte sind. Manche merken es und verlassen die Gruppe, während andere es zu spät bemerken. Wie in vielen Beziehungen und Engagements ertragen die Anhänger das Schlechte oft, weil es auch genug Gutes gibt, oder sie machen weiter, weil sie glauben, sie hätten schon zu viel investiert und der Lohn dafür stünde kurz bevor.

Ungerechterweise werden Sektenanhänger oft als naive, gehirngewaschene Jünger veräppelt, obwohl die Forschung gezeigt hat, dass das weit von der Wahrheit entfernt ist. (Erwähnenswert ist hier, dass das Konzept der Gehirnwäsche nicht durch medizinische oder psychologische Belege nachgewiesen werden kann – mehr dazu auf S. 278.) Forschungen des Religionssoziologen Lorne L. Dawson in seinem Buch *The Sociology of New Religious Movements* zeigen, dass der durchschnittliche Sektenanhänger der Mittel- bis Oberschicht angehört sowie hochgebildet, intelligent, ehrgeizig, neugierig und idealistisch ist. Ich wette, diese Beschreibung trifft auf viele Leser dieses Buchs zu.

Jeder kann von einer Person oder einer Gruppe, der er vertraut, leicht reingelegt werden. Das menschliche Bedürfnis, sich mit anderen zu verbinden und zu einer Gruppe zu gehören, macht uns auch – besonders während der verletzlichsten Lebensphasen – extrem anfällig dafür, von Skrupellosen und Verblendeten ausgenutzt zu werden. Und an diesem Punkt werden Sekten wirklich gruselig: Sektenführer. Sekten wären nicht so schlimm, gäbe es da nicht die Gründer.

Mitglied einer Sekte zu werden und eine zu gründen, sind zwei unterschiedliche Impulse. Im einen Fall versucht man,

Akzeptanz und Sinn zu finden, im anderen versucht man zu kontrollieren und auszubeuten. Aber die wirkungsvollsten Sektenführer sind mehr als machthungrig, egoistisch und charismatisch (obwohl sie definitiv all das sein müssen). Sie müssen auch eine neue – oder wenigstens scheinbar neue – und oft wirklich seltsame Vorstellung vom Leben haben.

In diesem Buch schauen wir uns dreißig der faszinierendsten Sekten der Geschichte an, von solchen, die glauben, dass Außerirdische uns kontrollieren, über solche, die glauben, dass das Geheimnis unserer Zukunft in unseren Füßen steckt, bis zu Sekten, die glauben, dass Essen unnötig ist.

Und das liegt nicht nur daran, dass eine Geschichte interessanter ist, je wirrer die Sekte – obwohl das sicherlich dazugehört. Wichtiger ist dabei, je wirrer die Sekte ist, umso mehr lernen wir über die Flexibilität des Glaubens, über das verzweifelte Dazugehörenwollen, die Tragik des Vertrauens und die Verletzlichkeit (und Verrücktheit) des Menschseins.

Die Sekten in diesem Buch sind nicht danach sortiert, woran sie glauben, sondern danach, was ihre Anhänger bei der Gruppe suchten: Wahrheit, Schutz, Sinn, Erlösung, Selbstoptimierung. Die Dinge, nach denen alle suchen. Denn so wird man Mitglied einer Sekte: indem man ein Mensch ist und nach den Dingen sucht, die wir alle brauchen und uns wünschen.

Und wahrscheinlich ist das das Gruseligste an Sekten: nicht der Schaden, den sie anrichten können, sondern wie nachvollziehbar die Sinnsuche ihrer Anhänger ist und wie leicht man einer beitreten kann.

AUF DER SUCHE NACH DER

Wahrheit

»Die Welt kann der Kraft der absoluten Wahrheit nicht lange widerstehen.«

– Dr. Cyrus Teed (alias Koresh), Koreshan Unity

Wem glauben wir, wenn man uns vom Wesen der Welt und des Universums erzählt? Davon, was unsere Regierungen tun? Von Geschichte? Vom Weltraum? Von all den großen, wichtigen Wahrheiten, zu denen wir keinen direkten Zugang haben? Glauben wir Wissenschaftlern, Politikern, Medien, Lehrern, religiösen Anführern? Diese Sekten sagen, du solltest keinem von ihnen glauben, und bieten gegensätzliche Vorstellungen, die dem Okkulten, Außerirdischen, modernen Messiassen, Geistern der Toten und – in einem Fall – den Vereinigten Staaten selbst entspringen. Und es geht nicht immer nur darum, sich für die rote oder die blaue Pille zu entscheiden. Manchmal braucht man Aspirin, wegen des Kopfwehs, das sich einstellt, wenn man versucht, diese verdrehten Vorstellungen zu verstehen.

Raëlismus

Wesen und Sex nicht von dieser Welt

Zur Geschichte des Raëlismus gehören ein Vulkan, Außerirdische, Sex mit eben jenen Außerirdischen sowie der angeblich erste menschliche Klon, und schließlich wird Kanye West davon verführt. Und all das wegen der seltsamen Lehren eines französischen Autorennfahrers.

Claude Vorilhon begann als Straßenkünstler und hatte dann kleinere Erfolge als Musiker in Paris, aber seine eigentliche Leidenschaft waren Rennwagen. Schon bald ließ er die Unterhaltungsindustrie hinter sich und ging zur berühmten Winfield Racing School, war Test- und Rennfahrer und gründete eine Zeitschrift für Rennwagen namens *AutoPop*. Doch am 13. Dezember 1973, im Alter von 27 Jahren, veränderte sich seine Leidenschaft. Er legte den Grundstein für eine der erfolgreichsten UFO-Sekten, abgesehen von L. Ron Hubbards Scientology. So läuft das Leben manchmal.

Eine Sekte wird zu einer UFO-Sekte, wenn zu ihrem Glaubenssystem Außerirdische gehören. Manchmal nehmen Außerirdische den Platz von Gott als Schöpfer der Menschen ein. Manchmal handeln sie ähnlich wie Engel und sind Botschafter einer höheren Macht. Manche UFO-Sekten glauben sogar, dass *wir* Außerirdische sind, die vergessen haben, woher wir kamen. Raumschiffe sind normalerweise auch dabei, oft, um die Gläubigen vor der bevorstehenden planetaren Apokalypse zu retten.

Bei Vorilhons erstem direkten Zusammentreffen mit Außerirdischen an diesem Dezembertag folgte er dem Impuls, den Puy de Lassolas zu besteigen, einen ruhenden Vulkan in Zentralfrankreich. Als er am Kraterrand ankam, beobachtete er, wie ein silbriges Fluggerät, das wie eine flache Glocke geformt war und ungefähr sieben Meter Durchmesser hatte, vor ihm landete – ein Raumschiff. Wie sich herausstellte, hatte er diesen Vulkan unter dem telepathischen Einfluss von Außerirdischen bestiegen. Aber nicht irgendwelcher Außerirdischer: der Außerirdischen, die vor gut 25 000 Jahren die Menschen erschufen. Steht alles in der Bibel, wenn man Vorilhons Lehre glaubt.

Das Wesen, das dem Raumschiff so locker entstieg wie ein Mann einem Bus, war einen Meter zwanzig groß und männlich, hatte eine grünliche Haut und grüne Kleidung, lange schwarze Haare und einen ebensolchen Bart sowie ein Kraftfeld um seinen Kopf. Sein Name war Jahweh, und er gehörte einer Rasse namens Elohim (ein Pluralausdruck für Gott im Alten Testament) an. Während sechs Tagen an diesem Vulkan interpretierte dieses Wesen für Vorilhon die Bibel neu, als ein galaxienumspannendes Science-Fiction-Epos. Die wahre Geschichte der Erde und ihrer Bewohner lautet ungefähr so:

Vor mehreren zehn Millionen Jahren experimentierten die Elohim mit Klonen und anderen genetischen Techniken. Um politische Bedenken wegen der Technologie zu Hause zu zerstreuen, reiste eine Gruppe Wissenschaftler auf einen entfernten Planeten ohne Leben – wir kennen ihn heute als Erde –, um sie zu testen. Dadurch starteten sie das Buch Genesis und erschufen das menschliche Leben, wie wir es kennen. Aber die progressiven und die konservativen Parteien der Elohim waren uneins, und diese Politik verursachte oft Probleme auf der Erde, was zu den restlichen Geschichten in der Bibel führte. Die weltweite Sintflut zum Beispiel verursachten tatsächlich die Elohim, die den Planeten mit Atombomben zerstörten, weil sie die Menschen bedrohlich fanden. Doch zum Glück für uns retteten sie Noah in einem Raumschiff im Orbit, zusammen mit Zellen von jeder Kreatur des Planeten, um sie später, wenn die Radioaktivität verschwunden wäre, zu klonen. Jahweh enthüllte auch, dass Satan tatsächlich eine Art Anti-Erde-Bürokrat war, der immer nachweisen wollte, dass das Erdexperiment schlecht lief. Die Endzeit ist angebrochen, wenn die Elohim auf die Erde zurückkehren, um ein Paradies zu errichten und die Besten und Klügsten durch Klonen von den Toten zu erwecken. Oh, und die Erzengel besaßen anscheinend atomare Desintegratoren, die Bundeslade war ein Sender-Empfänger, und Jonah wurde von einem außerirdischen U-Boot verschluckt.

Während Vorilhon auf diesem französischen Berg Sinai Moses spielte, enthüllte ihm das außerirdische Wesen, dass er Vorilhon all das erzählte, weil die Menschheit inzwischen wissenschaftlich reif genug sei, um die Wahrheit zu verkraften – und da sie dreißig Jahre zuvor Atombomben auf Japan geworfen hatte, auch technologisch gefährlich genug, um sie zu brauchen. Die Elohim waren bereit, zu ihrer Schöpfung zurückzukehren, aber sie brauchten einen Propheten. Sie wählten Vorilhon, weil er einen offenen Geist besaß, wissenschaftlich unbeleckt war, aus Frankreich stammte (dem Geburtsort der Demokratie!) und der Sohn eines Juden und einer Katholikin war. Die Elohim wollten, dass Vorilhon ihre Lehre verbreitete und eine diplomatische Vertretung für sie baute, inklusive einer Landestelle für Raumschiffe.

Auf Anweisung von Jahweh nahm Vorilhon einen neuen Namen an, Raël (»Licht der Elohim«), und gründete eine Gruppe namens MADECH, was das französische Akronym sowohl für »Bewegung zum Empfang der Elohim, Schöpfer der Menschheit« als auch für »Moses ging Elijah und Christus voraus« ist. Er hielt in ganz Frankreich Vorträge, predigte die neuen Gebote des Humanitarismus, der Weltregierung und der Geniokratie – einem idealisierten Regierungssystem, in dem die Anführer wegen ihrer Intelligenz und ihres Mitgefühls ausgewählt werden. Er war sogar ein paarmal im Fernsehen. Bei einem dieser Auftritte trug einer der Moderatoren grüne Kleidung und pinke Antennen, um sich über ihn lustig zu machen.

MADECH wuchs auf wenige (oder überraschend viele, je nach Blickwinkel) Hundert Mitglieder heran. Doch 1975 gab Raël die Gruppe auf. In seinem Buch *Die Außerirdischen haben mich auf ihren Planeten mitgenommen* behauptete er, der Grund dafür sei gewesen, dass die Gruppe allein klargekommen wäre und er größere Pläne gehabt hätte, aber andere meinten, er wäre mit der Gruppe unzufrieden gewesen, weil die sich der allgemeineren Ufologie zugewandt hatte, die damals en vogue war, anstatt seine Botschaft wie eine echte Religion zu behandeln, was sie ja eigentlich war. So oder so existierte MADECH nicht lange. Zum Glück war es nicht nötig.

Am 7. Oktober 1975 kehrte Jahweh zurück und nahm dieses Mal Raël zum namenlosen Heimatplanten der Elohim mit. Jetzt wurde alles ein bisschen seltsamer – und viel sexyer.

In der Heimatwelt der Elohim wurde Raël weiter über die Gebote der Bewegung, die er anführen sollte, instruiert. Er erlebte, wie seine Mutter und er selbst als »biologische Roboter« rekonstruiert wurden. Er hatte Sex mit sechs weiblichen biologischen Robotern, die extra für ihn hergestellt wurden (anscheinend drei weiße – eine Brünette, eine Blonde und eine Rothaarige –, ein afrikanischer und zwei asiatische). Er lernte sinnliche Meditation, den Kosmischen Orgasmus und Telepathie kennen. Er sah genug nackte grüne Frauen tanzen, dass Captain James T. Kirk vor Neid seine *Enterprise* geparkt und die Schlüssel weggeworfen hätte. Außerdem traf er Jesus, Buddha, Elijah, Moses und Mohammed. Wahrscheinlich im Jacuzzi.

Nach seiner Rückkehr machte Raël Ernst mit seiner neuen Religion, Raëlismus, deren Symbol ein Hakenkreuz in einem Davidsstern ist – ein Logo, das ihm die Elohim übergeben hatten. Raëls Ziel war immer noch, die Elohim mit einer diplomatischen Vertretung wieder auf der Erde zu empfangen und das von ihnen versprochene, auf Wissenschaft basierende Paradies voller Sex zu etablieren, und jetzt verfügte er über die so wichtigen Regeln für die Anhänger. Eine Sekte braucht Regeln. In diesem Fall wird von Raëlianern erwartet, dass sie ihre DNA sauber halten, indem sie weder rauchen noch Drogen nehmen noch Koffein konsumieren, zehn Prozent ihres Einkommens abführen und ihre Körper mit jedem, der darauf Lust hat, ausgiebig genießen (»Vergnügen ist der Dünger, der den Geist öffnet«, hatte Jahweh Raël gesagt) – die letzte Regel ist wohl ein deutlich mächtigeres Anwerbemittel als der Verzicht auf Kaffee. Sie praktizieren auch viermal jährlich einen Taufritus namens Transmission of the Cellular Plan, bei dem sie ihre Köpfe nass machen und telepathisch mit den Elohim kommunizieren und ihren genetischen Code an die Elohim schicken, für zukünftige Unsterblichkeit durch Klonen.

Und das war – oder sollte ich sagen, ist – die eigentliche Geburtsstunde des Raëlismus. Er enthüllt nicht nur die Wahrheit des Universums, unserer Vergangenheit und unserer Zukunft, sondern verspricht auch Freiheit von sexuellem Puritanismus. Ewig leben, viel Sex haben und den Weltraum erkunden: Schreib dieses Versprechen auf ein Raumschiff, und du wirst sehen, wie viele versucht sein werden, zu unterschreiben und einzusteigen.

Raël bereiste die Welt und verbreitete seine Heilsbotschaft von freier Liebe und Sci-Fi-Christentum. Dabei machte er auch Werbung für die drei Bücher, die er über seine Erlebnisse mit den Elohim geschrieben hat: *Das Buch, das die Wahrheit sagt* (1974), *Die Außerirdischen haben mich auf ihren Planeten mitgenommen* (1975) und *Heißen wir die Außerirdischen willkommen* (1979). In der Nähe von Montreal fand er schließlich ein festes Zuhause für den Raëlismus. Dort baute er sein Hauptquartier namens UFOland, inklusive einer lebensgroßen Replica von Jahwehs Raumschiff.

In den 1990er sammelten die Raëlianer weiter Spenden für die diplomatische Vertretung und wählten Jerusalem als Zielort. Um Geld zu sammeln und Werbung zu machen, kehrte Raël auf die Rennstrecke zurück. Der Mann mit der beginnenden Glatze und dem kurzen Bart fiel unter den anderen Rennfahrern auf, da er eine weiße Tunika mit passender Hose trug und um seinen Hals ein großes metallenes Raëlismussymbol hing. Wegen des Hakenkreuzes sorgte dieses Symbol damals für eine Kontroverse. Als Folge ersetzte die Gruppe das Hakenkreuz im Davidsstern durch einen Galaxiewirbel, kehrte später allerdings wieder zum ursprünglichen Symbol zurück, das sie bis heute nutzen und verteidigen.

Die Raëlianer verbrachten auch viel Zeit mit ihrer Agenda der sexuellen Freizügigkeit. 1992 gab es die Operation Condom, bei der sie einen rosa, mit fliegenden Untertassen und Kondomen dekorierten Lieferwagen an die katholischen Highschools von Quebec schickten, um unter den Schülern und Schülerinnen Kondome zu verteilen (als Protest gegen das Veto der Quebec Catholic School Commission gegen Kondomautomaten in ihren Schulen). 2006 mobilisierten sie Anhänger, um Stripper in Las Vegas zu unterstützen. 2007 organisierten sie in vier Städten ein Event namens Go Topless, um Frauen zu ermutigen, ihre Brüste in der Öffentlichkeit zu entblößen. Dieses Event hat sich seitdem in vielen Städten im Land verbreitet.

In dem Sammelband *Sexuality and New Religious Movements* berichtet Susan J. Palmer, dass Raël eine geheime, rein weibliche Gruppe innerhalb des Raëlismus gegründet hat, die sich Order of Raël's Angels nannte. Sie bestand aus Frauen, die darin unterwiesen waren, wie sie den Elohim bei deren Rückkehr sexuell am besten zu Diensten sein könnten (das hatten die Elohim anscheinend extra gefordert).

2002 wurden die sexuellen Heldentaten plötzlich von wissenschaftlichen Behauptungen der Raëlianer überstrahlt, als eine Firma namens Clonaid verkündete, sie hätte zum ersten Mal erfolgreich einen Menschen geklont. Ihr Name war Eve. Clonaid, das von der Chemikerin und Raëlianer-Bischöfin Dr. Brigitte Boisselier geleitet wird, war fünf Jahre zuvor von Raël persönlich gegründet worden, als das Klonschaf Dolly, das erste Schaf, das aus einer adulten Zelle geklont wurde, durch die Medien ging. Doch nach dieser Meldung von Dr. Boisselier distanzierte sich Raël von der Firma und behauptete, dass er und die Bewegung der Raëlianer keinerlei Verbindung mehr zu Clonaid hätten und dass die von ihm gegründete ursprüngliche Firma bloß eine Website und ein Brieffach auf den Bahamas gewesen sei, mit der Absicht, nach dem Dolly-Durchbruch das Interesse an menschlichem Klonen zu testen. Trotzdem verteidigte er die Firma. Als Eve nicht öffentlich gezeigt wurde, behauptete Raël, das läge daran, dass sie nach dem Urteil eines Richters in Florida ihren Eltern weggenommen worden war.

In den letzten Jahren ist es in den Medien relativ still um die Gruppe geworden, auch wenn der Terminkalender auf ihrer Website immer noch voll ist, unter anderem mit Festen wie dem Clitoris Awareness Month, Swastika Rehabilitation Day und Femininity Day. Doch im Dezember 2022 landete die Gruppe erneut in den Schlagzeilen, als der Rapper Kanye West nach einer Reihe von antisemitischen Beiträgen auf Twitter (heute »X«) das Bild der Hakenkreuzversion des Raëlianer-Logos postete. Der Rapper wurde schließlich von der Website verbannt, und die Medien hatten viel Spaß damit, den Ursprung des Symbols zu erklären – und das einem ahnungslosen Publikum, das eigentlich nur wissen wollte, ob Ye ein Rassist ist und nicht, ob ein französischer Rennfahrer von einer uralten, außerirdischen Zivilisation die Antwort auf den Ursprung des Lebens erfahren hatte.

Heute, mehr als fünfzig Jahre nach dem schicksalhaften Treffen auf einem französischen Vulkan, gehört der Raëlismus immer noch zu den erfolgreicheren UFO-Sekten. Es gab keine massenhaften Todesfälle. Der Gründer sitzt nicht im Gefängnis. Und laut dem Religion and Media Centre ist sie inzwischen auf über 65 000 Anhänger angewachsen, von denen rund 50 000 in Kanada leben und der Rest in achtzig weiteren Ländern.

Den Reiz der Sekte fasst Anthony Grey, ein Autor, Journalist und BBC-Moderator – sowie Raëlianer –, am besten zusammen. In einem Vorwort zu einer Sammlung von Raëls Schriften von 2005 schreibt Grey, dass der Raëlismus »die einzige überzeugende Erklärung ist, die ich bisher für unsere physischen Ursprünge gefunden habe, für unsere planetarische Geschichte, unseren Platz und unsere aktuelle Position in dem uns bekannten Universum und last but not least für unsere chronisch spalterischen und potenziell selbstzerstörerischen globalen religiösen Überzeugungen.« Weiterhin schreibt er, dass die Lehren des Raëlismus »bestätigen, dass wir nicht allein im Universum sind … Wir werden von einer überlegenen, fortgeschrittenen menschlichen Zivilisation geliebt, beobachtet und geführt.«

Während ich dieses Buch schreibe, versuchen die Raëlianer immer noch, diese diplomatische Vertretung in Jerusalem zu erbauen, die laut ihrem Fünf-Phasen-Plan 2030 fertig sein soll. Den Angaben auf ihrer Website zufolge wird dann »offizieller Kontakt mit den Außerirdischen die größte Nachricht jemals sein und die diplomatische Vertretung zum wichtigsten Ort auf dem Planeten!«.

Koreshan Unity

Über uns nur das Land

Sekten erfinden oft verschiedene Elemente der Gesellschaft neu, um sie ihren eigenen Zielen anzupassen: Moral, Religion, Familie, Regierung. Nur wenige waren jedoch so kühn, das gesamte Universum neu zu erfinden. Doch genau das taten Dr. Cyrus Teed und seine Koreshan Unity.

Cyrus Teed war Mitte des 19. Jahrhunderts ein Arzt in New York. Neben der Medizin hatte er noch zwei Leidenschaften: Leben in einer Kommune und die gerade erst neu erschlossene Kraft der Elektrizität. Ersteres liegt darin begründet, dass er den Kapitalismus und den damit einhergehenden Wettbewerb nicht mochte, sondern Menschen, die teilten, was sie hatten, und in kooperativer Harmonie zusammenlebten. Was die zweite Leidenschaft angeht, so gefielen ihm alchemistische Experimente; er glaubte, er hätte das Geheimnis der Transmutation gelöst, der Umwandlung eines Stoffs in einen anderen, insbesondere von Blei in Gold. 1869, mit dreißig Jahren, experimentierte Teed in seinem Labor in Deerfield mit Elektrizität, als er eine Vision hatte, in der er sich in eine Art Geisteswesen verwandelt fühlte (allerdings heißt es in anderen Berichten, dass er einen elektrischen Schlag bekommen und das Bewusstsein verloren hatte). Später nannte er dieses Erlebnis seine »Erleuchtung«. Es veränderte ihn. Und es würde auch das Leben von Hunderten anderen verändern.

Bei seiner Erleuchtung traf Teed eine wunderschöne blonde Frau in einer purpur-goldfarbenen Robe, die auf einem silbernen Halbmond stand und einen Äskulapstab hielt – diese verschlungene Schlange, die das Symbol des ärztlichen Standes ist. Er wusste, dass diese Figur Gott war, den er später als sowohl männlich als auch weiblich beschreiben würde. Laut dem Bericht in seinem Buch *The Mystic Circle* erwachte Teed aus seiner Trance mit der absoluten Überzeugung, dass er auserwählt war, als ihr Messias »die Rasse zu erlösen«. Zu seiner von der Vision inspirierten Heilsgeschichte gehörten Unsterblichkeit, Gleichheit der Geschlechter, Wiedergeburt, Kommunismus und andere Ideen, die die Menschen des 19. Jahrhunderts hinter Taschentüchern nach Luft schnappen ließen.

In Teeds Glaubenssystem erreichte man Unsterblichkeit vor allem durch Enthaltsamkeit. Er glaubte, dass Sex und Fortpflanzung an den Energien zehrten und zu Verfall führten und wenn ein Mensch diese Energie stattdessen auf nicht fleischliche Aktivitäten konzentrierte, er sich in ein unzerstörbares Wesen in Harmonie mit dem Universum verwandeln könne. In seinen Worten laut der *Chicago Times*: »Der Lebensimpuls bleibt in uns gespeichert, und wir werden unsterblich.«

Teed beschloss, wenn er schon die Gesellschaft mit seiner Lehre auf den Kopf stellte, dann könne er das auch gleich noch mit dem Kosmos tun. Durch seine Vision glaubte Teed, dass unser Planet in Wahrheit eine hohle Kugel sei. Aber das hier ist keine gewöhnliche Hohlwelttheorie – es ist eher eine Theorie der auf links gewendeten Erde. Laut Teed ist der Himmel faktisch das Innere der Kugel und die Erde, auf der wir stehen, deren konkave innere Oberfläche. Die Hülle der Kugel ist 160 Kilometer dick, ihr Umfang beträgt 40 000 Kilometer. Das bedeutet, dass die Welt von der inneren Oberfläche bis zur gegenüberliegenden Oberfläche nur 12 800 Kilometer misst. Teed glaubte, dass die Sonne, die Planeten und andere astronomische Phänomene, die wir sehen, optische Illusionen seien, die durch eine Reihe von Metallscheiben in der Mitte der Erde/des Himmels entstehen. Der Mond zum Beispiel ist eine Reflexion der Erdoberfläche – Teed behauptete, man könne die Umrisse der Kontinente auf der Mondoberfläche erkennen.

Noch durchgeknallter als in einer Hohlkugel zu leben, ohne sich dessen bewusst zu sein, ist, dass es laut Teed nichts außer dieser Kugel gibt. Kein Universum. Kein Weltall. Keine Unendlichkeit. Nichts liegt jenseits der Hüllenkruste. Das bedeutet also, dass nicht nur die Erde lediglich einen Durchmesser von 12 800 Kilometern hat, sondern auch das gesamte Universum. Die Realität war ein begrenzter und überschaubarer Raum für Teed, weil er glaubte, dass Gott nichts Unbegreifliches erschaffen würde. Er nannte seine Vorstellung des Universums zellulare Kosmogonie.

Bewaffnet mit diesen rebellischen sozialen und wissenschaftlichen Nachrichten tat Teed, was ein Messias so tut: Er suchte nach Anhängern. In New York bekam er mit seinen Ideen jedoch keinen Fuß in die Tür, egal, wohin er ging. In der Zwischenzeit erkrankte seine Frau Fidelia an Tuberkulose. Sie zog mit ihrem gemeinsamen Sohn Douglas zu ihrer Familie und ließ den Messias, zu dem ihr Ehemann geworden war, allein zurück. Douglas besuchte seinen Vater später vor allem, weil er dachte, der schulde ihm Geld.

Nachdem Teed fünfzehn Jahre lang vergeblich versucht hatte, eine Kommune zu gründen, fand er schließlich nach einem Vortrag 1886 in Chicago ein empfängliches Publikum. Während der nächsten zehn Jahre gewann er mehr als hundert Anhänger in dieser Stadt. Was Teed zu bieten hatte, war für die richtigen Leute sehr attraktiv: progressive kulturelle Reformen, das Versprechen von Unsterblichkeit, die Chance, eine einzigartige Gemeinschaft aufzubauen, und vor allem die Geborgenheit eines kleinen und überschaubaren Universums.

1891 gab er sich den Namen Koresh, Cyrus auf Hebräisch – vielleicht weil Koreshans besser klang als Teedites –, und nannte sein Glaubenssystem Koreshanity. Aber Chicago reichte Koresh nicht. Er war auf der Suche nach einem Neuen Jerusalem, einem Ort, an dem er aus der Koreshanity eine Zivilisation von über zehn Millionen unsterblichen Seelen machen könnte. Und er fand ihn in einem Sumpf im Süden.

Noch verrückter als das Konzept der zellularen Kosmogonie war Koreshs Überzeugung, dass Florida das Gelobte Land sei. 1894 fuhren er und seine Anhänger in eine kaum besiedelte Gegend im Südwesten des Staates, die Estero genannt wurde, und gründeten dort, in einer sumpfigen Wildnis voller Mangroven und Palmen, eine 130 Hektar große Kommune namens Koreshan Unity.

Und sie haben sich ziemlich gut geschlagen, auch wenn sie bei Weitem nicht Koreshs angestrebte Bevölkerungszahl erreichten. Zu Hochzeiten der Kommune, in den ersten zehn Jahren des 20. Jahrhunderts, lebten und arbeiteten gut 250 Menschen in sechzig Gebäuden auf fast 24 Quadratkilometern großartiger konkaver Fläche. Und das waren nicht einfach ein paar Koreshans, die im Sumpf herumliefen, Alligatoren aus dem Weg gingen und einander mit »Wir leben innen« begrüßten – sie errichteten auch alle mögliche Infrastruktur.

Wegen Teeds Leidenschaft für Technologie hatten sie schon früh Elektrizität, bauten ihr eigenes Kraftwerk und lieferten den Strom nicht nur an Koreshan Unity, sondern auch an Menschen außerhalb der Kommune. Sogar Thomas Edison besuchte die Kommune einmal, genau wie Henry Ford. Sie hatten unter anderem ein Sägewerk und eine Bäckerei, eine Druckerei und ihre eigene Zeitung, einen Schmied, eine Beton- und Zinnfabrik, eine Fischerei und einen Gemischtwarenladen. Sie errichteten ein Postamt und die erste Schule in der Gegend, die allen Kindern offenstand, auch Nicht-Koreshans. Und das Management dieses geschäftigen Utopiaversuchs übernahm neben Koresh eine matriarchale Gruppe namens Seven Sisters, die in einem Gebäude mit dem Namen Planetary Court lebten. Laut eines zeitgenössischen Berichts in der *Tampa Tribune* waren die Koreshans »sehr fleißige und erfindungsreiche Menschen«.

Aber es war nicht so, dass in der Koreshan Unity nur gearbeitet wurde. Sie erschufen auch Kunst, darunter aufwändige Theaterstücke und große Konzerte in ihrer Art Hall. Sie veranstalteten auch das erste Kunstfestival der Region. Ezra J. Stewart von der *Tampa Tribune* schrieb 1908 über seinen Besuch der Kommune: »Der Besucher ist schnell beeindruckt vom fröhlichen, glücklichen Geist der Koreshans bei ihren täglichen Verrichtungen, denn diese Menschen, deren tägliche Arbeit der praktische Beweis der universellen Bruderschaft ist, legen großen Wert auf Unterhaltung und Spaß.«

Was Sekten angeht, könnte man schlechtere Nachbarn haben.

Im Zuge all dieser Gemeinschaftsbildung gab es natürlich auch die (Pseudo-) Wissenschaft. 1897 führte Koreshan Unity den Koreshan Geodetic Survey durch, um Koreshs göttlich inspirierte Theorie des Universums zu beweisen. Ulysses Grant Morrow – ein Schriftsteller, Erfinder und begeisterter Vertreter der zellularen Kosmogonie – entwickelte ein Experiment, um ihre Richtigkeit zu demonstrieren. Er entwarf und baute ein Gerät aus einer Reihe von dreieinhalb Meter langen und mit Stahl verstärkten Mahagonistäben, das er »Rektilineator« nannte. Morrow hoffte beweisen zu können, dass die Erde konkav ist, indem er das Gerät wie einen riesigen Zaun an einem Gewässer aufstellte und dann verschiedene Messungen und Berechnungen anstellte. Im nahen Naples fanden sie ein flaches Stück Strand und vermaßen gut sechs Kilometer Sand mit dem Rektilineator. Nach Morrows Interpretation der Daten bestätigten die Ergebnisse Koreshs göttliche Offenbarung.

Doch nicht alle mochten Koreshan Unity. Das lag zum Teil an Koreshs Neigung, Ehefrauen von ihren Ehemännern wegzulocken, sowohl durch sein Charisma als auch durch seine Botschaft der Gleichheit der Geschlechter, wodurch er mindestens ein Mal wegen »Entfremdung von Gefühlen« vor Gericht stand. In einem speziellen Fall während seiner Zeit in Chicago wurde er mit Lynchen, Erhängen, Steinigen und anderen unangenehmen Enden bedroht. Andere juristische Probleme entstanden durch Koreshs Anhäufung von Geld und Gelände, als er sein Neues Jerusalem vergrößern wollte. Aber was Koresh schließlich das Genick brach, war ein lokaler Streit.

Im Oktober 1906 hatten Koresh und ein paar Einheimische vor einem Gemüseladen in Fort Meyers eine Auseinandersetzung. Laut den Einheimischen hatte Koresh einen von ihnen einen Lügner genannt, während Koresh behauptete, dass sie ihn aus heiterem Himmel aus »politischen Gründen« angegriffen hätten. Egal, wer angefangen hat, Koresh wurde ziemlich schlimm zusammengeschlagen. Koresh und die anderen zwei waren kurz im Gefängnis, und die Koreshans glaubten, dass die Verletzungen, die er bei diesem Zusammenstoß erlitt, zu Koreshs körperlichem Abbau und schließlich zu seinem Tod zwei Jahre später am 22. Dezember 1908 beitrugen.

Aber der Tod ist für Unsterbliche kein Problem. Koreshs Anhänger, die aufrichtig an die baldige Wiederauferstehung ihres Messias glaubten, dachten, es würde an Weihnachten geschehen, das ja nur biblische drei Tage entfernt war. Sie legten seine Leiche in einen üblichen Zinksarg in seinem Haus, wo er tagelang in der feuchten Floridahitze lag. Als der Körper verweste, fragten Kinder nach den merkwürdigen Farben und Wucherungen auf ihrem Messias, worauf die Erwachsenen erklärten, dass er sich mitten in einer Umwandlung befinde. Was ja auch stimmte. Ein Foto, das damals von ihm gemacht wurde, zeigt einen dunklen, glänzenden Schimmer auf seinem Gesicht und Oberkörper. Irgendwann ertrugen selbst die Erwachsenen die Verwesung nicht mehr, und auf Verlangen der regionalen Behörde begruben sie Koresh in einem Grab auf Estero Island und hofften, dass er bei seiner Wiederauferstehung von allein herauskäme. Einigen Berichten zufolge haben sie folgende Notiz hineingelegt:

> *Unter Einhaltung des Gesetzes und nur aus diesem Grund wurde der Körper von Cyrus R. Teed in dieses steinerne Gewölbe gelegt. Wir, die Jünger von Koresh, Hirte, Stein von Israel, wissen, dass diese Grabstätte*

seinen Körper nicht halten kann, denn er wird den Tod überwinden, und sein unsterblicher Körper wird triumphierend aus dem Grab auferstehen.

Nach dem Tod und der ausbleibenden Wiederauferstehung ihres Gründers behielten manche Anhänger den Glauben und warteten, während andere enttäuscht gingen. Die Anzahl von Koreshans nahm immer weiter ab, bis 1961 nur noch vier übrig waren. Diese Koreshans überschrieben ihr Land größtenteils dem Staat und behielten nur genug, um ihre letzten Tage dort zu verbringen.

Dr. Cyrus »Koresh« Teed ist nie aus seinem Grab auferstanden. Am 25. Oktober 1921 verriet ihn sogar die Erde, die er so kühn umgedeutet hatte. Während eines Hurrikans wurde sein Grab zerstört und sein Sarg in den konvexen Golf gespült. Alles, was seine Anhänger danach noch von ihm fanden, waren ein paar Knochen und sein Schädel, den sie im Postamt der Kommune erneut beerdigten. Dieses Gebäude verbrannte irgendwann und damit auch seine Überreste.

Und auch wenn Koresh und seine Anhänger nie unsterblich wurden, wurde es die Kommune schon. Jedenfalls auf gewisse Weise. Heute ist ihr Neues Jerusalem ein Nationalpark namens Koreshan State Park. Es ist ein wunderschöner Ort, voller Palmen und Lebens-Eichen, direkt am Estero River. Ein Dutzend Gebäude haben überlebt, darunter Koreshs Haus, die Art Hall und der Planetary Court. Auch die letzte überlebende Koreshan ist hier begraben, Hedwig Michel, eine Jüdin, die 1940 aus Nazi-Deutschland geflohen war. Sie ist 1982 im Alter von neunzig Jahren gestorben. Eine Plakette an einem Felsen markiert ihr Grab.

Koresh verabschiedete sich unabsichtlich, aber sehr passend genau dann, als wir anfingen, in den Himmel und darüber hinaus aufzusteigen. 1903, fünf Jahre vor seinem Tod, starteten die Gebrüder Wright ihr erstes Flugzeug. Der erste transatlantische Flug fand 1919 statt. Der erste Mann im Weltall war Juri Gagarin 1961, dem Jahr, in dem die Koreshan Unity offiziell beendet wurde. Und Neil Armstrong hinterließ 1969 Fußspuren auf dem Mond und bewies damit ein für alle Mal, dass der mehr als eine Fata Morgana aus Metall ist. Das Universum ist nicht so gemütlich und begrenzt, wie Koresh glaubte. Es ist tatsächlich eine erschreckend unendliche und ungastliche Leere. Aber seine Vision einer Gemeinschaft, die ein Stück Land gemeinsam, gleichberechtigt und harmonisch bearbeitet – die war ziemlich schön.

Home of Truth

Durch eine Leiche gekillt

In einem Moment bist du eine reiche Dame der Gesellschaft an der Ostküste, hast ein Netzwerk aus Freunden und Kollegen, mit dem du die Welt verbessern willst, und im nächsten bist du eine Sektenführerin in einer Wüste in Utah, lauschst auf Geister in deiner Schreibmaschine und verpasst einer Leiche Milcheinläufe. Das Leben rast nur so.

Marie Ogden war eine umtriebige Frau. Sie lebte Anfang des 20. Jahrhunderts in Newark, New Jersey, und verbrachte ihre Tage damit, philanthropische, soziale und künstlerische Organisationen zu unterstützen. Ihr Kalender war übervoll mit Mittagessen, Vorträgen, Partys und Ausschusssitzungen. Sie war besessen von sozialem Fortschritt – bis sie von spirituellem Fortschritt besessen war.

Ihr weltlicher Aktivismus kam im November 1928 zu einem Ende, als bei ihrem Ehemann Harry Krebs diagnostiziert wurde. In den nächsten Monaten wandelten sich ihre Termine von Brunchs und Gemeindeveranstaltungen zu täglichen, hoffnungslosen Besuchen im Krankenhaus. In ihrem Tagebuch beschreibt Ogden diese Zeit als »sehr unglücklich« und schreibt, dass sie »todmüde« war. Allerdings dauerte diese Lebensphase nicht lange. Harry starb Anfang 1929.

Als Witwe stand Ogden an einem Wendepunkt, wie wir alle, wenn ein geliebter Mensch stirbt und man sich fragt: Werde ich ihn jemals wiedersehen? Was ist im Leben wirklich wichtig? Lohnt sich überhaupt irgendwas? Obwohl sie im episkopalischen Glauben erzogen worden war und in eine presbyterianische Familie eingeheiratet und ihre Tochter in eine methodistische Kirche geschickt hatte, war Ogden nicht religiös. Diese christlichen Sekten waren für sie eher kulturelle Institutionen als Wege zur ultimativen Wahrheit. Aber jetzt, da sie den großen Fragen gegenüberstand, interessierte sie sich dafür, was über das Leben nach dem Tod wirklich stimmte. Und das führte sie zum Spiritismus, dem Glauben, dass die Seele nach dem Tod erhalten bleibt und wir mit denen, die bereits im Jenseits weilen, kommunizieren können, und zwar mithilfe eines Mediums – Menschen, die behaupten, auf unterschiedlichen Wegen mit Geistern in Kontakt treten zu können, meistens während einer Séance. In den Jahren nach dem Bürgerkrieg, als der Tod sozusagen allgegenwärtig war, wurde Spiritismus in den USA unglaublich beliebt. 1946 sagte Ogden in einem Interview mit dem Autor und Volkskundler Hector Lee, dass sie durch den Tod ihres Ehemannes ein Interesse für die sogenannten »Geheimnisse des Lebens« und die spirituelle Entwicklung, die man erreichen kann, wenn man möchte, entwickelt habe.

Und dieses Interesse führte sie direkt zu William Dudley Pelley, einem Mann, der zum Sektenführer berufen schien, aber nie eine Anhängerschaft versammeln konnte – obwohl er schließlich doch noch eine Anhängerschaft ganz anderer Art um sich versammelte. Pelley war ein recht erfolgreicher Journalist und Autor. Er schrieb für die *Chicago Times*, gewann zwei

O.-Henry-Preise und schrieb eine Handvoll Romane und ein Dutzend Drehbücher, darunter zu zwei Filmen mit Lon Chaney, *The Light in the Dark* (1922) und *The Shock* (1923).

Das größte Aufsehen erregten allerdings seine Schriften über Spiritismus. Insbesondere ein Essay, das er für die Zeitschrift *The American* schrieb, »Seven Minutes in Eternity«, beschreibt seine Nahtoderfahrung, nachdem er »eine Kombination aus Herzinfarkt und Schlaganfall« erlitten hatte. Während er mehr oder weniger tot war, landete er an einem weißen marmornen Ort, den er »Hyperdimension« nannte und an dem irgendwie bekannte Menschen mit Hüten herumliefen. Dieses besondere Wissen über eine Existenz nach dem Tod veränderte Pelley. Er glaubte jetzt, dass er die Mission hatte, die Welt spirituell zu transformieren, und ihm dafür übernatürliche Kräfte mitgegeben waren – darunter Levitation, Röntgenblick und Seelenreisen.

Möglicherweise wurde Ogdens Aufmerksamkeit durch »Seven Minutes in Eternity« geweckt, denn es erschien im März 1929, kurz nach dem Tod ihres Mannes. Oder vielleicht traf sie später im selben Jahr auf die Geschichte, als Pelley sie ausführlicher in Buchform herausgab mit dem Titel *Seven Minutes in Eternity with the Aftermath*. Pelley schrieb regelmäßig im *New Liberator*, einer von ihm herausgegebenen Zeitschrift, über seine weiteren spirituellen Entdeckungen (manche wurden ihm von einem Wesen, das er »Oracle« nannte, überbracht).

Wie auch immer Ogden Pelley gefunden hat, genau wie bei ihrem bürgerlichen Engagement stürzte sie sich kopfüber in ihre neue Aufgabe: die Chance, eine der Auserwählten zu sein, die ein neues Zeitalter der Spiritualität herbeiführen könnten. Sie traf Pelley Anfang 1931 und erfuhr von seinem Plan, metaphysische Zentren im ganzen Land zu eröffnen sowie Christen in einer Organisation zu vereinen, die seinen spiritistischen New-Age-Lehren folgte. Ogden gab Pelley Aktien im Wert von 14 000 Dollar und arbeitete daran, eines seiner Zentren in Newark zu eröffnen. Sie plante auch, Teil des nationalen Büros in Washington, D.C., das Pelley eröffnen wollte, zu sein.

Doch nichts von all dem geschah, obwohl Ogden immer mehr Geld für Pelleys Pläne ausgab. Enttäuscht trennte Ogden sich 1932 von Pelley. Die Trennung erfolgte im perfekten Augenblick, weil Adolf Hitler im nächsten Jahr in Deutschland an die Macht kam und Pelley ihn toll fand. Er fand ihn so toll, dass er seine eigene Nazi-Organisation namens Silver Legion (wegen ihrer von den Nazis inspirierten Uniformen auch als Silberhemden bekannt) gründete und sich selbst den »amerikanischen Hitler« nannte. Zu ihren Hochzeiten gehörten seiner Organisation 15 000 Mitglieder an, aber 1942 wurde er wegen Volksverhetzung zu fünfzehn Jahren Haft verurteilt. Er saß acht davon ab, wurde begnadigt und versuchte danach, eine UFO-Sekte zu gründen.

In der Zwischenzeit gründete Ogden ihre eigene Gruppe, die School of Truth; sie versammelte Anhänger, die sich in dem Gebäude trafen, das sie in Newark für Pelley gedacht hatte. Schließlich erhielt sie plötzlich Botschaften aus dem Jenseits, die besagten, dass eine neue Weltordnung bevorstand. Dass die wiedergeborenen Seelen biblischer Helden erwachen würden. Dass apokalyptische globale Katastrophen bevorstanden und dass aus deren Asche eine erleuchtete Bevölkerung aufsteigen würde. Dass man unsterblich werden konnte, einfach, indem man sich der Sache verschrieb. Sie wusste all das, weil ihre Schreibmaschine es ihr sagte. Ogden erhielt nämlich beim Tippen Botschaften von Geistern aus dem Jenseits, eine technologisch fortschrittliche Variante des automatischen Schreibens, wie es Medien in den Jahren davor so oft praktiziert hatten.

Als ihr Hauptquartier in Newark zwangsversteigert wurde, erkannte Ogden, dass sie ein Gelobtes Land brauchte, irgendwo weit weg von den Natur- und Wirtschaftskatastrophen, die ihre Schreibmaschine vorhersagte. Das bedeutete, Küsten und dicht besiedelte Orte fielen schon mal weg. Im Sommer 1933 reiste sie auf der Suche nach einem geeigneten Platz durchs Land und versammelte dabei immer mehr Anhänger hinter sich. Zu den Staaten, die sie besuchte, gehörten Illinois, Idaho, Washington und Kalifornien, aber keiner passte so richtig.

Dann erhielt sie einen Brief von einer Anhängerin aus New York. Sie erzählte Ogden, dass sie eine Zukunftsvision der School of Truth gehabt habe. Sie hatte ein Wüstental gesehen, und im Himmel darüber stand das Wort *Utah* geschrieben. Laut Ogden passte diese Vision zu ihrer eigenen Vision des zukünftigen Hauptquartiers der Schule. Ogden sah darin ein Zeichen und fuhr nach Utah, wo sie einen passenden Ort fand, Dry Valley, ungefähr 24 Kilometer nördlich der Stadt Monticello in San Juan County. Am Eingang des Tals befand sich sogar eine sechzig Meter hohe Sandsteinformation in Form eines Schneemannes, die Ogden anscheinend auch in einer Vision erschienen war. Sie wurde Church Rock getauft.

Im September 1933 zog Ogden mit gut dreißig Anhängern nach Dry Valley. Mit vereinten Kräften schürften sie in dieser Wüste, machten sie urbar und benannten die School of Truth in Home of Truth um. Ein weiterer Name war Ogden Center. Diese Siedlung lag weitab von der Zivilisation, und, was für Ogden genauso wichtig war, das Land hatte keinerlei Geschichte,

Menschen hatten es nicht durch materialistische Aktivitäten beschmutzt. Es gab nur hier und da ein paar Mormonen als Nachbarn.

Das Wüstental war ein harter Ort, mit extremen Temperaturschwankungen und einer trockenen, staubigen Erde. Selbst Ogden gab zu, dass er rau war. Aber sie sagte auch, wenn die Katastrophen einmal zuschlügen, würde die Gegend in einen üppigen Garten Eden verwandelt. 1934 kaufte sie die Regionalzeitung, die *San Juan Record*, und nutzte sie, um ihre Lehre von vagen Wahrheiten über die Endzeit, Reinkarnation, spiritueller Entwicklung und Unsterblichkeit weiterzuverbreiten.

Zu seinen Hochzeiten war das Home of Truth das Zuhause von siebzig bis hundert Anhängern. Die Siedlung hatte drei Hauptteile: das Outer Portal, wo die meisten Anhänger lebten und sich trafen, das Middle Portal, wo eine nie fertiggestellte Kapelle stand, und das Inner Portal, wo Ogden mit ihrer Tochter und ihrer übernatürlichen Schreibmaschine lebte, ein bisschen wie eine Spinne mitten im Netz. Ebenfalls wie eine Spinne lebte sie bald mit einem vertrockneten Körper, einem vertrockneten Körper, der die Endzeit bringen würde … für Home of Truth.

Edith Peshak und ihr Mann Elmer wurden 1934 Mitglieder von Home of Truth. Die Farmer aus Idaho hatten zwei erwachsene Kinder, Helen und Frank, aber nur Frank begleitete sie. Edith litt an Krebs im Endstadium, was die Hauptmotivation für das Paar war, ihre erfolgreiche Farm aufzugeben und nach Süden in die Wüste zu ziehen. Sie hatten gehört, dass Ogden Edith heilen könnte – und tatsächlich gehörte Heilen zu den Superkräften, die sie in dieser Wüste entwickeln wollte. Die Hoffnung, dass wir den Tod besiegen und einen geliebten Menschen nie ganz verlieren, macht den starken Reiz des Home of Truth und anderer spiritistischer Gruppen aus. Diese Hoffnung veranlasste Ogden nach dem Tod ihres Mannes, die Gruppe zu gründen, und viele andere, wie die Peshaks, sich ihr anzuschließen.

Ogden meditierte jeden Morgen, um ihren spirituellen Akku aufzuladen, dann traf sie sich jeden zweiten Tag mit Edith und hielt ihre Hände, um so die Unreinheiten aus Ediths Körper zu ziehen, und bat um Vermittlung durch Invisible Helpers, wie Ogden sie nannte – heilende Geister. Nichts davon funktionierte. Am 11. Februar 1935 starb Edith.

Erneut wurde ein Todesfall zu einem großen Wendepunkt für Marie Ogden. Der Tod einer ihrer Anhängerinnen bedeutete, dass alles, was sie über spirituelle Entwicklung, Unsterblichkeit und ihre eigenen Kräfte versprochen hatte, falsch war. Also machte sie das einzig Vernünftige: Sie tat so, als sei Edith nicht tot. Sie erzählte ihren Anhängern, dass Edith eine Phase der Reinigung durchmache und bald wiederauferstehen würde. Um sie auf diese Erweckung vorzubereiten, wies sie ihre Anhänger an, Edith täglich mit einer Salzlösung zu waschen und ihren Körper mit Milcheinläufen zu füttern.

Ein paar Monate später jedoch setzte Ediths Tochter die örtlichen Behörden unter Druck herauszufinden, was mit ihrer Mutter passiert war. Der Sheriff und ein Staatsanwalt wagten sich in die Siedlung, um nachzuforschen, aber Ogden verwehrte ihnen, den Körper zu sehen. Schließlich erlaubte sie einem Arzt Zugang, um zu beweisen, dass der Körper kein öffentliches Gesundheitsrisiko darstellte. Der Arzt bestätigte das. Edith war mumifiziert.

Nun verbreitete sich die Nachricht, dass die Sekte versuche, eine Tote wiederzubeleben. Am 23. November desselben Jahres erschienen überall im Land vergnügt-entsetzte Schlagzeilen. In der *Los Angeles Times* hieß es: »Sektenanhänger behalten eine Leiche und warten auf ihr zweites Leben.« Das *Milwaukee Journal* schrieb: »Sekte hält tägliche Riten ab, um eine Frau wiederauferstehen zu lassen.« Der *Idaho Statesman* verkündete: »Sekte in Utah weigert sich, eine tote Frau zu beerdigen, weil sie glauben, sie erstünde wieder auf.«

Es dauerte zwei Jahre, dann erlaubte Ogden schließlich, dass eine Sterbeurkunde ausgestellt wurde, was für sie ein schweres Eingeständnis war. Was mit dem Körper von Edith Peshak geschah, bleibt allerdings ein Rätsel.

Im April 1937 gab Thomas Robertson, ein Ex-Mitglied, der sich mit der Sekte zerstritten hatte, eine eidesstattliche Erklärung ab, dass er die Leiche auf Anweisung von Ogden auf einem Scheiterhaufen verbrannt habe, und zwar heimlich. Robertson sagte, dass Ogden den Anhängern später erzählte, dass der Körper versteckt worden war, um ihn vor all der ungewollten Aufmerksamkeit zu schützen.

Ein anderer Bericht widerspricht Robertson allerdings. Im Mai 1937 interviewte der Journalist Jack DeWitt Ogden und erfuhr von ihr, wo sich Ediths Leiche befand: in einer Höhle in einer nahe gelegenen Klippe. DeWitt schlich in einer Nacht dorthin und behauptete, er habe in dieser Höhle die mumifizierte Leiche von Edith Peshak gefunden. Edith wurde also entweder verbrannt oder begraben – aber wohl nicht wiedererweckt. Und auch wenn es ein Rätsel bleibt, was mit Edith Peshaks Leiche tatsächlich geschehen ist, so ist das Schicksal des Home of Truth keines.

Am Ende des Leichen-Fiaskos lebten nur noch weniger als ein Dutzend Anhänger in Home of Truth, weil viele die Kommune verlassen hatten, enttäuscht entweder von der Affäre um Edith Peshak oder vom harten Siedlerleben. Zu den Mitgliedern, die geblieben waren, gehörte Elmer Peshak, der beim gemeinsamen Thanksgiving-Dinner immer einen Stuhl für seine tote Frau dazustellte. Die Gruppe wurde jedoch immer kleiner, und 1949 verkaufte Ogden den *San Juan Record*. Ihre letzten Jahre verbrachte sie in einem Altenheim in Blanding, achtzig Kilometer südlich von Dry Valley. Sie starb 1975.

Vor ihrem Tod schrieb sie ein Buch, das alles über Home of Truth und dessen Überzeugungen zusammenfasste, es hieß *The Age of Faith Versus the Promise of Life*. Es wurde jedoch nie veröffentlicht, möglicherweise wurde es sogar verbrannt, als ihre letzten Anhänger sämtliche Papiere Ogdens zerstörten, um ihr Vermächtnis vor Spott zu schützen.

Heute ist Home of Truth selbst ihr Vermächtnis und der Ort hat Marie Ogden überlebt … als Ghost Town. Verrottende Holzgebäude in einer überwucherten Wüstenlandschaft. Auf dem Schild am Inner Portal steht immer noch »Marie's Place«.

Während ich dieses Buch schreibe, versuchen die aktuellen Eigentümer, den Ort als eine Touristenattraktion wiederherzustellen. Auch wenn Ogden ihre Anhängerin nicht wiederbeleben konnte, so könnte ihrem Home of Truth ein zweites Leben beschieden sein.

John-Frum-Bewegung

Star-Spangled Tanna

Stellen Sie sich eine ungeteerte Landebahn auf einer Insel im Südpazifik vor. Bloß dass diese Landebahn ein bisschen zu kurz scheint, als dass tatsächlich ein Flugzeug landen könnte. Aber da steht ein Flugzeug. Und ein Tower. Und eine Satellitenschüssel. Bei genauer Betrachtung stellen Sie allerdings fest, dass das Flugzeug und der Tower und die Schüssel alle aus Bambus, Holz und Stroh bestehen. Es ist die Kopie eines Flugplatzes. Aber es ist weder eine Falle noch ein Trick: Es ist eher ein Tempel für die Götter. Und diese Götter sind Amerikaner.

Zum Inselstaat Vanuatu gehören über achtzig Inseln in Melanesien, er liegt zwischen Fidschi und Neuguinea. Die ersten europäischen Entdecker trafen 1606 aus Spanien hier ein, aber erst im 18. Jahrhundert, nachdem Captain James Cook sich durch die Inseln geschlängelt hatte, wurden sie von den Franzosen und den Briten kolonialisiert und Neue Hebriden genannt, ein Name, der bis zur Unabhängigkeit des Landes 1980 hängen blieb. Die Kolonialgeschichte von Vanuatu ist eine der Vertragsknechtschaft und der erzwungenen Missionierung durch Presbyterianer. Ersteres nahm den Einheimischen ihre Inseln, Zweiteres nahm ihnen ihre Kultur (von den Einheimischen »Kastom« genannt). Die Missionare verboten verschiedene Traditionen wie das Penisfutteral, Tanzen und – vielleicht der größte Verlust – Kava trinken. Kava ist eine Droge, die aus Rauschpfeffer hergestellt und von den Ureinwohnern in heiliger Umgebung aus Kokosnussschalen getrunken wird. Sie betäubt den Hals, beruhigt und hilft sowohl beim Entspannen als auch bei spiritueller Erleuchtung.

In der eher verschwommenen Lehre der John-Frum-Bewegung begann alles 1940, als das Wesen, das schließlich John Frum genannt wurde, einer Gruppe von Ältesten auf der zu Vanuatu gehörenden Insel Tanna erschien. Die Insel ist vierzig Kilometer lang und neunzehn Kilometer breit. Heute hat sie gut 30 000 Einwohner. Der Vulkan Yasur prägt die Landschaft und sein bedrohliches Grummeln begleitet die Bewohner seit Tausenden von Jahren.

John Frum war ein großer weißer Mann, der die Landessprache sprach und vielleicht ein Geist war. Oder ein Heeresaufklärer aus Amerika. Oder die halluzinatorische Nebenwirkung einer langen Nacht voller Kava. (Die Leute auf Tanna machen die stärkste Kava der Region.) Laut Chief Isaak Wan Nikiau, dem Sohn eines dieser Ältesten, der später John Frum persönlich sah, war das Wesen »mächtiger als Jesus Christus«.

Ursprung des Namens John Frum könnte eine Verballhornung von »John from America« sein oder eine Variante von »John Broom«, also John Besen, was gut zu der Botschaft passt, die John Frum mitbrachte: Reinigt die Insel von den christlichen und kolonialen Einflüssen und kehrt zu Kastom zurück. Frum behauptete auch, dass Amerika ein Freund der Inselbewohner würde und ihnen in Zukunft viele materielle Güter bringen würde. John Frum hatte den Menschen von Tanna die

Wahrheit gebracht, und jetzt müssten sie nur noch zu ihm beten, damit es passierte. Das taten sie und zwei Jahre später kamen die prophezeiten Amerikaner.

Der Zweite Weltkrieg zog überall auf dem Globus rote Linien, und die Inseln im Südpazifik waren für die Alliierten strategisch wichtig, insbesondere für die USA nach dem japanischen Überfall auf Pearl Harbor 1941. Die Amerikaner bauten einen Stützpunkt auf den Inseln, auch auf Tanna, und stellten Einheimische an. Den Bewohnern Tannas fielen bei diesen Amerikanern zwei Dinge auf. Erstens behandelten die Amerikaner die Einheimischen auf Augenhöhe, nannten sie bei ihrem Namen und bezahlten sie für ihre Dienste, anders als die Franzosen und Briten während der Kolonialzeit. Und zweitens sahen die Insulaner während der amerikanischen Besatzung zum ersten Mal, wie schwarze und weiße Männer Schulter an Schulter unter derselben Flagge zusammenarbeiteten – in diesem Fall einer rot-weiß-blauen.

Und mit Arbeiten meinten sie nicht die Dinge, die für die Insulaner normalerweise Arbeit waren: Jagen, Sammeln, Gärtnern, Weben und Fischen. Die Amerikaner marschierten und exerzierten nur und spielten den ganzen Tag mit Radioknöpfen. Trotzdem mangelte es ihnen nie an Essen, Trinken, Kleidung oder sonst was. Alles, was sie zum Leben, Arbeiten und Spielen brauchten, brachten ihnen Flugzeuge oder Schiffe.

Diese lieferten wahre Wunder der Technologie des Industriezeitalters, wie sie die Insulaner noch nie gesehen hatten: Jeeps und Jeans, Kühlschränke und Kaugummi, Hefte und Hemden und alle möglichen Dinge, die für die Amerikaner selbstverständlich waren. Die Menschen auf Tanna hatten solche massenproduzierten Produkte noch nie gesehen und vor allem konnten sie sich nicht vorstellen, wie so etwas von Menschen hergestellt werden sollte. Denn wie webt man einen Jeep oder wie schnitzt man einen Kühlschrank? Und aus welchen Materialien bestehen sie? Die Insulaner hatten bis dahin weder Metall noch Plastik gesehen. Da sie davon überzeugt waren, dass kein Mensch diese Wunderdinge gemacht haben konnte, nahmen sie an, dass sie von den Göttern, ihren Ahnen, kamen. Was bedeutete, dass die Amerikaner das Rätsel geknackt hatten, wie man Gaben vom Himmel bekommt. Und diese Gaben hießen Cargo.

Und so entstanden Cargo-Kulte. Das passierte nicht nur auf Tanna, sondern während des 20. Jahrhunderts überall auf den Inseln im Südpazifik. Insulaner beobachteten, wie uniformierte Männer Flugzeuge aus dem Himmel oder Schiffe vom Meer riefen, die mit unerklärlichen Wunderdingen beladen waren, und suchten ihre eigene Erklärung dafür. Die John-Frum-Bewegung ist jedoch einzigartig, einerseits weil in ihrem Mittelpunkt die enigmatische Figur des John Frum steht, andererseits wegen ihrer Langlebigkeit. Der bereits erwähnte Chief Isaak Wan Nikiau, der dem Kult über Jahrzehnte vorstand, starb erst 2021 im Alter von siebzig Jahren.

Doch bei der John-Frum-Bewegung ging es nicht nur um Materielles, sondern auch darum, die Kultur Tannas nach Jahrhunderten des Kolonialismus und der weißen Religion zurückzugewinnen. Die Ureinwohner behandelten die Wunderwerke der Technik als Gaben ihrer eigenen Ahnen, die dadurch den Anstoß gaben, die invasive Kultur zurückzudrängen und ihre eigene wiederzubeleben. Viele John-Frum-Anhänger kehrten der invasiven weißen Infrastruktur den Rücken – sie schafften ihr Geld ab und zogen sich aus Schulen und Kirchen zurück –, um sich darauf zu konzentrieren, ihre eigenen Traditionen wieder aufleben zu lassen.

Nach Kriegsende packten die Amerikaner ihre Technikwunder ein und gingen. Also begannen die Insulaner, das zu kopieren, was sie als amerikanische Rituale wahrgenommen hatten – das Marschieren und Exerzieren –, in der Hoffnung, die Götter würden auch ihnen Cargo aus dem Himmel schicken.

Die Dörfer wurden mit roten Holzkreuzen geschmückt, eine Kopie der Kreuze auf den Krankenwagen. Aus lokalen Materialien wurden symbolische Landebahnen und Anlegestellen gebastelt, in der Hoffnung, dass die Amerikaner sie bei ihrer Rückkehr benutzen würden. Jeden Morgen hissten die Menschen amerikanische Flaggen an Fahnenstangen in ihren Dörfern. Jeden Freitag besuchten sie einen Gottesdienst inklusive Liedern für John Frum. Ein Beispiel für die Liedtexte stammt von Paul Raffaele, der die Insel 2006 für das *Smithsonian Magazine* besuchte: »Wir kamen aus Amerika, um alle Bäume zu fällen, damit wir Fabriken bauen können.« Raffaele berichtete, dass die Sänger dazu mit ihren Händen eine Kettensäge imitierten.

Und am 15. Februar ist John-Frum-Tag. An diesem Feiertag versammeln sich Menschen aus ganz Tanna, um John Frum in der Gegend von Sulphur Bay zu feiern. Die Männer tragen Jeans und haben sich in Rot USA vorn und hinten auf ihren nackten Oberkörper geschrieben. Sie tragen oben zugespitzte und rot bemalte Bambusstangen, wie die Gewehre, die sie während des Krieges gesehen hatten. Der Anführer trägt einen übergroßen Hut und einen Mantel mit Goldepauletten, der ungefähr einer Offiziersuniform entspricht. Sie blicken zum glühenden Vulkan Yasur, wohl wissend, dass John Frum dort lebt und immer wieder seinen feurigen Thron verlässt, um sich im dunklen Dschungel mit den Ältesten zu treffen, um sicherzustellen, dass sie immer noch treu auf seine offizielle Rückkehr warten. Und dann marschieren sie und exerzieren und salutieren und hoffen, dass John Frum mit seinem amerikanischen Cargo zurückkehrt.

Und ab und zu geschieht das auch – auf gewisse Weise. In der Region kommt es oft zu Wirbelstürmen, und wenn es einen besonders zerstörerischen gibt – wie 2015, als der Wirbelsturm Pam viel Zerstörung in der Region anrichtete –, kommt internationale Hilfe mit viel Cargo. Jedes Mal, wenn ein weißer Amerikaner kommt und etwas aus der industrialisierten Welt mitbringt, ist es eine kleine Erfüllung der Prophezeiung. 2021 besuchte der Dokumentarfilmer Cevin Soling die Insel, um eine Dokumentation zu drehen, bei der er versuchte, die Prophezeiung von John Frum zu erfüllen. Er verteilte Angelzeug, medizinische Ausrüstung und Salatschleudern.

Natürlich sind die Bewohner von Tanna nicht leichtgläubiger als alle anderen. Wie bei jeder Religion ist es unmöglich zu sagen, wie viel dieser Verehrung von John Frum und Amerikanern aufrichtiger Glaube ist und wie viel eine angenehme Art, soziale Verbundenheit und kulturelle Praktiken zu zementieren. Ganz abgesehen davon, dass es für die Anführer auf Tanna politisch nützlich ist, fremde Besucher so darzustellen, dass sie den lokalen Glauben aufwerten und unterstützen, und ihre Dörfer mit dem, was diese Besucher aus der Außenwelt mitbringen, zu bereichern.

Die John-Frum-Bewegung befindet sich irgendwo im Niemandsland zwischen einer Religion und einer Sekte. Sicher ist es für uns im Westen leicht, hinter vorgehaltener Hand über eine Sekte zu lachen, die Amerika verehrt, aber es lohnt sich, genauer hinzusehen und sich zu fragen, ob es nicht doch eine gültige, vollständige, religiöse Sekte ist – und zwar eine, die auch noch viel erfolgreicher ist als jede westliche Religion. Vom Zeitpunkt der ursprünglichen Prophezeiung mussten die Anhänger von John Frum nur zwei Jahre auf ihren Messias warten. Und danach haben sie regelmäßig den Beweis erhalten, dass der Cargo, für den sie gebetet haben, kein Hirngespinst ist. Währenddessen haben Millionen modernerer, »zivilisierterer« Christen gerade ihr zweites Jahrtausend des Wartens auf ihren eigenen, prophezeiten Messias und himmlische Reichtümer hinter sich gebracht. Welches Glaubenssystem ist aus dieser Perspektive das rationalere?

Auf Tanna gibt es noch weitere, kleinere Sekten. Eine ist Tom Navy gewidmet, einem schwarzen Amerikaner, der angeblich die Bevölkerung von Tanna aufgefordert hat, in Frieden zu leben. Eine weitere hat sich Prinz Philip verschrieben, dem Duke of Edinburgh und Ehemann von Queen Elizabeth II. Dessen Foto wurde in den 1960ern in einem Außenposten der britischen Regierung gefunden und von einer Gruppe Sektenmitgliedern zum Gesicht ihres Gottes gemacht. Es gab auch ein Schisma in der John-Frum-Bewegung, angeführt von einem Einheimischen namens Prophet Fred, der eine Überflutung der Insel korrekt vorhersagte und danach eine neue Religion gründete, die Unity Joint in Christ. Sie lehnt Old Glory und John Frum ab und brachte Tausende Anhänger der John-Frum-Bewegung dazu zu konvertieren. Sie vertrieb auch diejenigen, die bei Stars and Stripes blieben. Sie flohen in den Dschungel und gründeten ein neues Dorf, das sie Lamaraka nannten, was »ausgestoßen« bedeutet.

Heute ist die John-Frum-Bewegung im Niedergang. Der Schlag durch Prophet Fred, der Tod von Chief Isaak Wan Nikiau und die Globalisierung, die sogar winzige Inseln an abgelegenen Orten betrifft, könnten dazu führen, dass die John-Frum-Bewegung so schnell verschwindet wie die amerikanischen GIs nach Hitlers Tod. Und wenn es dazu kommt, verlieren wir ein faszinierendes Phänomen: Religion im Mikrokosmos. Natürlich ist es einfach, die John-Frum-Bewegung lustig oder niedlich zu nennen. Ich meine, wer verehrt schon ein Volk, das Hitparaden, Twitter und den Big Mac erfunden hat? Aber wenn man einmal anfängt solche Fragen zu stellen, wenn man zu hinterfragen beginnt, warum man für Wohlstand zum Himmel blickt (wie es so viele beim Gebet tun), warum man Dinge, die man bei Amazon kaufen kann, als heilig betrachtet (wie es viele mit Kreuzen und heiligen Büchern tun) und warum man Rituale praktiziert, um Wohlwollen zu erlangen (wie es viele bei der Taufe oder Messe tun), nun, dann wird es ungemütlich. Jedenfalls sollte es das.

Was ist beim Glauben eigentlich wirklich die Wahrheit? Kann man das wissen? Ist es überhaupt wichtig? Vielleicht besteht unser ganzer Glaube nur aus Bambusflugzeugen und Strohradios.

Das S-Wort

Wir wissen, dass Sekte ein schlimmes Wort ist – also ein Wort, das etwas Schlimmes bezeichnet. Aber ist es selbst ein schlimmes Wort? Es ist keine Überraschung, dass Sekten es nicht mögen, als Sekte bezeichnet zu werden. Aber nicht nur die Organisationen selbst mögen es nicht – auch viele theologische Journalisten und Akademiker haben Probleme mit diesem Wort.

2016 schrieb der Autor Guy P. Harrison in *Psychology Today*: »Die Nutzung dieses Begriffs ist ein angewandtes Vorurteil. Den riesigen Bedeutungsunterschied, den Menschen zwischen Sekte und Religion wahrnehmen, gibt es gar nicht. Er entsteht durch faules Denken.« Weiter erläuterte er, dass das Kriterium »potenzielle Gefahr für die Mitglieder und/oder andere«, das wir nutzen, um eine Sekte zu beschreiben, mangelhaft ist. Mainstreamreligionen haben im Laufe der Geschichte in Religionskriegen zig Millionen Menschen getötet, enorm viel mehr als die schlimmsten modernen Sekten zusammen. Und doch erhalten nur die Nischenreligionen das abwertende Etikett Sekte.

In einem Interview mit *Deseret News* 2022 erklärte der Nachrichtenchef für Religion der Associated Press, David Crary, wie sie ihren Styleguide der religiösen Terminologie aktualisiert haben: »Manche unserer beliebtesten Einträge waren nur ein oder zwei Sätze lang, wie zum Beispiel der, in dem wir vom Benutzen des Worts Sekte abraten.«

2022 gab es beim jährlichen Treffen der Religion News Association einen Vortrag mit dem Titel »Nenn es nicht Sekte«.

Laut der Moderatorin, der Journalistin Sarah Ventre, war das Ziel, »neue Wege zu finden, über marginalisierte religiöse Gemeinschaften zu berichten, besonders solche, die oft ›Sekten‹ genannt werden«. Sie sagte, dass sie sich ihrer Verantwortung sowohl gegenüber ihrem Publikum als auch ihren Quellen klar werden und betrachten wolle, wie sich ihre Beiträge auf die Gemeinschaften, über die sie berichteten, noch lange nach der Veröffentlichung auswirken.

Die Hauptargumente gegen das Wort Sekte sind, dass das Wort keine objektive Bedeutung hat, willkürlich verwendet wird und für religiöse Minderheitengruppen beleidigend ist – und eventuell sogar schädlich.

Wenn das zutrifft, wodurch sollen wir das Wort denn dann ersetzen? Im Journalismus und in der Forschung wird manchmal »Minderheitenreligion« verwendet, wie auch »religiöse Sondergemeinschaft«. Aber der häufigste Ersatzbegriff ist »neue religiöse Bewegung«. Doch auch der ist in der Wissenschaft etwas umstritten, da klare Definitionen von neu, religiös und Bewegung noch ausstehen.

Andererseits ist es auch sinnvoll, Dinge beim Namen zu nennen. Wenn sich aggressive Sekten hinter wohlklingender Sprache verstecken können, wird es ihnen erleichtert, neue Anhänger zu ködern. (Außerdem hätte dieses Buch dann einen viel langweiligeren Titel.) Egal, worauf sich die Wissenschaft einigen wird, ich bezweifle, dass das Wort Sekte bald verschwindet.

Chen Tao

Die Sekte von nebenan

Im Ridgedale Drive in Garland, Texas, waren die Tage vor dem 25. März 1998 angespannt. Im Laufe des vorigen Jahres waren gut 150 Neuankömmlinge in das Viertel gezogen. Es waren alles Taiwanesen, was in einem überwiegend weißen Viertel auffiel, aber wirklich merkwürdig war, dass sie alle weiße Kleidung und passende Cowboyhüte trugen, ihre Häuser bar bezahlt hatten und anscheinend einer Sekte angehörten. Einer UFO-Sekte. Ihr Anführer hatte vorhergesagt, dass Gott am 25. März um 00:01 Uhr im Fernsehen erscheinen und sechs Tage später im Ridgedale Drive in einem UFO landen würde, um die Gläubigen vor einer kurz bevorstehenden nuklearen Apokalypse zu retten.

Für die Sektenanhänger bedeutete das, dass sie Rituale ausführen mussten. Für die Polizei im Viertel, dass Ordnung gehalten werden und Menschen beschützt werden mussten. In den Vorgärten standen neugierige Schaulustige und eifrige Reporter, alle bereit für die unausweichliche Show. Falls Gott in einem UFO erscheinen würde, wäre es eine große Sache. Falls nicht, könnte es immer noch was Großes sein. Schließlich lag der Massenselbstmord einer UFO-Sekte fast auf den Tag genau ein Jahr zurück, und die tödliche Belagerung der Branch

Davidians vor fünf Jahren hatte gerade mal zwei Stunden südlich, in Waco, stattgefunden. Jedenfalls wurden viele gepflegte Rosenbeete zertrampelt, während alle auf Gottes Fernsehpremiere warteten.

Dabei hatte alles mit einem stinknormalen Professor der Soziologie angefangen. Hon-Ming Chen wurde 1955 in Chaiyi, Taiwan, geboren. Von 1983 bis 1993 arbeitete er am Chia Nan College of Pharmacology and Science in Tainan. Bis 1992 war er wohl auch Atheist, dann erlebte er, wie alle zukünftigen Sektenführer, diesen magischen Moment: eine Offenbarung von Gott. Die Details, was Form und Inhalt dieser Offenbarung angeht, sind unklar, aber die Botschaft lässt sich so zusammenfassen: »Hallo, ich bin Gott.«

Aber um welchen Gott handelte es sich? Chen wurde Mitglied verschiedener religiöser Gemeinschaften und vergrub sich in den heiligen Texten des Buddhismus, des Christentums und des Taoismus, auf der Suche nach Antworten auf die grundlegenden Fragen des Lebens. Er fand in diesen Religionen viele interessante Ideen, aber den Kosmologien und Theologien als Ganzes fehlte irgendwas. Schnell wurde ihm klar, dass die Lücken in diesen Religionen alle die Form einer Untertasse hatten.

Chen wurde Mitglied einer UFO-Sekte, aber blieb nicht lange dort, weil er merkte, dass es bei der Sekte mehr um ein Schneeballsystem ging als um Außerirdische. Also gründete Chen 1993, den Kopf voller Soziologie und Theologie, seine eigene UFO-Sekte, die Teile aller großen Religionen enthielt – plus fliegende Untertassen. Sie hieß Soul Light Resurgence Association, allerdings taucht in dieser Phase der Sekte auch der Name God Saves the Earth Flying Saucer Foundation auf. Reinkarnation war wichtig in Chens Kosmologie; dabei bemüht sich jede Seele, auf eine höhere Ebene der Reinheit zu gelangen. Chen selbst glaubte zum Beispiel, dass er Jesu Vater gewesen war.

Er warnte auch vor Feinden, die die Seelenwanderungen verhinderten, nämlich verlorene Seelen und Teufel (die schlimmsten sind die Satankönige). Diese bösen Wesen fuhren in Menschen und ernährten sich von deren Karmaenergie und hemmten so den Fortschritt dieser Seelen. Diese Teufel ließen die Erde auch immer mal wieder explodieren. Laut Chen hatte die Erde bereits fünf Apokalypsen hinter sich gebracht, alle nuklear. Der erste Krieg war einer unter den Dinosauriern. Richtig gelesen – ein Atomkrieg unter Dinosauriern. Vor jeder Apokalypse tauchte Gott in einer fliegenden Untertasse auf, um die Gläubigen einzusammeln, damit sie warteten, bis es wieder sicher war zurückzukehren. Dieses Bild sollte unbedingt ein buntes Glasfenster in einer Kirche sein: Gott, der in einem UFO über lauter Atombomben werfenden Tyrannosaurus Rex schwebt. Viele Aspekte seiner Theologie legte Chen in zwei Büchern dar: *Practical Evidence and Study of the World of God and Buddha* (1996) und *God's Descending in Clouds (Flying Saucers) on Earth to Save People* (1997).

Diese Theologie war für diejenigen, die Anhänger von Chen wurden, eine neue Offenbarung der ultimativen Wahrheit. So absurd es auch klingen mag, aus einer anderen Perspektive betrachtet ist ein Dogma, das Dinosaurier und moderne Atomtechnologie anerkennt und genug Wissen über das Universum besitzt, um die Existenz Außerirdischer zu postulieren, für einen modernen Geist logischer als eine traditionelle Religion, die all diese Dinge verleugnet. Chen kombinierte diese neuen, auf Wissenschaft basierenden Vorstellungen mit alten religiösen Paradigmen – darunter Gottesurteil, Apokalypse und Erlösung. Und dann machte er all das sehr dringlich. 1995 glaubte Chen, dass eine weitere nukleare Apokalypse kurz bevorstand und dass Gott mit seinem Rettungs-UFO irgendwo in Amerika landen würde.

Er und seine Anhänger kündigten ihre Jobs, verkauften ihren Besitz und zogen über den Pazifik nach San Dimas, Kalifornien, wo sie sich God's Salvation Church nannten. Doch San Dimas stellte sich als reiner Strandort heraus, keine passende Kulisse für Chens prophezeite Apokalypse. Ab März 1997 zog die Gruppe nach Westen, nach Garland. Warum? Weil Chen beeindruckt war, wie sehr der Name wie Godland klang. Inzwischen hatte sich die Gruppe auch auf ihren endgültigen Namen geeinigt, Chen Tao, was »der wahre Weg« bedeutet.

Garland ist nicht gerade bekannt. Es ist ein Vorort von Dallas und hatte damals, als Gott es als UFO-Landeplatz auserwählt hatte, ungefähr 190 000 Einwohner, eine davon war LeAnn Rimes, die im Alter von vierzehn Jahren gerade mit ihrem Song »How Do I Live« zur Pop-Supernova aufgestiegen war.

Chen und die Anhänger von Chen Tao lebten das Vorortleben und passten sich so gut wie möglich an ihre texanischen Nachbarn an. Sie schienen recht harmlos, wenn auch seltsam, doch manchmal gab es auch Probleme, wie zum Beispiel als sie angezeigt wurden, weil sie angeblich einen UFO-Landeplatz im Wohnviertel bauten. Der stellte sich allerdings als Fundament einer Gartenlaube heraus. Ein anderes Mal interpretierten sie Zahlen, die in den Wolken erschienen, als ein Zeichen Gottes anstelle der sehr viel profaneren Himmelswerbeschrift, die sie tatsächlich waren (»007«, Werbung für den neuesten James-

Bond-Film). Aber die Gruppe weckte auch die Aufmerksamkeit der Medien, was zu Spannungen führte.

Im Juni 1997 machte Chen Tao das erste Mal Schlagzeilen, als sie in Zeitungen in Vancouver Anzeigen schalteten, in denen sie den wiedergeborenen Christus suchten. Chen hatte ihn in einer Vision gesehen, glaubte, dass er in Kanada lebte und Abraham Lincoln sehr ähnlich sah. Sie fanden schließlich ihren wiedergeborenen Christus, allerdings glich er weder Abraham Lincoln, noch wohnte er in Kanada. Er war ein neunjähriger Junge namens Che-yu Chiang. Vorher hatten sie schon den wiedergeborenen Buddha entdeckt, einen Zehnjährigen namens Chi-Jen Lo, den sie aus Taiwan mitgebracht hatten.

Das zweite Mal landeten sie in den Medien, als Chen verkündete, dass bald sowohl Gott als auch eine nukleare Apokalypse kämen. Nachdem er mit Gott gesprochen hatte, und zwar über den großen Siegelring, den er mit dem Siegel nach innen trug, erklärte Chen, dass Gott im Fernsehen erscheinen würde, am 25. März 1998 nach Mitternacht auf Channel 18. Das Datum war nur wenige Monate entfernt. Weiterhin verkündete Chen, dass Gott sechs Tage nach dieser Sendung persönlich im 3513 Ridgedale Drive erscheinen würde – Chens Haus. Gott würde auch wie Chen aussehen, der damals Anfang vierzig war, eine eckige Brille trug und silberweißes Haar hatte. Dieser Gott-Chen würde sich dann kopieren, um jeden in der Region persönlich und gleichzeitig zu treffen, er würde ihnen die Hand geben und ihre Sprache sprechen. Und er würde in einer fliegenden Untertasse aus dem Weltall kommen, neun Jahre nachdem Captain Kirk in *Star Trek V: Am Rande des Universums* die Frage gestellt hatte: »Wozu braucht Gott ein Raumschiff?«

Diese Prophezeiungen hatten die erwartbare Wirkung auf Einheimische und die Medien. Die Vergleiche mit Heaven's Gate und Branch Davidians wurden so häufig, dass Chen eine Pressekonferenz einberief, um alle Ängste zu zerstreuen. Er führte Reporter und Kameracrews durch sein Haus und die verschiedenen Schreine, die Anhänger von Chen Tao gebaut hatten. Er versicherte den Medien über seinen Dolmetscher Richard Liu, dass Selbstmord ihrem Glauben widerspreche und dass es keine große Sache sei, sollte sich seine Prophezeiung nicht bewahrheiten: »Wir werden dann davon ausgehen, dass Gott seine Pläne geändert hat, und Gottes neuer Plan wird zweifellos durch Gottes Botschafter mitgeteilt.« Dieser Botschafter war natürlich Chen. Es war wirklich eine einzigartig entspannte Prophezeiung.

Währenddessen sorgten die Chen-Tao-Anhänger für viele ideale Bilder für die Medien, indem sie sich in Massen verbeugten, goldene, von Drachen gekrönte Zepter hielten und ein knapp zwei Meter tiefes und zweieinhalb Meter breites Loch gruben, um Kassetten, Bücher und andere Dinge zu vergraben, die einer zukünftigen menschlichen Zivilisation, die die Apokalypse überlebt hatte, hilfreich sein könnten. In einem Bericht von KHOU-TV in Houston hielt ein Reporter jedem, der etwas sagen wollte, ein Mikro unter die Nase. Dabei setzte er auf den Kontrast von Einheimischen in Tarnfleckkleidung und mit texanischem Akzent, die sagten »ich finde es verrückt« oder »irgendwelche merkwürdigen Aktivitäten von vielen Leuten«, und den weiß gekleideten Chen-Tao-Anhängern, die in gebrochenem Englisch meinten »Ich weiß nicht, wie sie zu diesen Urteilen kommen. Sie sprechen nie mit uns. Sie stellen uns nie Fragen« und »Wir glauben nur auf unsere Art an Gott, daher sehen wir uns selbst nicht als merkwürdig«.

Schließlich kam der Vorabend von Gottes Fernsehdebüt. Jeder in Garland blieb bis Mitternacht auf. Über hundert Reporter belagerten die Straßen und Rasen rund um die Ridgedale Street. Anhänger von Chen Tao standen draußen in einem Kreis und beteten, bevor sie sich in Chens Haus zurückzogen, um auf die Sendung zu warten, die in den Nachrichten von KHOU-TV als »ein 24-stündiges Infomercial von Gott« beschrieben wurde.

Doch als es an der Zeit war, gab es kein Infomercial. Nichts als knisterndes Rauschen. Am Ende des Tages akzeptierten alle, sogar Chen selbst, dass Gott wohl kalte Füße bekommen hatte. Chen verwandelte sich sofort vom Propheten zum Schönredner. Bei der folgenden Pressekonferenz sagte er:

> *Ich möchte betonen, dass Gottes Königreich bereits gekommen ist. Gott ist bereits gekommen. Aber leider kennen zu wenige Menschen die Lehre von Gottes Kommen ... Weil wir heute Abend Gottes Botschaft nicht auf Channel 18 gesehen haben, kann meine Prophezeiung, dass Gott am 31. März herabkommt, als Unfug angesehen werden ... Ich hoffe aufrichtig, dass jeder die weitere Entwicklung im Auge behält, und nennen Sie uns nicht Lügner oder so etwas. Bitte vertrauen Sie auf das, was wir sagen, denn Gott möchte wirklich eine Milliarde Menschen vor der Großen Trübsal retten.*

Am 31. März, der vorhergesagten Rückkehr von Gott, spielte sich alles wieder genauso und mit demselben enttäuschenden Ende ab. Bei der darauffolgenden Pressekonferenz eröffnete

Chen den Teilnehmern die Chance, ihn für die nicht wahr gewordene Prophezeiung bezahlen zu lassen; er bot jedem für zehn Minuten die Bühne an, um ihn an Ort und Stelle zu steinigen oder zu kreuzigen. Niemand nahm das Angebot an. Er sagte auch, dass die Dinge sich zwar nicht genauso ereignet hätten wie vorhergesagt, aber sie hätten durchaus stattgefunden. Gott sei zwar nicht in einer fliegenden Untertasse zur Erde gekommen, aber er sei als Geist in jedem Menschen. Laut zu reden und sich selbst die Hand zu schütteln, würde seine Prophezeiung, dass jeder Gott in seiner Muttersprache hören und ihm die Hand geben würde, erfüllen, meinte Chen. Seit dem 25. März hatte Chen sich bemüht, seine Theologie anzupassen.

Schließlich wurde allen klar, dass Garland doch nicht Godland war. Ein paar Sektenanhänger zogen zurück nach Taiwan. Andere blieben und folgten Chen, der sie nördlich von Buffalo, New York, um sich versammelte und erneut begann, eine bevorstehende Katastrophe vorherzusagen. Sie eröffneten auch in Brooklyn einen Ableger. Doch 2002 hatte die Gruppe Chen und seine Lehre hinausgedrängt und ihm abgeschworen und sich als Grand True Way neu erfunden. Danach geriet sie schnell in Vergessenheit.

Und vielleicht ist genau das das Dilemma der Sekten. Ohne kühne, drängende Prophezeiungen wecken Sektenführer nicht genug Aufmerksamkeit, um Anhänger um sich zu versammeln. Aber gleichzeitig bedeuten diese apokalyptischen Vorhersagen auch das Ende der Sekte, sobald sie nicht eintreffen, was die Lügen derjenigen offenbart, die behaupten, über die absolute Wahrheit zu verfügen. Man kann sich fragen: Hätte Chen seine Apokalypse dreißig Jahre in die Zukunft verschoben, wäre Chen Tao dann immer noch in Garland, würde zu Le-

Ann Rimes rocken, massenweise Bleiche für ihre weiße Kleidung horten und Smartphones und Fidget Spinner in Zeitkapseln vergraben? Aber wahrscheinlicher ist, dass er es in diesem Fall gar nicht erst bis Garland geschafft hätte.

Ordo Templi Orientis

Fight for Your Rites to Party

Von allen Sekten – UFO- und Sexsekten, Endzeit- und Selbstoptimierungssekten, Hohlerde- und New-Age-Sekten – sind die, die am meisten gefürchtet werden, die meisten Sorgen bereiten und vor denen am häufigsten gewarnt wird, die satanischen Sekten. Aber anders als die anderen Sekten … existieren gar keine satanischen Sekten.

Sicher, es gibt schon seit etlichen Jahrzehnten satanische Gruppen wie die Church of Satan und den Satanic Temple, aber das sind keine Sekten, die Kinder missbrauchen, Blut trinken und Jungfrauen opfern, wie es so häufig und außerordentlich plakativ in einer großen Vielzahl von Horrorfilmen dargestellt wurde und zur Satanic Panic in den 1980er und 1990er Jahren führte. Diese Bewegungen beten nichts Übernatürliches an, eigentlich beten sie gar nichts an. Peter Gilmore, der aktuelle Hohepriester der Church of Satan formuliert es so: »Jeder, der auf irgendeiner Ebene an ein übernatürliches Wesen glaubt, ist wahnsinnig. Ob sie nun an den Teufel oder an Gott glauben, sie haben sich von der Vernunft verabschiedet.« Diese Gruppen nutzen Satan stattdessen als Archetypus des freien Denkens und des Antiautoritarismus. Außerdem, wem gefällt es nicht, den Außenseiter zu unterstützen?

Aber in ein Buch über Sekten gehören auch okkulte Kulte (auch wenn beide Wörter etymologisch nicht verwandt sind, s. S. 118). Und wenn die Story mit Aleister Crowley beginnt, der Swingerpartys schmeißt, und mit dem Gründer von Scientology und des Jet Propulsion Laboratory endet, die den Antichristen erwecken wollen, dann ist das okkult genug. Und genau das ist die Geschichte vom Ordo Templi Orientis (OTO).

Die Geschichte Aleister Crowleys ist in vielerlei Hinsicht auch die Geschichte von OTO. Er wurde 1875 in Warwickshire, England, in ein wohlhabendes christliches Elternhaus geboren und wurde zu einem Okkultisten, Weltreisenden, Bergsteiger und Schriftsteller. Wegen seiner okkulten Schriften wurde er oft »der böseste Mann der Welt« und »das Biest« genannt. (Seine Mutter nannte ihn Biest.) Er erfand seine eigene Religion, Thelema, deren Hauptdogma lautete »Tu, was du willst« (Do what thou wilt). Die Lehren der Religion wurden ihm von einem formlosen Wesen namens Aiwass diktiert, und Crowley fasst sie in einem heiligen Text zusammen, *Das Buch des Gesetzes* (1909).

Crowley war ein begeisterter Verfechter von wahllosem Sex und vielerlei Drogen, lange bevor die zu zwei Gitarrenständer-Standbeinen der Heiligen Dreifaltigkeit der Gegenkultur wurden, auf die er einen großen Einfluss hatte. Er war eine der Ikonen auf dem Cover des Beatles-Albums *Sgt. Pepper's Lonely Hearts Club Band*. »Do what thou wilt« stand auf dem Vinyl von *Led Zeppelin III*. Deren Gitarrist Jimmy Page kaufte Boleskine House, Crowleys früherer Besitz am Ufer des Loch Ness. David Bowie sang in »Quicksand« über ihn. The Doors posierten mit einer Crowley-Büste auf der Rückseite des Albums *Doors 13*. Ozzy Osbourne nahm den Song »Mr. Crowley« auf.

Doch lange bevor diese Götter der Gegenkultur Songs über ihn sangen, suchte Crowley nach der verborgenen Wahrheit des Lebens in geheimen Riten, Ritualen und Zaubersprüchen … die immer Sex und Drogen enthielten. Mit Anfang zwanzig wurde er Mitglied in seiner ersten Geheimgesellschaft, als er in den Hermetic Order of the Golden Dawn eingeführt wurde. Der Golden Dawn war eine magische Gesellschaft, deren geheime Rituale von antiken griechischen und ägyptischen Sekten stammten. Ein Aufstieg in den inneren Kreis wurde ihm jedoch schon bald verweigert. Je nachdem, wem man glaubt, lag das entweder an Crowleys Tendenz zur Selbstüberhöhung und zum grundsätzlichen Widerspruch oder an seinem freien Lebensstil, seiner Bisexualität und am Streit mit anderen Mitgliedern, darunter W. B. Yeats. So oder so war er in der Gruppe nicht sehr beliebt. Nachdem er ein Jahr später damit gescheitert war, die Londoner Lodge des Ordens gerichtlich an sich zu bringen, war er mit dem Golden Dawn fertig.

Aber schließlich fand er eine neue, magische Geheimgesellschaft, den OTO. Er *fand* sie, er gründete sie nicht. Aber er machte sie zu seiner eigenen. Der OTO war irgendwann Ende des 19. Jahrhunderts gegründet worden oder auch Anfang des 20. In Deutschland. Oder vielleicht auch in Österreich. Das genaue Datum und der genaue Ort der Gründung sind zweifelhaft, weil nicht ganz geklärt. Zu dieser Zeit gab es ein regelrechtes Gedrängel von Leuten, die hektisch ihre eigenen Gesellschaften, Orden und Bruderschaften gründeten. Im Grunde wollte jeder die nächsten Freimaurer gründen – eine quasi religiöse Bruderschaft, deren Wurzeln bis ins Mittelalter reichten –, aber cooler. Und idealerweise mit Sex.

Die Gründer von OTO waren Henry Klein, Theodor Reuß, Franz Hartmann und Carl Kellner. Klein war in der Musikindustrie – als Pianist, Notenverleger und Agent. Reuß war Sänger und Journalist, Hartmann ein Arzt und Kellner ein wohlhabender Geschäftsmann. Alle interessierten sich für Dinge wie Theosophie, Freimaurerei bis hin zu Alchemie, und Kellner verfügte über das Portemonnaie.

Der OTO wurde gegründet, weil die Freimaurerei etwas beschränkt war. So waren Frauen zum Beispiel nicht erlaubt. Und die vier Männer wollten Gebiete bespielen, die außerhalb dessen lagen, was Freimaurertradition war. Dazu gehörte Weltlichkeit. Und Sexualmagie (für die man manchmal Frauen brauchte). Aber für diese geschäftigen Männer war es vor allem eine Art Hobby, sodass es langsam weiterlief, trotz Kellners Tod 1905 und Reuß' Flucht nach England, um einer Anklage wegen Homosexualität zu entgehen. 1910 traf Reuß Crowley, der sich gerade einen Namen in der Welt des Okkulten machte. 1912 wurde Crowley Mitglied des OTO und Leiter des Ordens in England.

Crowley machte sich an die Arbeit, indem er Dependancen der Organisation in der englischsprachigen Welt gründete und dreist seine Thelema-Religion in ihre Riten einbaute. Währenddessen gründete Reuß begeistert Dependancen in ganz Europa. In einer Ausgabe der Ordenszeitung von 1912 schrieb Reuß: »Unser Orden besitzt den SCHLÜSSEL zu allen Geheimnissen der Freimaurer und des Okkultismus, nämlich die Lehre der Sexualmagie, und diese Lehre erklärt ausnahmslos alle Geheimnisse der Natur, allen Symbolismus der Freimaurerei und alle Religionssysteme.« Der OTO glaubte, als Einziger im Besitz der Wahrheit zu sein und alle Antworten auf die

Fragen des Lebens zu kennen, was eine übliche, tröstliche und praktische Behauptung aller Sekten ist.

Der OTO, wie Reuß ihn aufgebaut hatte, enthielt zehn Grade, die der Initiierte erreichen konnte. Die ersten sieben Grade waren vor allem bildend, aber auf Grad 8 und 9 wurde es heiß, Grad 8 war der Selbstbefriedigung gewidmet und 9 dem Sex. Level 10 gehörte der Führung, dem *Rex Summus Sanctissimus*. Crowley erweiterte das System auf zwölf Grade, er ergänzte Analsex als großen Teil des elften Grads und Grad 12 als ein noch höheres Reich der Führung namens *Frater Superior* oder Outer Head of the Order (OHO). Das wäre die Person, die die gesamte Gesellschaft leiten würde. So gesehen könnte man in OTO bloß eine sehr komplizierte Art, flachgelegt zu werden, sehen. Ob er nun beliebt war, weil er den Schlüssel zu allen Geheimnissen des Universums versprach oder einfach nur wegen seiner sexy Sexualmagie, der OTO war jedenfalls beliebt genug, dass sich unter der Führerschaft von Reuß und Crowley in Kanada, den USA und mehreren europäischen Ländern Logen bildeten.

Die beiden gerieten schließlich aneinander (metaphorisch, möglicherweise euphemistisch), insbesondere als Reuß einen Brief von Crowley an einen seiner Anhänger zu Gesicht bekam, in dem Crowley Reuß »wahnsinnig« nannte und seine Absicht erklärte, den Orden als OHO zu übernehmen. Dieses Ziel erreichte er allerdings erst nach Reuß' Tod 1923. Während seiner Zeit als OHO verstärkte Crowley weiterhin die Präsenz des Ordens in Nordamerika und blieb OHO des OTO bis zu seinem Tod 1947.

Doch vorher hatte er es noch mit ein paar nervigen »Goats« zu tun. Anfang der 1940er Jahre war einer der finanziellen und spirituellen Unterstützer Crowleys in den USA ein junger Mann namens Jack Parsons. Parsons hatte am California Institute of Technology studiert und durch die Erfindung eines festen Raketentriebstoffs (Dachdeckerasphalt und Kaliumperchlorat), den er ans US-Militär verkaufte, bereits ein Vermögen verdient. Außerdem hatte er mit Kommilitonen von der Caltech das Jet Propulsion Laboratory (JPL) gegründet, das im Grunde die Erforschung des Weltalls für die Vereinigten Staaten möglich machte, vom ersten Raumschiff des Landes, *Explorer 1*, über die Marsrover bis zu so ziemlich jeder Sonde und jedem Raumschiff dazwischen. Und Parsons war ein wichtiger Protagonist dabei. (Das JPL wurde manchmal spaßeshalber Jack Parsons Laboratory genannt.)

Dieser Mann, der uns so sehr dabei half, das Sonnensystem zu erforschen, war auch scharf darauf, die Geheimnisse des Okkulten zu erforschen. Und das tat er mit viel Spaß auf den Graden 8 und 9 des OTO. Crowley mochte Parsons zunächst und half ihm, schnell innerhalb des OTO aufzusteigen. Parsons kaufte eine Villa in Pasadena in Kalifornien und öffnete sie für eine Vielzahl von Menschen aus Wissenschaft und Kunst, von denen viele mit ihm zusammen im Garten nackt ums Lagerfeuer tanzten. Am Tag Raketenwissenschaftler, in der Nacht Heide.

Einer der Leute, die in Parsons Villa zogen, war ein junger Autor und Veteran, Lafayette Ronald Hubbard. Sie kennen ihn wahrscheinlich als L. Ron. Er erfand später Scientology, eine Gruppe, die glaubt, dass wir gefallene Außerirdische sind, die bestimmte geheime Geistestechniken ausüben müssen, um die gottgleichen Kräfte zurückzugewinnen, über die wir früher einmal verfügten. Hubbard und Parsons wurden Freunde und praktizierten verschiedene Riten und Rituale, um den Antichrist zu erwecken.

Parsons war nämlich von der Göttin Babalon (alias die große Hure Babylon aus der Offenbarung) besessen. Er wollte, dass sie Mensch wird, damit sie den Antichristen gebären und das Christentum als dominante Religion stürzen kann. Dazu war es anscheinend auch nötig, auf Pergament zu masturbieren, während Hubbard sang und sich Notizen machte. »Zauberstab« lautete der Euphemismus, den sie bei diesen Ritualen benutzten. Die Schriftstellerin Annalee Newitz fasste diese merkwürdige Ansammlung von Menschen und Taten 2013 in einem Artikel für *Gizmodo* perfekt zusammen: »Es war Magie, ja, aber gleichzeitig war es der zukünftige Gründer von Scientology, der zusammen mit dem Gründer von JPL wichst, um indirekt den Antichristen zu zeugen.«

Gleichzeitig wurde Hubbard mit Parsons langjähriger Freundin Betty Northrup intim. Was Parsons völlig okay fand. Sie hatten eine offene Beziehung, außerdem fand er bald seine Babalon. Eine rothaarige Künstlerin namens Marjorie Cameron kam in die Villa, um einen Freund zu besuchen, und sowohl Parsons wie auch Hubbard waren sofort davon überzeugt, dass sie die gesuchte Göttin war. Wer könnte einem solchen Anmachspruch schon widerstehen? Sie machte bei den Sexritualen begeistert mit.

Wie fand der OHO diese scheinbar wichtigen Bemühungen, die Welt zu verändern und das Okkulte zu fördern? Nun, Crowley nannte sie beide Goats (und zwar im eigentlichen Sinn, also Ziege, und nicht im Sinne von »greatest of all time«) und speziell Parsons einen »schwachsinnigen Narren« – allerdings könnte das auch Neid gewesen sein, denn wenn irgendetwas perfekt zum Leben, der Überzeugung und den Werken von Aleister Crowley passte, dann der Versuch, den Antichrist durch Sexualmagie zu erschaffen.

Es brauchte nicht viel Sexualmagie, um Marjorie/Babalon zu schwängern. Allerdings gebar sie den Antichristen nicht. Sie trieb ihn ab. So enttäuschend das für Parsons war, musste er sich erst um andere Probleme kümmern. Er war fast pleite.

Hubbard hatte eine Idee. Er dachte, sie könnten seine Erfahrungen bei der Navy und Parsons restliches Geld nutzen, um gemeinsam einen lukrativen Bootsverkauf zu starten. Parsons überließ ihm 20 000 Dollar, um Boote in Florida zu kaufen, die sie dann nach Kalifornien bringen und dort auf dem besseren Markt mit Profit verkaufen wollten, doch Hubbard machte sich mit dem Geld und Betty aus dem Staub. Parsons erwischte ihn in Florida, aber er konnte nicht viel tun, um sie aufzuhalten oder sein Geld zurückzubekommen.

Parsons starb 1952 mit 36 Jahren infolge einer Explosion in seinem Heimlabor, nach einer Reihe von schlechten Wendungen, die dazu geführt hatten, dass er einerseits vom JPL gefeuert wurde und andererseits das FBI gegen ihn ermittelte. Die Explosion gilt als Unfall, aber manche mutmaßen, dass es Selbstmord gewesen war, andere wiederum, dass es Mord war. Die Verdächtigen reichen dabei von einem kurz zuvor entlassenen Mörder, bei dessen Verurteilung Parsons als Gutachter zu Bomben ausgesagt hatte, über seinen Konkurrenten Howard Hughes als Rache für Geschäftsspionage bis zu Anti-Zionisten, weil Israel angeblich von dieser Spionage profitiert habe. Hubbard machte Betty zu seiner zweiten Frau, schrieb das Buch *Dianetics* und gründete Scientology. Viele, darunter auch Hubbards Sohn aus erster Ehe, Ronald »Nibs« DeWolf, haben darauf hingewiesen, dass die Struktur von Scientology sich eng an der Struktur des OTO orientiert. Die Anführer von Scientology bestreiten diese Behauptung.

Nach Crowleys Tod 1947 machte der OTO unter seinem auserwählten Nachfolger Karl Gemer weiter. Crowley hinterließ OTO auch seinen gesamten Besitz. Doch nachdem Crowley gestorben war, hatte Gemer kein sonderlich großes Interesse mehr am Orden und ließ den OTO bis zu seinem Tod 1962 auslaufen. Seitdem haben mehrere Anspruch auf das Erbe vom OTO und die Position des OHO erhoben, wobei es ihnen meistens darum ging, sich das Urheberrecht auf Crowleys Arbeiten unter den Nagel zu reißen. Weltweit gibt es immer noch ein paar kleine Logen.

Und auch wenn es niemand im OTO je geschafft hat, den Antichristen zu zeugen, war die Zeugung von Scientology vielleicht genauso schlimm.

Divine Order of the Royal Arms of the Great Eleven

»Ein Babel der Ungereimtheiten, das vor Absurditäten nur so strotzt«

May Otis Blackburn buk eine Frau zu Tode, half dabei, einen toten Teenager unter den Bodendielen eines Hauses zu verstecken, und ermordete wahrscheinlich ihren Schwiegersohn, aber ins Gefängnis kam sie, weil sie den Abgabetermin für ihr Buch verpasste. Und das ist wohl gut so, weil das Buch, das sie dann nicht geschrieben hat, das Ende der Welt ausgelöst hätte. Dabei bin ich mir nicht mal sicher, ob das die wildesten Teile der Geschichte sind.

Blackburn war eine Filmpionierin, eine Numerologin und möglicherweise eine Seriengiftmörderin. Sie wurde am 2. August 1881 in Storm Lake in Iowa geboren. Mit siebzehn bekam sie mit ihrem Ehemann Jack Weiland eine Tochter, Ruth. Später, als sie nach Portland in Oregon gezogen und Jack losgeworden war, begann sie, wegen ihrer auf Numerologie basierenden Bibelinterpretation Anhänger um sich zu scharen. In Portland finanzierte Blackburn einen Kurzfilm mit dem Titel *A Nugget in the Rough* (Ruth spielte das titelgebende »Nugget«), der 1917 veröffentlicht wurde. Laut einer Anzeige im *Oregon Daily Journal* ist es eine »ansprechende Geschichte von einer Minensiedlung, östlichem Gesellschaftsleben sowie zwei Männern und einem Mädchen«. Teilweise wurde der Film auf dem Mount Hood gedreht. Da sie jetzt einen Fuß in der Tür zu dieser aufstrebenden Kunstform und Industrie hatten, zogen Blackburn und ihre Tochter irgendwann zwischen 1918 und 1919 nach Hollywood, um groß herauszukommen.

Sie kamen nicht groß heraus – jedenfalls nicht im Filmgeschäft. Blackburn und Ruth lebten im Viertel Bunker Hill von Los Angeles, und als sich ihre Filmstar-Träume nicht verwirklichten, musste Ruth sie über Wasser halten. Sie arbeitete entweder als exotische Tänzerin oder vielleicht als »Taxitänzerin«, also als ein weiblicher Gigolo.

Ab 1922 behauptete das Mutter-Tochter-Duo, dass sie vom Erzengel Gabriel besucht wurden (und anderen Engeln, wie Michael, aber Gabriel wird in ihren Schriften am häufigsten erwähnt). Jedenfalls hatten diese übernatürlichen Wesen große Pläne für die 41-jährige Blackburn und die 24-jährige Ruth. Die Engel überbrachten mehrere Offenbarungen, die zur Grundlage einer neuen Religion wurden: dem Divine Order of the Royal Arms of the Great Eleven. So hat Blackburn sie genannt, aber andere sagten dazu Blackburn Cult oder Cult of the Great Eleven oder sogar Great Eleven Club. Bleiben wir beim Akronym.

DORAGE.

Während der nächsten 42 Monate erhielten Ruth und Blackburn von ihren Engeln eine Reihe von Neuinterpretationen der Bibel und neuer Offenbarungen über das Leben. Sie wurden angewiesen, alles in einem Buch zu notieren, das *The Great Sixth Seal* heißen sollte. Das Buch hatte drei Teile: »Die Trompete des heiligen Gabriel«, »Das Buch des Lebens des Lammes« und »Gottes Augäpfel«. Zu den Offenbarungen der Engel gehörte, dass Blackburn und Ruth die zwei Zeugen seien, die in der Offenbarung 11,3 erwähnt werden: »Und ich will meine zwei Zeugen bestimmen, und sie sollen weissagen tausendzweihundertsechzig Tage lang, angetan mit Sacktuch.« Die Numerologie des Bibelverses passte zu Blackburns Vorlieben, das mit dem Sacktuch eher nicht. Sie behaupteten sogar, dass Engel sie in der Nähe von Bakersfield unter die Erde mitgenommen, ihnen ein riesiges, geheimes Lager voller Goldnuggets und Juwelen gezeigt und ihnen gesagt hätten, dass sie die genaue Lage all dieser Reichtümer in *The Great Sixth Seal* notieren sollen.

Blackburn und Ruth glaubten nicht nur, dass dieses Buch alle Geheimnisse des Universums enthüllen würde, sondern auch, dass seine Veröffentlichung die Apokalypse und die Rückkehr von Christus auslösen würde. Bei seiner Rückkehr würde Christus elf Königinnen auswählen, um über die Welt zu herrschen (die »Great Eleven« aus dem Sektennamen), zwei davon wären Blackburn und Ruth. Jede der großen Elf hätte einen Palast in Hollywood, in dem sie herrschen und mit Königen verheiratet würden, während alle treuen Anhänger unsterblich würden. Nachdem ihnen diese Wahrheiten mitgeteilt worden waren, trennten sich Mutter und Tochter von den Engeln. Laut der *Los Angeles Times* sagte Ruth, dass Gabriel »Kleopatras Lieder singen und sie für ihn tanzen würde und er sie zur Hüterin aller ägyptischen Tänze machen würde«.

Blackburn und Ruths Behauptungen waren wild genug, um DORAGE eine Anhängerschaft zu verschaffen (vielleicht angelockt vom Versprechen dieses Gold- und Edelsteinlagers). Und wer ihnen folgte, erlebte ein ziemliches Abenteuer.

Aber zunächst brauchten sie ein Zuhause. Wie die meisten Sektenführer waren Blackburn und Ruth sehr geschickt darin, Leuten Geld und Güter abzuluchsen, insbesondere einem Mann namens Clifford Richard Dabney, dem Neffen eines vermögenden Ölmagnaten. Er spendete der Sache zwischen 40 000 und 50 000 Dollar (was knapp einer Million Dollar von heute entspricht) bar, in Ölaktien und Land, darunter 66 Hektar im Simi Valley. Alles, was er im Gegenzug erwartete, war ein Blick ins Buch, bevor es veröffentlich würde, sodass er einen Vorsprung hätte, um all diese Schätze zu finden.

Die Sekte baute im Simi Valley ungefähr ein Dutzend Hütten und einen Tempel voller mit Löwen verzierter Möbel, darunter Spiegel, Diwane, Kommoden und ein vergoldeter Thron aus Gummibaumholz, der 400 Kilo wog und den vier handgeschnitzte Pfoten und ein Löwenkopf schmückten. Der Thron war für Christus gedacht, damit er nach seiner Rückkehr von dort aus herrschen könnte. Tagsüber verdienten die Anhänger bei einer Firma, die Tomaten verpackte, Geld, das sie an Blackburn und Ruth weitergaben. Nachts hielten sie Séancen, saßen in magischen Kreisen, trugen lange purpurne Gewänder, opferten Maulwürfe (die sie die »Kiefer des Todes« nannten) und zum Abschluss tanzten sie nackt. Die Menschen in der Organisation erhielten so pompöse Titel wie »Brise der Vier Winde« und »König Arthus der Vier Ritter«. Dabney wurde »Prinz des Jenseits und des Jetzt« genannt. Blackburn hieß oft »die Ferse Gottes« und ihr Ehemann, Ward Sitton Blackburn, den sie 1924 geheiratet hatte, war als »Nordstern der Welt« bekannt. Ward hatte einen langen, seitlich seines Mundes herabhängenden Schnurrbart und über sieben Zentimeter lange Fingernägel.

Doch bald kam es zu seltsamen Todesfällen und spurlosem Verschwinden – was mit Sam Rizzio begann. Rizzio war Ruths zweiter Ehemann. Ihren ersten, Edgar J. Richenbaugh, hatte sie 1919 in Los Angeles geheiratet, sich aber irgendwann vor 1924 scheiden lassen, dem Jahr, in dem sie Rizzio heiratete – im selben Jahr, in dem auch ihre Mutter noch einmal heiratete. Er war erst achtzehn. Ruth führte ihn bei DORAGE ein, indem sie ihn barfuß auf dem Sand von Topanga Beach laufen und sagen ließ »Ich bin ein toter Mann«, während sie Wasser auf dem Sand verspritzte. Er verschwand sehr schnell. Laut Blackburn und Ruth hatte Rizzio Ruth ins Gesicht geschlagen und war als Strafe aus der Sekte geworfen worden. Blackburn formulierte es auch einmal so: »Er ist jetzt ein Hohepriester und unsichtbar für weniger spirituelle Augen.« Als Beweis dafür, dass er anstandslos gegangen war, zeigte sie eine Notiz – eine, deren Schrift der von Blackburn sehr ähnelte und in der auch dieselben Rechtschreibfehler standen wie auf den Seiten ihres unvollendeten Manuskripts von *The Great Sixth Seal.* Rizzio wurde jedenfalls nie wieder gesehen. Die vorherrschende Theorie besagt, dass Blackburn und Ruth ihn vergiftet haben.

Dann gab es den Fall von Willa Rhoads (manchmal auch Rhodes), der sechzehnjährigen Tochter der Sektenanhänger William und Martha Rhoads. Anscheinend starb sie an einer Zahninfektion, allerdings gibt es auch den Verdacht, dass sie ebenfalls vergiftet wurde. Blackburn erzählte den Rhoads, dass Willa als eine der Großen Elf der göttlich bestimmten Königinnen des neuen Zeitalters wiederauferstehen würde, und nannte sie den Lebensbaum der Gruppe. Blackburn ließ ihre

Anhänger den Körper im Hauptquartier im Simi Valley mit Salz, Kräutern und Eis einbalsamieren, dann zog er mehrfach um. Schließlich endete Willas Körper unter den Bodendielen vom Haus der Familie Rhoads in Venice, Kalifornien, wo er in einem Sarg beigesetzt wurde, neben einem weiteren Sarg, der sieben Hunde enthielt, die Blackburn den Rhoads gegeben hatte und von denen jeder nach einer Note aus Gabriels Trompete benannt war, um die spätere Wiederauferstehung zu signalisieren. Man nimmt an, dass die Hunde getötet wurden – wahrscheinlich mit Gift –, um Willa in den Tod zu begleiten.

Dann war da Florence Turner, eine dreißigjährige, teilweise gelähmte Frau. Um sie zu behandeln, ließ Blackburn ihre Anhänger einen provisorischen Backsteinofen bauen, in dem sie sie zwei Tage lang buken. Sie starb kurz danach – kein Gift nötig.

1929 hatte Dabney, der Ölmagnatensprössling und Prinz des Jenseits und des Jetzt, keine Lust mehr, darauf zu warten, dass *The Great Sixth Seal* beendet würde, vor allem, weil er Geld brauchte, denn er hatte DORAGE sehr viel gespendet und sich mit seinem Onkel zerstritten. Er verklagte Blackburn wegen schweren Diebstahls. Andere Anhänger, die ebenfalls von Blackburns falschen Versprechungen enttäuscht waren, schlossen sich ihm an, wodurch die Summe, um die es ging, auf insgesamt 200 000 Dollar stieg (nach heutigem Wert 3,5 Millionen Dollar).

Bei diesem Prozess kamen die meisten Informationen und Theorien zum Schicksal der toten und verschwundenen DORAGE-Anhänger ans Licht, darunter auch von Willa und den Hunden Do, Re, Mi, Fa, So, La und Ti, die zu diesem Zeitpunkt seit vier Jahren unter diesen Bodendielen in Venice mumifiziert waren.

Das Verschwinden dreier weiterer Sektenanhänger wurde auch untersucht. Außerdem kam heraus, dass Blackburn im Simi Valley ein Kühllager hatte bauen wollen, um Leichen für die Auferstehung zu lagern, und ein Mitglied, einen Apotheker, nach einem Gift gefragt hatte, das bei einer Autopsie nicht zu entdecken wäre. Die Geschworenen waren von diesen düsteren Geschichten geschockt und entschieden auf schuldig. Blackburn wurde wegen schweren Diebstahls in acht Fällen verurteilt und am 2. März 1930 verhaftet.

Doch vielleicht wachten die Engel über sie, denn nach nur einem Jahr im Gefängnis wurde sie begnadigt. In einem Berufungsverfahren vor dem Obersten Gerichtshof von Kalifornien wurde Blackburn freigesprochen, was sowohl eine klare Bestätigung der Religionsfreiheit war, als auch eine ernste Warnung an alle, die diese Freiheit missbrauchen wollten.

Die Richter fanden es unangemessen, dass die Staatsanwaltschaft die Geschichten über die Vermissten und die Leiche unter den Bodendielen in einen Prozess über finanziellen Betrug hatte einfließen lassen, und entschieden, dass die Geschworen dadurch voreingenommen waren. Wichtiger noch, sie verkündeten: »Jeder Versuch des Gesetzgebers, Personen in ihrem Anspruch auf den Besitz außergewöhnlicher spiritueller Kräfte oder Kenntnisse einzuschränken oder zu regulieren, wird als gefährliches Eindringen des Staates in den Bereich der Religionsfreiheit und des religiösen Privilegs zurückgewiesen, der seit den Anfängen unserer Regierung durch verfassungsmäßige Schranken geschützt ist.«

Aber sie schlugen sich auch nicht komplett auf Blackburns Seite – ihre Lehre nannten sie »ein Babel der Ungereimtheiten, das vor extremen Absurditäten nur so strotzt«. Es sei verwunderlich, dass rationale Köpfe von solchen Hirngespinsten besessen sind.

Die Richter fanden die Lehre von DORAGE also lächerlich, glaubten aber, dass es gefährlich, wenn nicht gar unmöglich sei, die Aufrichtigkeit der Sektengründerinnen nachzuweisen. Dabney und Co. waren als geistig kompetente Erwachsene lächerlich, weil sie ihr angehangen hatten. Aber lächerliche Dinge zu behaupten und zu glauben ist nicht illegal, sondern sogar geschützt.

Doch obwohl Blackburn entlastet wurde, war DORAGE nach dem Prozess sozusagen selbst durchgebacken und unter Bodendielen begraben. Blackburns letzter Atemzug als Sektenführerin war ein Buch mit dem Titel *The Origin of God*, das sie 1936 veröffentlichte und ein weiterer Versuch von ihr war, der Welt neue Wahrheiten zu enthüllen. Es erhielt keinerlei Aufmerksamkeit. Sie starb 1951 im Alter von 69. Ruth starb 1978 mit achtzig Jahren. Soweit wir wissen, kam Christus nie zu diesem Löwenthron.

AUF DER SUCHE NACH Schutz

»Wir wurden zu einem Berg geführt, und wir sagten, ein Feind würde unter dem Schatten dieses schützenden Berges sterben.«

– Jim Jones, Peoples Temple

Wir alle möchten uns sicher fühlen, und oft schauen wir zu Anführern auf, die uns beschützen sollen, seien es nun Politiker oder Eltern, medizinisches Personal oder Wissenschaftler. Aber damit wir uns von diesen Personen, die Autorität ausstrahlen, beschützt fühlen, müssen diese Anführer Selbstvertrauen besitzen. Sie müssen überzeugt sein. Sie müssen alle Antworten kennen – oder wenigstens wissen, wie sie all das vorspielen können. Und Sektenführer sind darin am besten. In diesem Kapitel betrachten wir Menschen, die Sektenführern auf der Suche nach Schutz folgten, vor turbulenten Zeiten, der bevorstehenden Apokalypse, persönlichen Problemen und sogar dem Gesetz. Leider ist es bei Sekten allzu oft so, dass sich diese angeblichen Quellen des Schutzes als viel gefährlicher und tödlicher herausstellen als das, wovor man ursprünglich Angst hatte.

Peoples Temple

Der Teufel und Mr. Jones

Auf dem Evergreen-Friedhof in Oakland, Kalifornien, steht ein einfacher, knapp einen Meter hoher Granitblock auf dem Gras. Vorn sind folgende Worte eingraviert:

IN ERINNERUNG
AN DIE OPFER
DER TRAGÖDIE VON JONESTOWN
18. NOV. 1978
JONESTOWN, GUYANA

Er markiert das Grab von 400 nicht identifizierten Leichen, weniger als die Hälfte der Opfer des Jonestown-Massakers. Weniger als die Hälfte der Opfer des Reverend Jim Jones.

Jim Jones, der hinter dem berühmten Massaker von 1978 an 918 Amerikanern im südamerikanischen Guyana steckt, wurde 1931 in Crete, Indiana, geboren. Seine Familie war arm – sein Vater war ein versehrter Veteran des Ersten Weltkriegs – und Jones wuchs in einer Bruchbude ohne fließendes Wasser oder Strom und mit wenig elterlicher Fürsorge auf. Seine Eltern ließen sich scheiden, als er vierzehn war. Jones war schon sehr früh von Religion besessen, vielleicht, um die Lücke zu füllen, die seine auf ihre eigenen Probleme konzentrierten Eltern hinterlassen hatten, oder vielleicht, weil ihm die Machtdynamik zwischen Pastor und Gemeinde gefiel. Egal was, er verschwendete keine Zeit und wurde nach seiner Zeit am College Prediger.

Er war zwei Jahre an der Indiana University Bloomington eingeschrieben und machte dann, nach seinem Umzug nach Indianapolis, seinen Abschluss als Lehrer an der Butler University. Außerdem heiratete er Marceline Baldwin und wurde zu einem überzeugten Kommunisten. 1952, mit 21, wurde er in der Sommerset Southside Methodist Church Studentenpastor. 1956 hatte er seine eigene Kirche in Indianapolis gegründet. Er würde sie später Peoples Temple nennen.

Und dann tat dieser Mann, der später das größte Massensterben von amerikanischen Zivilisten vor dem 11. September 2001 organisieren würde, viel Gutes – jedenfalls zu Beginn. Er wurde Vorsitzender der Menschenrechtskommission in Indianapolis und half in dieser Rolle dabei, überall in der Stadt die Rassentrennung abzuschaffen, von Theatern und Restaurants über Krankenhäuser und die Polizei bis hin zu einem Vergnügungspark. Der Peoples Temple verteilte Lebensmittel an Arme, bot Alten ein Zuhause, fand Jobs für Arbeitslose und stiftete Stipendien für diejenigen, die sich Bildung nicht leisten konnten.

Dadurch wurde Jones bei den Unterdrückten beliebt, vor allem bei schwarzen Männern und Frauen. Seine Gemeinde wuchs. Seine Familie ebenfalls. Während ihrer Ehe adoptierten er und Marceline drei koreanische Kinder, einen schwarzen Jungen (der den Namen Jim Jr. erhielt), ein Mädchen mit Native-American-Wurzeln und einen weißen Jungen, zusätzlich zu ihrem leiblichen Sohn. Jones nannte sie seine »Rainbow Family« und glaubte, durch Jim Jr. beträfe ihn die Rassenfrage stärker. Laut der PBS-Sendung *American Experience* sagte Jones über die Adoption seines Sohnes: »Integration ist für mich jetzt eine viel persönlichere Sache. Es geht schließlich um die Zukunft meines Sohnes.«

Während Jones' Engagement für die Randgruppen das Schlüsselelement für seine Kirche war, verschaffte ihm seine Behauptung, er könne Krebs heilen, ebenfalls viele Anhänger. Irgendwann veränderte er die Konfession von methodistisch zu pfingstkirchlich und wurde ein Wunderheiler – er setzte Behandlungen ein, bei denen Teile von Tieren eine Rolle spielten, und erklärte die Erkrankten für geheilt. Wie Jeff Guinn in seinem Buch *The Road to Jonestown* schreibt: »Er verstand, dass man genau dann, wenn man praktisch hoffnungslos ist, am ehesten bereit ist, an irgendein rettendes Wunder zu glauben.« Sein Betrug als Wunderheiler war vielleicht das erste Anzeichen dafür, dass sein Eintreten für sozialen Fortschritt eher Show war als aufrichtiges Interesse oder sich zumindest dahin entwickelte. Sein Sohn Stephen sagte 2018 in einem Interview mit ABC News: »Mein Vater hatte überhaupt nichts Spirituelles … Sein gesamtes Wesen war oberflächlich.«

Anfang der 1960er Jahre wurde Jones' Streben nach Macht und Kontrolle immer stärker. Die USA steckten im Kalten Krieg, an den Schulen wurden Reaktionen auf einen Atomangriff geübt, und John F. Kennedy war gerade gewählt worden und musste sich um die Kubakrise kümmern. Wie viele Amerikaner machte sich Jones Sorgen um seine Sicherheit im eigenen Land. Und ebenfalls wie viele Amerikaner las Jones einen Artikel im *Esquire,* der die sichersten Orte im Fall eines Atomkrieges auflistete. Aber nur wenige andere Amerikaner reagierten darauf so extrem wie Jones. Er schnappte seine Regenbogenfamilie und reiste an einen dieser Orte, um nach einem neuen Standort für den Peoples Temple zu suchen: Brasilien.

Jones verbrachte ein paar Jahre in Brasilien, zuerst in Belo Horizonte und später in Rio de Janeiro. Zu Hause steckte der Peoples Temple jedoch in Schwierigkeiten. Er ächzte unter der finanziellen Last, Jones' langen Auslandsaufenthalt zu finanzieren, außerdem verlor er ohne den charismatischen Anführer den Zusammenhalt. Jones kehrte Ende 1963 nach Indiana zurück. Ab jetzt klang er immer mehr wie der Sektenführer, der er nun wurde, er predigte ernsthaft über einen baldigen Atomkrieg und das sozialistische Utopia, das ihn überleben könnte. Er zog sogar nach Kalifornien, weil er dachte, dass es dort sicherer wäre.

Jones' Botschaft der Rassenintegration und Fürsorge für die Bedürftigen fand weiterhin Anklang. Anfang der 1970er gab es wachsende Gemeinden des Peoples Temple in San Fernando, San Francisco und Los Angeles, mit insgesamt 2570 Mitgliedern, von denen die Mehrheit schwarz war. Er nutzte diese Anhängerschaft auch für politischen Einfluss. Er half dem progressiven George Moscone, die Bürgermeisterwahl in San Francisco zu gewinnen, und wurde dafür in die San Francisco Housing Authority Commission berufen. Diese Kampagne und Stelle halfen ihm, sein Netzwerk aus hochrangigen Politikern auszubauen.

Seine Wohltätigkeit und sein politischer Aktivismus verliehen ihm zwar einen strahlenden Anschein von Legitimität, aber sie waren nur oberflächlich. Jones entfernte sich inzwischen vom Christentum, um sich selbst als Gott des Peoples

Temple zu installieren. Viele haben angemerkt, dass die Religion für ihn vielleicht immer nur Mittel zum Zweck war, um seine eigene kommunistische Gesellschaft zu gründen, über die er herrschen würde. Jones selbst sagte mal: »Diejenigen, die vom Opium der Religion berauscht bleiben, müssen durch den Sozialismus erleuchtet werden.«

Einen großen Schritt in diese Richtung machte er in Kalifornien, wo er im Redwood Valley eine Kommune gründete, um einen nuklearen Holocaust zu überleben, der am 15. Juli 1967 stattfinden sollte. Der Tag verging, ohne dass sein Ruf Schaden nahm. Wahrscheinlich lag das daran, dass die Gemeinschaft bei Weitem keine Kommune war, in der Arbeit und Profit gleichmäßig geteilt wurden, sondern ihm eine strikte Kontrolle über das Leben seiner Anhänger erlaubte, die isoliert und dadurch von ihm abhängig wurden. Er nutzte die Bedingungen aus, indem er sie unermüdlich ausbeutete, sie emotional und sexuell misshandelte und jeden Abweichler hart und oft brutal bestrafte.

Gleichzeitig wurde seine Paranoia stärker. Vielleicht durch seine Drogensucht, die er seit seinem Umzug nach Kalifornien entwickelt hatte. Vielleicht lag es an der verstärkten politischen und sozialen Instabilität, schließlich war es die Ära der Atomangst, des Vietnamkrieges und der Bürgerrechtsbewegung. Oder vielleicht zielte er auf pure, berechnende Manipulation seiner Gemeinde. Was auch immer der Katalysator war, Jones begann jedenfalls, über akute Gefahren für den Peoples Temple zu predigen, darunter extremistische Gruppen, die angeblich wütend auf sie waren, weil sie Integration lebten. Er behauptete, diese Gruppen hätten die Absicht, sie alle in Konzentrationslager zu bringen. Er predigte auch, dass der Peoples

Temple bald von der Regierung überfallen werden würde, weil sie Kommunisten seien. Das Einzige, was sie retten könne, sei Sozialismus, behauptete Jones.

Aber es waren weder die Rassenintegration noch der Kommunismus, die seinen Ruf in den USA beschmutzten. Es waren seine Wunder. Journalisten begannen, den Betrug hinter seinen Wunderheilungen und seinen Prophezeiungen aufzudecken, und diese miserable Presse führte zu Spaltungen innerhalb des Peoples Temple. Der sexuelle Missbrauch wurde ebenfalls bekannt. Jones bekam Panik. Er verlor die Kontrolle und hatte nun echte Feinde. Um die Kontrolle wiederzugewinnen und zu beschützen, was er aufgebaut hatte, blieb ihm nur eine Option: mit dem Peoples Temple aus dem Land wegzuziehen.

1974 fing Jones an, ein neues Zuhause für den Peoples Temple im südamerikanischen Guyana zu entwickeln. Er hatte diese englischsprachige, frühere britische Kolonie während seiner Zeit in Brasilien entdeckt, als er dort an einer Massenevangelisation teilgenommen hatte. Er pachtete fast sechzehn Quadratkilometer dichten Dschungel von der guyanischen Regierung mit dem Ziel, daraus die sozialistische Kommune und den sicheren Hafen vor Verfolgung zu machen, von dem er immer geträumt hatte. Offiziell hieß sie Peoples Temple Agriculture, aber die meisten kannten sie als Jonestown.

Während der nächsten fünf Jahre errichteten Jones und seine Anhänger gut sechzig Gebäude für die fast tausend Sektenmitglieder des Peoples Temple, für die es ihr Zuhause war, auch wenn viele es in Gedanken die Hölle nannten. Tagsüber schufteten sie stundenlang in der Kommune, abends hörten sie stundenlang Jones' antikapitalistische und USA-feindliche Predigten, in denen er Loblieder auf die Sowjetunion, China und Nordkorea sang. Er installierte in der gesamten Kommune ein Lautsprechersystem, damit seine Worte ständig durch den Dschungel dröhnten. Seine Anhänger wurden davon abgehalten, ihre Familien und Freunde zu kontaktieren. Jones ließ sie Dokumente unterzeichnen, mit denen er sie erpressen konnte, sollte sich Widerstand regen. Der Erdboden in der Kommune eignete sich nicht zum Anbau von Getreide, weswegen die Gemeinschaft – außer Jim Jones – vor allem von Reis lebte. Und diejenigen, die aufbegehrten oder zu fliehen versuchten, wurden geschlagen, eingesperrt oder unter Drogen gesetzt.

Jones startete mit Übungen, die er White Nights nannte, bei denen die Anwohner aus dem Schlaf gerissen wurden, um sich im Hauptpavillon zu versammeln, wo ihnen gesagt wurde, dass die Regierung sie angriff. Um die Wirkung zu steigern, verteilte er Leute im umgebenden Dschungel, die mit Gummigeschossen schossen. Bei mindestens einer dieser White Nights ließ er seine Anhänger einen roten Punch trinken, der angeblich mit Gift versetzt war. Er wartete den dramatischsten Moment ab, um zu verkünden, dass die Drinks doch nicht vergiftet waren, dann gratulierte er seinen Anhängern, dass sie diesen Treuetest bestanden hatten.

Doch die missbräuchlichen Zustände in Jonestown sprachen sich bis zu den Familien in Kalifornien herum, die glaubten, dass ihre Lieben gegen ihren Willen dort festgehalten wurden. Sie baten um Hilfe, und im November 1978 stellte der kalifornische Kongressabgeordnete Leo Ryan eine Delegation aus Regierungsbeamten und Journalisten zusammen, um seinen Wählern im Ausland einen Besuch abzustatten.

Als der Kongressabgeordnete Ryan und seine Begleiter am 18. November ankamen, fanden sie in Jonestown gemischte

Verhältnisse vor. Die Bewohner wohnten in überfüllten, kleinen Bungalows. Jim Jones wirkte schwach und labil. Doch laut Charles Kraus, einem Mitglied der Delegation und Reporter der *Washington Post*, schien »entgegen den Berichten der ›besorgten Angehörigen‹ niemand zu hungern … alle wirkten recht gesund«.

Ryans Gruppe bekam jedoch Zettel von einigen Mitgliedern zugesteckt, auf denen stand, dass sie mitgenommen werden wollten, zurück in die USA. Es waren zu viele für das Flugzeug. Doch Ryan tat, was er konnte, und schließlich begleiteten ihn über ein Dutzend Menschen zur Landebahn, von denen manche mit ihren Ehepartnern gestritten hatten, die bleiben und die Kinder behalten wollten.

Doch auf der Landebahn wurde Ryans Delegation aus dem Hinterhalt von Mitgliedern des Peoples Temple überfallen, die die Sektenmitglieder am Verlassen hindern wollten. Als die Schießerei vorbei war, waren neun Menschen verletzt und fünf tot, darunter auch Ryan selbst.

In Jonestown war Jones bewusst, dass es vorbei war. Aber er konnte die Kontrolle immer noch nicht abgeben. Er setzte seinen Katastrophenplan um, den er seit der Ankunft in Guyana geübt hatte. Dafür rief er alle zum Hauptpavillon und forderte sie auf, mit Zyanid versetztes Flavor Aid zu trinken. Er nannte das »revolutionären Selbstmord«, aber Mord beschreibt es besser. Ein Drittel der Bewohner von Jonestown waren Kinder. Vielen Mitgliedern wurde Zyanid gespritzt. Diejenigen, die es freiwillig nahmen, hatten unterschiedliche Beweggründe, von aufrichtigem Glauben an Jones' Lehre bis zu fehlenden Lebensperspektiven jenseits von Jonestown. Manche hatten ihre Familie und Freunde sterben sehen und wollten nicht ohne sie weiterleben. Das Finale der entsetzlichen Geschichte war dann die Kugel, die sich Jim Jones in den Kopf jagte. Das gesamte Massaker, inklusive der sporadischen, konfusen, kranken Aufforderungen von Jones, wurde auf Tonband mitgeschnitten. Man findet die Aufnahme leicht online, vergisst sie aber nur schwer, wenn man sie einmal gehört hat.

Fotos zeigen einen Leichenteppich auf dem Dschungelboden, leere Flavor-Aid-Packungen der Geschmacksrichtung Traube sind überall verstreut. Mit den Toten von Ryans Delegation beträgt die Opferzahl 918. Fast siebzig Prozent der Opfer waren schwarz. Manche der überlebenden Anhänger waren in den Dschungel geflohen. Andere, darunter drei von Jones' Kindern, waren wegen Sektengeschäften nicht in der Kommune gewesen.

Die Überlebende Teri Buford O'Shea erklärte die Gemeinschaft 2011 in einem Interview mit dem *Atlantic* besser, als Jones es je konnte: »Das, was an Jonestown gut war, war nicht Jim Jones. Es waren die Menschen, die er anzog. Sie stammten aus allen Gesellschaftsschichten, von hochgebildet bis zu gar nicht gebildet. Manche hatten viel Geld, manche lebten von Sozialhilfe, und manche hatten nicht mal die. Du hättest es sein können. Ich war es.«

Das Massengrab in Oakland wurde schon bald nach der Tragödie gegraben, aber in den letzten Jahren wurde aus dem einfachen Stein ein größeres Mahnmal. Daneben stehen nun Bänke und gegenüber sind vier große Gedenktafeln in den Boden eingelassen, auf denen die Namen aller 918 Opfer eingraviert sind.

Es ist das einzige Zeugnis dieser Tragödie in den USA, abgesehen von einer merkwürdigen Redewendung, die sich, vom

Massaker inspiriert, verbreitet hat und bedeutet, dass jemand sich ganz für eine gefährliche Sache engagiert. Dabei ist sie nicht mal korrekt, was der Firma Flavor Aid sicher gefällt: Drinking the Kool-Aid.

Ant Hill Kids

Ein Berg der Brutalität

Isoliert in den Bergen im Osten Kanadas baut eine kleine Gruppe von Menschen in gleichen Tuniken – hauptsächlich Frauen – eine Kommune auf. Der Einzige, der heraussticht, ist der Anführer der Gruppe, Roch Thériault. Er ist dreißig Jahre alt, mit schütterem, langem, braunem Haar und einem ungepflegten, dreißig Zentimeter langen Bart. Er betrachtet sein kleines Reich und stellt sich die Aktivitäten seiner Anhänger vor wie geschäftige Ameisen auf einem Ameisenhügel. Er nennt die Gruppe die Ant Hill Kids. Aber was wie der Name einer Fernsehsendung für Kinder klingt, verbirgt eine Brutalität, die unfassbar schockierend ist und beweist, dass unser Wunsch nach Schutz so stark sein kann, dass wir ihn mit Verfolgung verwechseln. Und diese schockierende Brutalität und Verfolgung innerhalb der infamsten Sekte Kanadas könnte mit einem Magengeschwür begonnen haben.

Thériault wurde 1947 in Rivière-du-Moulin in Quebec geboren, wuchs aber anderthalb Stunden südlich von Quebec City in einem kleinen Ort mit Asbestmine namens Thetford Mines auf. Seine Familie war katholisch, und schon früh war er von der Bibel und ihren Geschichten über eine bevorstehende Apokalypse besessen. 1970, mit 23, schien er über alles für ein gutes, sektenfreies Leben zu verfügen: eine Ehefrau, zwei Kinder und eine Stelle als Feuerwehrmann in Montreal. Doch dieser Feuerwehrmann wurde bald zu einem Fegefeuermann.

Nach einer Magengeschwüroperation litt er unter chronischen, schmerzhaften Verdauungsproblemen, und laut seiner Frau Francine Grenier veränderte sie ihn auch psychisch. Er war leicht reizbar, betrog sie und war von holistischer Medizin besessen. Er trat aus der katholischen Kirche aus und bei den Siebenten-Tags-Adventisten ein, einer Religion, die ihn ansprach, weil sie auf besondere Ernährung und gesunde Lebensführung Wert legt. Er war charismatisch und extrovertiert und kam in der Kirche gut an … bis er es nicht mehr tat. Er wurde schließlich wegen seines übergroßen Egos und seinem krassen Machthunger innerhalb der Organisation ausgeschlossen. Seine Frau verließ ihn auch. Aber das war Thériault relativ egal. Er wusste jetzt genau, was er wollte: Autorität.

1977 gründete er eine Gruppe für gesundes Leben in Saint-Marie, Quebec. Schnell scharte er eine kleine Gruppe Interessierter um sich, die seine Leidenschaft teilten und sein Wissen, seine Führungsqualitäten und seine magnetische Persönlichkeit schätzten. Es wurden Seminare zu gesunder Ernährung und Rauchentwöhnung angeboten. Er heiratete die Krankenschwester Gisèle Lafrance. Ach, und er fing an, sich selbst als extrem wichtig für Gottes Plan anzusehen. Also so etwa wie einen Propheten.

Und da Propheten prophezeien müssen, machte Thériault bald seine erste, göttlich inspirierte Vorhersage: eine zum Weltuntergang. Er griff auf seine Interessen aus seiner Kindheit zurück und sagte voraus, dass Armageddon im Februar 1979 stattfinden würde. Dann überzeugte er neun Frauen und vier Männer, die ihm vertrauten, dass die einzige Chance, den kommenden Weltuntergang zu überleben, darin bestand, ihre Kinder zu schnappen, jeglichen Kontakt zu ihren Familien abzubrechen und ihm an einen abgelegenen Ort zu folgen, den er Ewiger Berg nannte, in Saint-Jogues auf der Halbinsel Gaspé in Quebec. Dort nahm er den Namen Moses an, gab auch allen Ant Hill Kids biblische Namen und sah ihnen dabei zu, wie sie eine kleine Siedlung errichteten. (Er selbst konnte angeblich wegen seiner Magenprobleme nicht helfen.) Schon bald war es gemütlich, und sie erwarteten alle zusammen den Tag des Jüngsten Gerichts.

Februar 1979 kam schnell, verging genauso schnell, und die Welt stand noch. Da Sektenführer nie sagen können »ich habe mich geirrt«, schaffte Thériault es, seine Anhänger davon zu überzeugen, dass das ausgebliebene Weltenende nicht etwa sein Fehler war, sondern dass für Gott Zeit etwas anderes ist als für den Menschen – er zitierte »ein Tag bei dem Herrn ist wie tausend Jahre, und tausend Jahre wie ein Tag«, 2. Petrus 3,8. Doch ein paar enttäuschte Mitglieder gingen, und von nun an vermied Thériault Prophezeiungen, die zu schnell widerlegt werden konnten, allerdings hatten die Ant Hill Kids schon bald viel schlimmere Gründe, der Herde zu entfliehen.

Die Familie von mindestens einem Anhänger von Thériault vermutete, dass die Ant Hill Kids in Gefahr waren. Nach dem Jonestown-Massaker im November 1978, bei dem Jim Jones fast tausend seiner Anhänger ins südamerikanische Guyana geführt und sie dann dazu gezwungen hatte, Zyanid zu trinken, begann die Familie von Chantal Labrie Fragen zu ihrem Leben bei den Ant Hill Kids zu stellen. Ihre Hartnäckigkeit führte dazu, dass die Behörden den Ewigen Berg durchsuchten.

Labrie wurde psychologisch begutachtet, wie auch Thériault, der wegen Widerstands gegen die Staatsgewalt verhaftet wurde.

Nach einem Monat psychologischer Begutachtung wurden Labrie und Thériault als psychisch stabil entlassen. Rückblickend ergibt das keinen Sinn – oder einen erschreckenden Sinn, weil diese perfekt gesunden Menschen sich trotzdem in einem entsetzlichen Netz des Missbrauchs verfingen. Denn das, was von außen betrachtet wie eine Art Hippiegruppe aussah, die Schnitzereien verkaufte und als Aussteiger lebte, hatte sich in einen totalitären Staat verwandelt, mit Thériault als narzisstischem Diktator. Als seine Anhänger einmal unter seinem Bann standen – erschöpft von der Arbeit, unterernährt und weit weg von Familie und Freunden –, begann er, sie zu schlagen, zu foltern und sexuell zu missbrauchen. Er verstümmelte sie bei bizarren »medizinischen Operationen« und setzte sie ungeheuerlichen Demütigungen aus, alles im Namen ihrer angeblichen spirituellen Reinigung. Am sadistischsten war er, wenn er viel getrunken hatte. Und er trank fast ständig viel. Am nächsten Morgen entschuldigte er sich dann, ein übliches Muster bei solchen Tätern.

Was bei diesem Täter allerdings unüblich war, war das Ausmaß seiner Bosheit. Er nagelte ein Kind an einen Baum, damit die anderen Kinder es mit Steinen bewerfen konnten. Als seine Frau Gisèle Lafrance (die inzwischen nur noch eine von seinen vielen Frauen in der Gemeinde war) Zahnschmerzen hatte, zog er ihr acht Zähne mit einer Zange. Er befahl den Männern, ihre eigenen Beine mit einem Vorschlaghammer zu brechen, oder schnitt denjenigen, die seiner Meinung nach eine Strafe verdient hatten, Zehen ab. Er verübte genitale Verstümmelungen bei Männern und Frauen und hielt Babys übers Feuer, um ihre Mütter zu erpressen. Er ließ seine Anhänger gegeneinander kämpfen und befahl Kindern, an sich und anderen sexuelle Handlungen vorzunehmen.

Doch die Kommune wuchs, allerdings nicht durch Missionierung, sondern weil Thériault darauf bestand, alle Frauen in der Siedlung zu schwängern. Zu ihren Hochzeiten gab es ungefähr vierzig Ant Hill Kids, viele davon tatsächlich Kinder. Durch diese Kinder gab es nicht nur familiäre Bande zwischen Thériault und seinen Anhängerinnen, sondern auch ein Druckmittel, um die Frauen gefügig zu machen, aus Angst, dass er sonst ihre Kinder verletzte. Doch die Gläubigen blieben schmerzhaft ruhig.

Unausweichlich kam es zu Toten. Das erste Opfer war ein Kleinkind. 1981 sollte ein neuer Anhänger, Guy Veer, der zu der Gruppe gestoßen war, nachdem er aus einer psychiatrischen Anstalt in Quebec City geflohen war, auf die Kinder aufpassen. Als Veer einem ins Gesicht schlug, versuchte Thériault unerklärlicherweise, das Kind zu heilen, indem er es an den Genitalien operierte. Er glaubte inzwischen, dass seine Anatomiekenntnisse, die er sich selbst angeeignet hatte, zusammen mit seiner Wunderkraft als Gefäß des Allmächtigen bedeuteten, dass er Krankheiten und Verletzungen heilen konnte, sogar den Tod besiegen. Doch wie seine Weltuntergangsprophezeiung schlug der Versuch fehl, und das Kind starb. Zuerst dachte Thériault sich eine Geschichte aus, dass er das Kind wiederbeleben würde, aber beschloss dann, dass Jesus es im Himmel haben wollte. Zur Strafe wurde Veer kastriert.

Veer wandte sich an die Behörden, und erneut wurden Thériault und einige seiner Anhänger genau untersucht. Dieses Mal erhielten sie aber kein psychologisches Gutachten, sondern Haftstrafen. Thériault saß zwei Jahre wegen strafbarer Fahrlässigkeit. Andere aus der Gruppe, darunter Gisèle Lafrance, saßen neun Monate ab.

Doch selbst dadurch zerstreuten sich die Ant Hill Kids nicht. Thériault wurde 1984 entlassen, unter der Auflage, sich keinen Anhängern seiner Sekte zu nähern. Thériault ignorierte das Urteil und zog sofort zurück in die Gruppe, die auf ihn gewartet hatte, und zwar auf achtzig Hektar in Burnt River, Ontario, und damit außerhalb des aktuellen Rechtsbezirks.

Kurz danach starb erneut ein Kind – dieses Mal ein Baby. Zuerst hieß es, es sei am plötzlichen Kindstod verstorben, aber schließlich kam die Wahrheit ans Licht: Es war erfroren, weil seine Mutter es draußen gelassen hatte, angeblich, um es vor Thériaults körperlichem und sexuellem Missbrauch zu schützen.

An dieser Stelle schaltete sich das Jugendamt ein. Man schaffte es, über ein Dutzend Kinder aus der Gruppe zu entfernen und weitere neun über die nächsten zwei Jahre, weil die Sekte immer neue produzierte. Eine der besonders engagierten Sozialarbeiterinnen, die diese Kinder gerettet haben, war Georgia Brown. Sie nahm sich später das Leben, teilweise wegen des Horrors, den sie gesehen und von den geretteten Kindern gehört hatte.

Thériault war weiterhin instabil und egoman. Er trug rote Roben und eine goldfarbene Krone. Als Gisèle Lafrance ihm sagte, dass einer ihrer Finger steif war, spießte er ihre Hand mit einem Jagdmesser auf einen Tisch und ließ sie über eine Stunde so stehen. Als ihr Arm wegen fehlender Blutzirkulation dunkel wurde, hackte er ihn zwischen Schulter und Ellbogen mit einem Fleischerbeil ab. Er brauchte dafür mehrere Schläge.

Das war nur die letzte von einer Reihe Verletzungen, so hatte er ihr schon einen Teil ihrer Brüste abgeschnitten und ihre Genitalien verbrannt.

Lafrance überlebte. Und im Vergleich zu Solange Boilard hatte sie sogar Glück. 1989 sagte Boilard zu Thériault, sie habe Bauchweh. Da ihr Sektenführer immer darauf aus war zu operieren, legte er sie nackt auf einen Tisch, verpasste ihr einen Einlauf aus Ahornsirup und Olivenöl und schnitt dann ihren Bauch mit einem Küchenmesser auf, während Boilard noch bei Bewusstsein war. Er griff mit nackten Händen in ihre Bauchhöhle und entfernte einen Teil ihres Darms. Als er fertig war, befahl er jemandem, sie zusammenzunähen, und jemand anders, durch ein Rohr Luft in ihre Lunge zu pusten. Boilard starb und wurde beerdigt, aber Thériault war noch nicht fertig mit ihr. Er wies seine Anhänger an, sie zu exhumieren, und dann schändeten er und die anderen Männer der Sekte die Leiche, angeblich in dem Versuch, sie wiederzubeleben.

Keine Sorge, wir sind fast am Ende dieser Horrorstory angelangt. Lafrance wandte sich schließlich an die Polizei und erzählte von ihrer erzwungenen Amputation. Nachdem sie ihn sechs Wochen lang gesucht hatten, fanden sie Thériault, der von nun an untypisch gefügig war. Er wurde der Körperverletzung an Lafrance schuldig gesprochen und zu zwölf Jahren in der Millhaven Institution, einem Hochsicherheitsgefängnis bei Kingston in Ontario, verurteilt. Dann erzählte ein Abtrünniger der Ant Hill Kids den Behörden von Boilard, und dieses Verbrechen führte zu lebenslänglich.

Doch das hielt die wenigsten Ant Hill Kids auf. Viele blieben ihm ergeben, sogar Lafrance. Sie sagte der kanadischen Zeitschrift *Maclean's*: »Die Leute stellen Roch immer wie ein Monster dar, wie einen Metzger. Aber das ist er nicht. Die meiste Zeit hat er weder getrunken, noch operiert. Er war ein wunderbarer Mann, voller Leidenschaft, Intelligenz und Originalität.«

Manche seiner Anhänger mieteten sogar Wohnungen in der Nähe des Gefängnisses und trafen Thériault als Ehepartner. Mindestens ein Kind von ihm wurde während seines Gefängnisaufenthaltes geboren.

Thériaults Strafe endete am 11. Februar 2011, als sein Zellengenosse, der sechzigjährige Matthew MacDonald, ihn umbrachte. MacDonald, der selbst wegen Mordes zu lebenslanger Haft verurteilt war, stach mit einer Klinge in seinen Hals und sah zu, wie er verblutete. Dann ging er zu den Wächtern und sagte: »Dieses Stück Scheiße liegt dahinten. Hier ist das Messer. Ich habe ihn aufgeschlitzt.«

Als ihr Anführer tot war, verließen die Kids endlich den Ant Hill, manche mit einer inneren Leere, die niemals gefüllt würde, andere, um so gut wie möglich ihre Traumata zu heilen.

Man fragt sich leicht, wie so viele Männer und Frauen loyal bleiben konnten, bei dieser großen Anzahl entsetzlicher Misshandlungen durch einen einzelnen, betrunkenen Mann in religiösem Kostüm. Auch das Auflisten der vielen Gründe – Heldenverehrung, Isolation, Gemeinschaftssinn und Zugehörigkeit, Gruppendruck, gemeinsame Kinder, Abhängigkeit, Angst – erklärt es nicht hinreichend.

Aber auch wenn der Fall der Ant Hill Kids extrem ist, ähnelt er durchaus der »üblicheren« häuslichen Gewalt – die leider viel zu häufig ist. »Ich glaube, ich verstehe jetzt, was eine geschlagene Frau erlebt«, sagte das frühere Mitglied Jacques Giguère 1993 der Zeitschrift *Maclean's*. »Sie wird immer wieder geschlagen, aber ihr Ehemann bittet um Vergebung. Sie will ihm glauben und kann ihre Familie einfach nicht verlassen.«

Und was die wahren Gläubigen angeht, diejenigen, die tatsächlich glaubten, dass Thériault der einzige Mensch war, der sie vor dem kurz bevorstehenden Weltuntergang beschützen konnte, so ergibt ihre Fähigkeit, das Unerträgliche zu ertragen, insofern einen Sinn, als alles besser ist als der Tod. Selbst als die körperliche Bedrohung vorbei war und Thériault im Gefängnis saß, übte er weiterhin mentale Kontrolle über seine Anhänger aus.

Es ist diese grundlegende Frage, warum Menschen in Sekten bleiben, derentwegen wir immer und immer wieder zu diesen Geschichten zurückkehren. Mit etwas Glück, werden Sie dieses Rätsel nie hautnah lösen müssen.

Los Narcosatánicos

Drogen, Magie und Menschenopfer

Als der 21-jährige Mark Kilroy am 13. März 1989 in der mexikanischen Grenzstadt Matamoros verschwand, wussten die Behörden nicht, was sie davon halten sollten.

Wie viele andere Studenten der University of Texas war der Medizinstudent während des Spring Breaks vom texanischen Brownsville über die Brücke in die Partnerstadt auf der anderen Seite des Rio Grande gegangen. Kilroy hatte drei Freunde zu einem kleinen Ausflug nach Matamoros begleitet, um mit Alkohol und Mädchen auf der Partymeile Calle Alvaro Obregon zu feiern. Die drei Freunde kehrten ohne Kilroy nach Brownsville zurück; sie nahmen an, er wäre bereits früher zurückgegangen oder würde später kommen. Oft tauchten die in Matamoros Verschwundenen später betrunken in einem Krankenhaus dies- oder jenseits des Flusses auf. Natürlich war auch das Schlimmste immer eine Möglichkeit – dass sie Opfer eines Verbrechens, einer Entführung oder eines Mordes geworden waren –, aber die Behörden hatten keine Ahnung, wie schlimm das Schlimmste in diesem Fall tatsächlich war. Kilroy war rituell geopfert worden, von einer ruchlosen Sekte, die von den mexikanischen Medien den Namen Los Narcosatánicos erhielt – die Drogen-Satanisten.

Nach Kilroy wurde intensiv gesucht. Seine Eltern boten eine Belohnung von 15 000 Dollar. Zehntausende Flyer wurden gedruckt und verteilt. Polizisten und Politiker auf beiden Seiten der Brownsville-Matamoros-Grenze baten um und suchten nach Informationen zu seinem Aufenthaltsort. Die Polizei ließ einen seiner Freunde hypnotisieren, um Hinweise zu bekommen. Der Fall erregte sogar so viel Aufmerksamkeit, dass er bei der beliebten Fernsehsendung *America's Most Wanted* landete. Und Kilroy wurde schließlich gefunden, allerdings nicht durch diese Bemühungen.

Im April versuchte der 22-jährige Drogenkurier Serafin Hernandez Garci einer Polizeikontrolle auszuweichen und führte die Behörden unabsichtlich zur Rancho Santa Elena, ungefähr dreißig Kilometer westlich von Matamoros. Es war eine Drehscheibe des Drogenschmuggels der Hernandez-Familie, die damals ein kleines Drogenimperium aufgebaut hatte, das laut dem Chef der Kriminalpolizei von Matamoros von »Mexico bis Michigan« reichte.

Vor Ort entdeckte die Polizei schnell gut 36 Kilo Marihuana. Dann zeigte ein Beamter, entweder zufällig oder als Teil der Ermittlungen, dem Hausmeister der Ranch ein Foto von Kilroy. Der sagte, er habe den Jungen gesehen, und führte sie zu einem der vielen Schuppen auf der Ranch. Als sie näher kamen, wurde der Verwesungsgestank überwältigend. Die Polizei fand dort die flachen Gräber von fünfzehn Mordopfern, die auf unterschiedliche Arten getötet worden waren – zum Beispiel erhängt, verbrannt, erschossen, zerhackt und erstochen. Alle waren verstümmelt, ihnen fehlten Augen, Hoden, Herz und andere Körperteile. Kilroy war hier. Sein Rückgrat war entfernt worden, sein Gehirn ebenfalls. In seinem Nacken hatte er eine

Wunde von einer Machete. Und seine Beine waren unterhalb der Knie abgetrennt.

Der Schuppen stellte sich als eine Art Tempel heraus, in dem Metallkessel voller menschlicher Haare und Hirne standen, drum herum waren außerdem tote Tiere und Kerzen aufgereiht. Es gab blutverschmierte Altäre, blutverschmierte Waffen und ein Ölfass, in dem die Opfer oder zumindest Teile von ihnen gekocht worden waren. Diese Überreste von offensichtlich düsteren und blutrünstigen Ritualen waren so verstörend, dass man einen Curandero, einen Schamanen, holte, der den Ort segnen sollte, noch bevor die Behörden ihn betraten. Die stellten fest, dass dieser Horrortempel von einer Sekte genutzt wurde, deren Anführer sich El Padrino, also der Pate, nannte – der 26-jährige Adolfo de Jesus Constanzo, der nirgendwo auf der Ranch zu finden war.

Constanzo wurde im November 1962 in Miami, Florida, geboren. Seine Mutter Delia, ein kubanischer Flüchtling, war bei der Geburt fünfzehn. Sein Vater war abgehauen. Wie ihre Mutter war Delia eine Santera, eine Priesterin der Santería-Religion.

Laut der US-amerikanischen Kommission für internationale Religionsfreiheit hat Santería ihren Ursprung bei den Yoruba, einer ethnischen Gruppe aus Westafrika und dem Kongobecken, die zwischen dem 16. und 19. Jahrhundert als Sklaven nach Kuba gebracht wurden. Über die Jahrhunderte vermischte sich ihr traditioneller Glauben mit dem Katholizismus, der Religion der spanischen Kolonialmacht auf Kuba. Zu den typischen Santería-Ritualen gehören Tieropfer, durch die der Gläubige angeblich eine Verbindung zu Ahnengeistern aufbaut, die Bedürfnisse oder Wünsche erfüllen können. Aber Delia praktizierte dieses Ritual bis zum Extrem. Constanzo wuchs in einem Haus voller Tiere auf – lebendige, tote und verstümmelte. Laut der *Los Angeles Times* wurde Delia mal verhaftet, weil sie mit mehreren Kindern und zwei Dutzend Tieren in einer winzigen Wohnung lebte, in »Blut, Urin und Fäkalien«. Beschwerte sich ein Nachbar, wurde er mit einem Tierkopf vor seiner Tür verflucht.

Delia beließ es nicht bei Santería. Sie fand auch jemanden, der ihrem Sohn Palo Mayombe beibrachte, eine religiöse Praxis, die viel mit Santería gemein hat – auch sie ist mit dem Sklavenhandel von Afrika nach Kuba gekommen und hat sich dann in der westlichen Hemisphäre ausgebreitet. Bei Palo Mayombe rufen die Gläubigen die Geister der Toten zum Schutz an und manchmal, um Böses zu tun. Sie benutzen bei ihren Ritualen Kessel, sogenannte »Ngangas«, die unter anderem mit Stöcken und menschlichen Resten gefüllt sind. (Das spanische Palo bedeutet »Stock«.) Die Ngangas stellen die Geister dar und werden mit Opfergaben »gefüttert«, darunter auch das Blut von Opfertieren. Palo Mayombe wird in Kuba oft abgelehnt, weil sich menschliche Knochen in den Ngangas befinden.

1984 zog Constanzo nach Mexico City, um dort als eine Art Schamane oder Zauberer zu arbeiten. Er behauptete, übersinnliche Kräfte zu haben, bot rituelle Reinigungen sowie Rituale für Wohlstand und Schutz an. Manche seiner Kunden gehörten zur Oberschicht, darunter der Chef des mexikanischen Interpol-Ablegers, Florentino Ventura, aber am häufigsten arbeitete er für Mitglieder von Drogenkartellen und andere Kriminelle, die alle gleich abergläubig waren und Geld für einen Segen bezahlten, bevor sie ihren extrem gefährlichen und potenziell lukrativen illegalen Geschäften nachgingen. »Es war unsere

Religion, unser Voodoo«, erzählte Serafin Hernandez Garci laut *New York Daily News* nach seiner Verhaftung der Polizei. »Wir haben es für Erfolg getan. Wir haben es zum Schutz getan.« Deswegen hatte er so dreist versucht, die Straßensperre der Polizei zu umgehen: Er dachte, er sei bei seiner Drogenlieferung unbesiegbar. Er glaubte sogar, dass Kugeln von ihm abprallen würden.

Constanzo verdiente viel Geld, fuhr teure Autos und versammelte Anhänger seines Kultes um sich. Schon bald wurde er zum Hohepriester des Hernandez-Clans, sodass er einen direkten Anteil an ihren Drogenverkäufen erhielt. Sie stimmten dem vor allem deswegen zu, weil kurz zuvor die Erschießung eines ihrer Verwandten, Saul Hernandez Rivera, zu tiefen Spaltungen innerhalb der Hernandez-Familie geführt hatte, was dem Geschäft schadete. Und deswegen landete Constanzo in Matamoros auf der Rancho Santa Elena.

In Matamoros traf und überzeugte er auch die für Los Narcosatánicos scheinbar unpassendste Person: die Collegestudentin Sara Aldrete Villareal, die seine Freundin wurde (und die Ex-Freundin eines der Hernandez war). Ihr Leben hätte nicht Dr.-Jekyll-und-Mr.-Hyde-artiger sein können. Tagsüber war sie eine freundliche, fleißige, preisgekrönte Einserstudentin am Texas Southmost College in Brownsville. Nachts, auf der anderen Seite der Brücke, wurde sie manchmal La Padrina genannt, passend zu Constanzos El Padrino, manchmal auch einfach nur die Hexe. Sie war so stark darin verwickelt, dass die Behörden davon ausgingen, dass sie persönlich eines ihrer Opfer ausgewählt hatte, weil es sie beleidigt hatte. Sie lockte ihn auf die Ranch und sah zu, während die anderen Sektenanhänger seine Brustwarzen abschnitten und ihn bei lebendigem Leib kochten.

Der Film *Das Ritual* von 1987 hatte einen großen Einfluss auf Los Narcosatánicos. John Schlesinger führte Regie und Martin Sheen spielt einen Psychologen, der der Polizei dabei hilft, Mitglieder einer auf Santería basierenden Sekte zu finden, die Kinder opfern. Der Film inspirierte Los Narcosatánicos, die ihn oft anschauten. Die Sektenanhänger bezogen sich sogar bei ihren Geständnissen bei der Polizei darauf, als würde er Los Narcosatánicos besser erklären, als sie es selbst konnten.

Los Narcosatánicos begannen ungefähr ein Jahr nachdem der Film herausgekommen war, mit ihren rituellen Menschenopfern, allerdings waren zwei Drittel der Opfer in diesem flachen Grab aus den üblichen kriminellen Gründen getötet worden, nicht aus rituellen. Aber aus Constanzos Perspektive war es eine völlig logische Entwicklung. Wenn die Opferung eines Meerschweinchens seinen Anhängern besondere Kräfte verlieh, dann würde ein Menschenopfer ihnen noch größere Macht verleihen und auch seine eigene verstärken. Nach klassischer Art von Sektenführern borgte sich Constanzo vieles aus unterschiedlichen, bereits bestehenden Religionen und bastelte daraus seine eigene Theologie. Dann, als Constanzo auf der Höhe seines Einflusses war und nach neuen Wegen zu Stärke suchte, bat er um einen Gringo, um ihn zu opfern. Er bekam den blonden Mark Kilroy.

Laut der Geständnisse der Sektenmitglieder sahen sie Kilroy, als der auf die Brücke zuging, und versuchten, ihn in einen Pickup-Truck zu zwingen, aber Kilroy entkam. Sektenanhänger in einem zweiten Wagen erwischten ihn und brachten ihn auf die Ranch. Nachdem Kilroy zwölf Stunden mit Handschellen im Auto verbracht hatte, klebte man ihm die Augen und den Mund zu und brachte ihn in den Tempelschuppen, wo Constanzo ihn mit einer Machete tötete. Danach tat die Sekte, was sie auch mit anderen Menschenopfern getan hatte, wie sein Rückgrat zu entfernen, damit sie die Wirbel zu einer Kette auffädeln und als Schutz tragen konnten, und ein Gebräu aus Kilroys gekochten Organen zu trinken, um sich zu reinigen und als Schutz vor der Polizei.

Doch ironischerweise wurde Kilroys Tod zu ihrem Ruin. Nachdem die Sektenmitglieder auf der Ranch zusammengetrieben worden waren, suchte die Polizei nach Constanzo, Villareal und anderen Mitgliedern des inneren Kreises. Sie fanden Constanzo schließlich in einer Wohnung in Mexico City, wo die Gefahr, gefangen und verhaftet zu werden, ihn durchdrehen ließ. Er verbrannte große Geldsummen im Ofen und warf noch mehr aus dem Fenster. Als Constanzo die Polizei auf der Straße sah, eröffnete er das Feuer auf sie. In der Wohnung befanden sich auch Villareal und zwei weitere Sektenmitglieder, Alvaro de Leon und Martin Quintana, Letzterer war einer von Constanzos ersten Anhängern und auch sein Liebhaber. Als die Polizei in die Wohnung kam, waren Constanzo und Quintana tot, von Kugeln durchlöchert. Constanzo hatte de Leon befohlen, sie beide zusammen zu exekutieren, damit sie gemeinsam starben. Villareal entging dem Blutbad, wurde aber verhaftet und verurteilt. Sie wird wahrscheinlich den Rest ihres Lebens im Gefängnis verbringen.

Am Ende wurden über ein Dutzend Sektenmitglieder verhaftet, manche wurden zu Gefängnisstrafen zwischen dreißig und sechzig Jahren verurteilt. Es gibt Gerüchte, dass viel mehr Mitglieder von Los Narcosatánicos entwischt sind und dass Constanzo noch andere Menschenopfer bei einer Gruppe geleitet hat, die nichts mit den Hernandez und ihrer Ranch zu tun hatte, aber nichts davon wurde je bestätigt.

Heute, dreißig Jahre später, spukt der dunkle Geist von Constanzo und seinen Los Narcosatánicos immer noch in Matamoros. Im Dezember 2021 ging eine fünfzehnjährige Mexikanerin mit den Fotos ihrer Quinceañera (der Party zum fünfzehnten Geburtstag) viral, weil sie vor einem unheimlichen, verlassenen Haus gemacht wurden, in dem Constanzo angeblich zur Zeit der Morde gelebt hatte. Einheimische nennen es »casa narcosatánica« – das Haus der Narcosatanisten. Im März 2023 wurden vier Männer aus South Carolina, die gerade die Grenze überquerten, mit vorgehaltenen Gewehren mit einem Pickup-Truck entführt, genau wie Mark Kilroy. Zwei von ihnen wurden erschossen. Die Medien verglichen die Morde sofort mit denen von Los Narcosatánicos, obwohl die Polizei schließlich herausfand, dass hier Menschen verwechselt worden waren.

Der provisorische Tempel auf der Rancho Santa Elena wurde schon bald nach den grauenhaften Entdeckungen abgebrannt – aber vorher noch von einem Curandero gesegnet.

Himmlisches Jerusalem

Pjotrs Höhle

Über den Aufstieg der russischen Sekte Himmlisches Jerusalem ist nicht viel bekannt, aber ziemlich viel über ihren Abstieg, der wörtlich zu nehmen ist, weil die Sektenmitglieder in eine Höhle abstiegen, um auf das Ende der Welt zu warten.

Der 1964 geborene Pjotr Kusnezow war ein Ingenieur aus Belarus. Er war auch geschieden und womöglich in einer Midlife-Crisis und, wie sich später zeigen würde, schizophren. Wie viele Menschen in diesem Teil der Welt gehörte er der russisch-orthodoxen Kirche an. Aber mit deren Lehre war er nicht völlig zufrieden. Zum Glück war der Anfang des Jahrtausends eine gute Zeit, um in Russland eine Sekte zu gründen. Nur zehn Jahre nach dem Zusammenbruch der UdSSR, die das 20. Jahrhundert über jegliche religiöse Betätigung unterdrückt hatte, waren die Russen ganz ausgehungert nach Spirituellem, und es gab ein ganzes Heer von Mystikern und Propheten, die diese gottförmige Leere ausfüllen wollten. Laut RIA Novosti, der staatlichen russischen Nachrichtenagentur, gab es Anfang der 2000er Jahre 500 bis 700 Sekten, mit insgesamt 600 000 bis 800 000 Anhängern. »Sekten« kann hier sowohl einen eigenständigen Kult bezeichnen als auch Gruppen, die sich von der Hauptreligion abgespaltet haben.

Und Kusnezow, der sich Vater Pjotr nannte, versuchte sich in beidem. Er reiste durch Belarus und Russland, besuchte Klöster und schrieb über seine neue Interpretation der Lehre der russisch-orthodoxen Kirche. Zuerst nannte er seine neue Religion die Wahre russisch-orthodoxe Kirche, der endgültige Name war dann etwas suchmaschinenkompatibler, allerdings nur etwas – Himmlisches Jerusalem. Er hielt sich für einen Propheten und prophezeite, dass die Welt zwar den Jahrtausendwechsel überlebt hatte (die apokalyptischen Vorhersagen so vieler Sektenführer bezogen sich auf den Jahrtausendwechsel), aber bald enden würde. Er glaubte, dass die Kirche nicht genug tat, um die Christen darauf vorzubereiten.

2006 hatte Vater Pjotr ungefähr drei Dutzend Anhänger um sich geschart und sich in dem ländlichen Ort Nikolskoje, ungefähr 800 Kilometer südöstlich von Moskau in der Region Pensa niedergelassen. Sie trafen sich in einer Hütte mit Blechdach, um zu singen und das Ende der Welt zu besprechen, das Pjotr auf Mai 2008 datierte. Er sagte seinen Anhängern, dass sie dann diejenigen wären, die entscheiden würden, wer in den Himmel und wer in die Hölle käme. Ihre eigene Erlösung war natürlich sicher, solange sie weiter Pjotr folgen und gehorchen würden. Aber bis dahin müssten sie auf ein paar Dinge verzichten: Nämlich auf alles mit einem Barcode oder elektronischen Etiketten, weil Pjotr überzeugt war, dass damit das Malzeichen des Tieres verborgen wird, vor dem die Offenbarung warnt.

In der Bibel ist das Malzeichen des Tieres eine Markierung, die Menschen entweder an der Stirn oder der rechten Hand angebracht wird und ihnen erlaubt, in der neuen Wirtschaft des Antichristen zu kaufen und zu verkaufen. Sie hat die Form der Zahl 666. Dass Barcodes das Malzeichen des Tieres sind, ist keine seltene Vorstellung in christlichen Kreisen, es gibt sie seit den 1970ern, als die ersten Barcodes auf Produkten in Supermärkten auftauchten. (Der Barcode wurde 1952 von den amerikanischen Erfindern/Antichristen Norman Joseph Woodland und Bernard Silver erfunden.) Sogar heute noch weigert sich die amerikanische Handelskette Hobby Lobby, die Christen gehört, ihre Waren mit Barcodes auszuzeichnen, und manche sagen aus genau diesem Grund. (Laut der Pressesprecher von Hobby Lobby sind so die Interaktionen zwischen Angestellten und Käufern menschlicher und weniger technologisch.)

Aber keine Barcodes oder elektronische Etiketten für Anhänger des Himmlischen Jerusalems bedeutete keine industriell verarbeiteten Lebensmittel, kein Geld, keine Kreditkarten, keine Pässe und keinen Personalausweis. Sie schnitten sich auch von allen Nachrichten ab, weil sie Fernsehen, Radio und, wo wir gerade dabei sind, Elektrizität ganz generell ablehnten. Für Pjotr war es sehr praktisch, dass diese Ablehnung von Barcodes und anderen Formen moderner Technologie seine Sektenanhänger vollkommen isolierte, denn dadurch standen sie komplett unter seiner Kontrolle. Sie konnten ohne Pjotrs Wissen nicht reisen, nichts kaufen, keine Informationen von der Außenwelt erhalten oder Familie und Freunde kontaktieren.

Irgendwann 2007 begann das Himmlische Jerusalem, sich ernsthaft auf die in der Offenbarung vorhergesagte Apokalypse vorzubereiten. Heimlich gruben sie eine Höhle in die schneebedeckten Hügel gut drei Kilometer außerhalb des Dorfes. Von einem runden Flur, der ungefähr einen Meter achtzig hoch und fünf Meter lang war, gingen sechs Räume ab, dazu gab es eine Frischwasserquelle und eine Latrine. Laut Vater Pjotr gruben sie anderthalb Monate durch, um die Höhle zu bauen. Später erklärte er in einem Interview: »Gott schützte uns und Engel halfen uns.« Die Dorfbewohner sagten den Reportern allerdings, dass die Höhle sich an der Stelle eines früheren Bunkers befand, in dem zu vorrevolutionären Zeiten ein Kloster untergebracht war.

Irgendwann Ende Oktober oder Anfang November stiegen 35 Anhänger des Himmlischen Jerusalems, darunter vier kleine Kinder, in die Höhle hinab, um auf die Engelstrompeten und die letzten Plagen und Christus in den Wolken zu warten. In der Höhle hatten sie genügend Lebensmittel und Kerosin, die bis zum Ende der Welt reichten … was ja bereits in sechs Monaten bevorstand.

Die Dorfbewohner dachten sich nicht viel, als das Himmlische Jerusalem plötzlich verschwand. Schließlich war die Sekte vor ein paar Jahren genauso plötzlich und geheimnisvoll aufgetaucht. Aber sie hatte etwas extrem Wichtiges zurückgelassen: Vater Pjotr, der seinen Anhängern nicht in die Höhle folgte. Er sagte ihnen, dass er ein anderes Schicksal habe und sich noch um ein paar Dinge auf der Erde kümmern müsse. Er blieb im Dorf zurück, mit zwei Frauen und drei Kindern und schlief nachts in einem Sarg. Was auch immer sein Schicksal sein sollte, es erfüllte sich nie. Die Tochter eines der Sektenmitglieder in der Höhle wandte sich an die Behörden, und während der darauffolgenden Ermittlungen wurde der 43-jährige Vater Pjotr laut RIA Novosti wegen »Gründung einer gewalttätigen Organisation« verhaftet. Er wurde zur Begutachtung in eine psychiatrische Klinik gebracht, rund 150 Kilometer von der Höhle entfernt.

Nach ein paar Tagen voller Vernehmungen beschrieb Vater Pjotr den Behörden, wo die Höhle sich befand. Mit einer ganzen Reihe von Experten, von Rettungskräften über Ärzte bis zu Priestern, machte man sich auf den Weg dorthin. Die Höhle war verbarrikadiert, und die Retter wurden mit Schüssen empfangen – doch schon bald entdeckten sie, dass sie durch einen Lüftungsschacht mit den Höhlenbewohnern kommunizieren konnten.

Doch die Anhänger des Himmlischen Jerusalems rührten sich nicht. Sie sagten der Polizei, sie seien alle gesund, die Temperaturen in der Höhle erlaubten es, den Winter gut zu überstehen (irgendwas zwischen 11 und 17 Grad). Und sollte sie jemand angreifen, so hätten sie in ihrer Untergrundküche genug Gasflaschen für einen feurigen, explosiven Massenselbstmord. Sie nannten sich »die Auserwählten« und die russische Boulevardzeitung *Komsomolskaya Pravda* zitierte ein Sektenmitglied: »Gott hat uns angewiesen, so zu handeln. Im Himmel wird gerade ein Buch über uns geschrieben.« Ansonsten kommunizierten sie kaum mit der Außenwelt, außer durch Lieder und Notizen. Manchmal schwiegen sie komplett. Einmal baten sie um eine Kuh für frische, unbehandelte Milch.

Da die Behörden wussten, dass auch Kinder in dieser Höhle waren, wollten sie nichts erzwingen oder irgendetwas tun, was Leben gefährden könnte, das theoretisch aktuell nicht gefährdet war. Ein Pressesprecher der Region, Jewgeni Gusejnow, sagte gegenüber CNN: »Jede Spezialoperation, die den Einsatz von Gewalt gegen die Menschen nötig macht, ist vollkommen ausgeschlossen. Wenn sie aus der Höhle herauskommen, dann nur, weil sie sich aus freien Stücken dazu entschließen.« Es wurden Mikrofone in der Nähe der Lüftung installiert, der Ort wurde abgesperrt und überwacht und man versuchte weiterhin, Verhandlungen zu führen.

Währenddessen erklärte der »stark unter Medikamenten stehende« Sektenführer Vater Pjotr einige Gründe für das massenhafte Einbuddeln seiner Anhänger. Laut RIA Novosti waren sie in der Höhle nicht nur als Schutz vor dem Armageddon, sondern auch weil »Betrunkene aus dem Dorf unsere Männer verprügelt und unsere Frauen beschimpft hatten. Dann zeigte Gott uns den einzigen Weg – unter die Erde.«. Diese Lösung war einem der Sektenmitglieder in einer »nächtlichen Vision« erschienen.

Nachdem die erste Überraschung und die Neugier abgeebbt waren, passierte in den nächsten Monaten nichts mehr in dem schneebedeckten Keller. Im Februar gab es kurz Aufregung, weil ein Kind beim Beten eine Kerze hatte fallen lassen, was zu einem Feuer führte. Die Behördenvertreter hörten zwar den Aufruhr, aber Zugang, um zu helfen, wurde ihnen verwehrt. Zum Glück konnte das Feuer ohne Verletzte gelöscht werden.

Bis zum 29. März passierte nichts weiter, aber dann brach das Dach durch das Schmelzwasser ein, wodurch sieben Anhängerinnen von der restlichen Gruppe getrennt wurden. Vater Pjotr wurde aus der psychiatrischen Anstalt hergebracht, um die Frauen zu überreden herauszukommen. Das taten sie schließlich; sie entschieden, dass es besser wäre, der Endzeit überirdisch ausgesetzt zu sein, als lebendig in einer dunklen Katakombe beerdigt zu werden.

Da waren's nur noch 28. Vater Pjotr unterstützte tatsächlich das Bestreben, seine Anhänger da herauszuholen; er sagte, er wolle sie nicht dazu zwingen, dort unten zu bleiben. Allerdings waren die Sektenmitglieder ihm gegenüber inzwischen misstrauisch, weil er unter dem Einfluss der Regierung und wer weiß wie vieler Barcodes gestanden hatte. Trotzdem beschlossen ein paar Tage später weitere siebzehn Anhänger herauszukommen, darunter alle Kinder.

Da waren's nur noch elf. Jetzt gruben Rettungskräfte Gräben, um das Schmelzwasser umzuleiten und sicherzustellen, dass die Höhle weder überschwemmt würde, noch einbrach. Schließlich war das hier Russland, und das hieß sehr viel Schmelzwasser.

Im April verübte Vater Pjotr einen Selbstmordversuch, vielleicht wegen der immer weniger werdenden Anhänger in der Höhle und allgemein oder weil er seiner eigenen Prophezeiung nicht mehr traute oder vielleicht auch wegen seiner neu diagnostizierten Schizophrenie. Je nachdem, welchen Bericht man liest, legte er seinen Kopf entweder auf ein Holzbrett oder einen Baumstumpf und schlug dann mehrfach mit einem anderen Brett auf seinen Kopf. Sein Schädel brach, aber er überlebte dank einer Operation. Es war nicht das erste Mal, dass er in der Anstalt auf Gewalt traf; laut der russischen Zeitung *Tvoi Den* war er früher bereits von anderen Patienten angegriffen worden, weil er ein »Teufel« sei, der seinen Anhängern Leid bereite.

Und dann kam der entscheidende Monat Mai. Vater Pjotr hatte keinen genauen Tag für die Apokalypse vorhergesagt, aber die restlichen Sektenmitglieder verließen die Höhle am 16. Mai, nach sechs Monaten und praktisch auf der Zielgeraden. Doch von den elf, die bis Mai unten geblieben waren, lebten nur noch neun – und genau deswegen mussten sie die Höhle auch verlassen. Der widerliche Geruch der Leichen der beiden Frauen, die unter der Erde verstorben waren, vergiftete die Atemluft. Nachdem die Polizei die Leichen geborgen hatte, wurde festgestellt, dass eine an Krebs gestorben war und die andere an Mangelernährung durch das Fasten.

Am Ende, nachdem sie ihre eigene Mini-Apokalypse erlebt hatten, während sie auf die große gewartet hatten, löste sich die Sekte auf. Der Mai 2008 endete ohne ein Malzeichen oder Monster am Himmel. Das Himmlische Jerusalem war in dieser Höhle gestorben. Vater Pjotr wurde wegen seiner Schizophrenie als verhandlungsunfähig erklärt und blieb zur Behandlung in der psychiatrischen Klinik in Pensa. Die letzte Information über seinen Aufenthaltsort und seinen Zustand stammt vom Januar 2013. In einem Artikel der Russischen Agentur für Rechtsauskünfte stand, dass das Gericht seinen Aufenthalt in der Klinik auf Anraten der Ärzte verlängert hat.

Der wahre Star dieser Geschichte, die Höhle selbst, wurde zerstört. Kurz nach der kompletten Evakuierung sorgten die örtlichen Behörden mit zwei kontrollierten Sprengungen für ihr Armageddon, die Höhle brach komplett ein.

Kult und Okkult

Der Ordo Templi Orientis und Los Narcosatánicos in diesem Buch sind Beispiele von okkulten Sekten: Sekten, die vor allem auf esoterischen, übernatürlichen oder magischen religiösen Überzeugungen und Praktiken basieren. Man könnte annehmen, dass die Wörter Kult und okkult einen gemeinsamen Ursprung haben. Nicht nur, weil viele Kulte okkulte Praktiken enthalten, sondern auch, weil das Wort ja in okkult steckt. Doch tatsächlich haben sie etymologisch nichts miteinander zu tun.

Laut dem Wörterbuch Merriam-Webster kommt das Wort Kult vom lateinischen *cultus*, das mehrerlei bedeutet, von »Anbau« über »Pflege« bis zu »Verehrung«, verwandte Wörter sind Kultur und kultivieren. Die früheste Verwendung von Kult als einzelnem Wort geht zurück ins 17. Jahrhundert, als es religiöse Hingabe bedeutete, noch ganz ohne die negative Konnotation, die das Wort heute hat. Es dauerte ein paar Hundert Jahre, bis das Wort seine moderne Bedeutung annahm, nämlich »übertriebene und unverhältnismäßige Verehrung einer Sache oder einer Person«.

Okkult dagegen kommt vom lateinischen *occultus*, was »geheim« oder »verborgen« oder »esoterisch« bedeutet. Heute wird das Wort sowohl in einem übernatürlichen Zusammenhang (zum Beispiel bei geheimen magischen Ritualen) verwandt als auch in einem medizinischen (beim okkulten Krebs ist der Ursprungstumor ungeklärt). Im englischsprachigen Raum tauchte es zum ersten Mal im 15. Jahrhundert auf (in Deutschland erst im 18. Jahrhundert), also 200 Jahre vor dem Kult.

In den Medien tauchen Kult und okkult oft zusammen auf, als würden diese beiden Wörter das gesamte Spektrum des Bösen abbilden. Die Schlagzeile eines Artikels der Associated Press von 1983 klagt an: »Kulte, Okkultes ziehen die Jugend an.« In der Einleitung eines Artikels der *Paris News* aus Paris, Texas, hieß es 1984: »Kulte und das Okkulte sind in Texas auf unterschiedliche Art weit verbreitet.« 1984 verkündete ein Artikel des *Kansas City Star*: »Konferenz in KC beleuchtet Kulte und das Okkulte.« Darunter: »Ziel sind informierte Bürger.« Obwohl einige Kulte sich okkulten Praktiken widmen, gibt es keinen echten Beweis für eine kausale Verbindung von Kulten und dem Okkulten, wie die Medien gern behaupten. Okkulte Praktiken sind für einen Kult oder eine Sekte weder nötig, noch führen sie schneller zu kultartigem Verhalten als weiter verbreitete religiöse Überzeugungen wie zum Beispiel das Christentum.

Man kann also einen okkulten Kult beziehungsweise eine okkulte Sekte haben, sowohl linguistisch als auch soziologisch. Es ist eine Gruppe, die sich dem Okkulten verschrieben hat. Und der sollten Sie wahrscheinlich aus dem Weg gehen, aber vor allem wegen des Kults.

Manson Family

Mörderische Hippies

Charles Manson hat einen Song für die Beach Boys geschrieben. Meat Loaf hat ihn mal beim Trampen mitgenommen. Er hat auf die Kinder von Al Lewis, der Grandpa Munster spielte, aufgepasst. Neil Young hat ihm ein Motorrad geschenkt. Eine Tochter von Angela Lansbury gehörte zu seinen Anhängern. Und zu den Menschen, die auf seinen Befehl hin ermordet wurden, gehörte Sharon Tate, Schauspielerin und Ehefrau des Regisseurs Roman Polanski.

Wir sind in unserer Kultur auch deswegen so sehr von Charles Manson fasziniert, weil er in den Sechzigern mit so vielen Größen der Popkultur zu tun hatte. Er war das Thema unzähliger Filme, Fernsehserien, Songs und Podcasts. Er wird in einem Atemzug mit all den fiesesten Fieslingen der Geschichte genannt, dabei hat er seine eigenen Hände nie durch Mord beschmutzt. Die Anziehungskraft, die Manson ausübte, ist nicht bloß eine kulturelle, es war eine persönliche. Die Menschen fühlten sich zu ihm hingezogen und taten alles, worum er sie bat. Vincent Bugliosi, der Staatsanwalt, der in seinem Fall ermittelte, sagte über ihn im *Rolling Stone*: »Ich schaffte es nicht mal, dass jemand im örtlichen Dairy Queen einen Milchshake für mich holt. […] Er hatte etwas, das nur ein Tausendstel von einem Prozent aller Menschen hat. Eine Aura. ›Vibes‹.« Wie bei so vielen Sektenführern war Mansons Charisma sowohl greifbar als auch unbeschreibbar.

Charles Manson wurde am 12. November 1934 in Cincinnati, Ohio geboren. Seine Mutter war ein unverheirateter Teenager und saß, als er fünf war, wegen Raubes im Gefängnis. Er führte die Familientradition fort und wurde als Teenager und bis in seine Dreißiger immer wieder für unterschiedliche Vergehen inhaftiert. Zwischen seinen Haftstrafen fand er jedoch genug Zeit, zweimal zu heiraten und zwei Söhne zu zeugen, Charles Manson Jr. und Charles Luther Manson. Doch er war so sehr ans Gefängnisleben gewöhnt, dass er, als man ihn mit 33 begnadigte, darum bat, im Gefängnis bleiben zu dürfen. Das durfte er nicht. Und so landete er 1967 in San Francisco, gerade rechtzeitig für den Summer of Love.

Er war etwas älter als die Blumen-im-Haar-Hippies in Haight Ashbury, aber das verlieh ihm eine gewisse Autorität, die er ausnutzen konnte. Dazu kamen das Hippie-Must Gitarre zu spielen (was er im Gefängnis bei Alvin »Creepy« Karpis, dem Anführer der Ma Barker Gang, gelernt hatte), Jesus-artige lange Haare und ein Bart, der seinem 1,58 Meter kleinen Körper etwas Würde sowie etwas Antiautoritäres verlieh. Außerdem war er in der Lage, sich neu zu erfinden, vom Kleinkriminellen zum Guru der Gegenkultur. Wie der Journalist Jeff Guinn es 2013 in seinem Buch *Manson* ausdrückt: Manson war »der falsche Mann zur richtigen Zeit am richtigen Ort«.

In San Francisco schaffte er es, sich in eine WG mit gut zwanzig Mädchen einzuschmeicheln. Die meisten waren verletzliche Teenager oder Frauen Anfang zwanzig, die Geld und Stabilität brauchten oder aus schlimmen Umständen geflohen waren. Eines dieser Mädchen, Patricia Krenwinkel, erklärte später der *New York Times*, was sie bei der Manson Family fand: »Zum ersten Mal hatte ich ein Gefühl der Sicherheit … dass sich jemand um mich kümmert.« Andere verliebten sich einfach in Manson oder waren an der aufregenden Gegenkultur interessiert, die Freiheit, Drogen, Musik und Spaß versprach. Als der Film- und Bühnenstar Angela Lansbury erfuhr, dass ihre Tochter Deidre Manson verfallen war, pausierte sie ihre Karriere und zog mit ihrer Familie nach Irland, um ihre Tochter von dem Mann wegzubekommen. »Er war zweifellos eine außergewöhnliche Persönlichkeit, auf vielerlei Art charismatisch«, sagte sie dem *Independent*.

Und natürlich kursierten eine Menge Drogen wie Marihuana und LSD in der Manson Family, wie auch Sex, als leichte Währung in einer Wirtschaft der freien Liebe. Manson kassierte vor allem Letzteres in seiner Clique, sowohl er persönlich als auch, um andere Männer in die Gruppe zu locken.

Und so hat er auch Dennis Wilson von den Beach Boys getroffen. Die Family hatte einen Bus, den sie hippifizierten, indem sie die Sitze durch bunte Teppiche und Kissen ersetzten. Gegen Ende 1967 stiegen sie alle ein und fuhren nach Los Angeles. Wilson nahm ein paar der »Manson Girls« mit nach Hause, als die in der Gegend trampten, und ehe er sich's versah, war die gesamte Manson Family in sein Haus gezogen.

Aber Manson suchte nicht nur nach einem Zuhause für seine Sekte. Er wollte ein Rockstar werden. Er schrieb ein paar Songs mit Wilson, und die Beach Boys nahmen sogar einen auf. Ursprünglich hieß er »Cease to Exist«, aber Wilson schrieb ihn um und gab ihm den neuen Titel »Never Learn Not to Love«. Wilson stellte Manson auch Terry Melcher vor, ein prominenter Musikproduzent für Bands wie The Byrds und The Mamas and the Papas. Melcher war außerdem der Sohn von Doris Day und der Freund von Candice Bergen.

Doch schon bald musste Wilson für den Unterhalt der Manson Family ganz schön viel Geld aufwenden, außerdem kam es zu Schäden an seinen Autos, seinem Haus und seinem Körper. (Angeblich fing er sich bei einem oder mehreren der »Manson Girls« Gonorrhö ein.) Darüber hinaus waren er und Melcher zunehmend über Mansons Verhalten irritiert. Wenn Manson nicht gerade LSD-Orgien in Wilsons Haus schmiss, schien er immer kurz vor einer Gewalttätigkeit zu stehen. Einmal drohte er sogar einem Toningenieur wegen einer kleinen Unstimmigkeit mit dem Messer. Wilson schmiss Manson und die Family schließlich aus seiner Bude, also packte Manson wieder alle in den Bus, und sie zogen auf die Spahn Ranch, eine Ranch, die auch oft als Drehort für Hollywood-Western genutzt wurde. Zu dieser Zeit war sie nur noch ein baufälliger Schatten ihres früheren Selbst, aber ihr Besitzer, der achtzigjährige George Spahn, ließ die Manson Family im Austausch gegen Arbeit und sexuelle Gefälligkeiten dort leben. Sie verbrachten auch Zeit auf zwei anderen Ranches, der Myers Ranch und der Barker Ranch, beide im Death Valley.

Auf diesen Ranches waren Sex und Drogen weiterhin die Hauptgrundsätze der Theologie der Family, und Manson hielt lange Predigten über einen bevorstehenden apokalyptischen Rassenkrieg, in dem Schwarze sich gegen Weiße erheben und das Land zerstören würden. Manson stellte sich vor, dass die Family sich versteckte, bis alles vorbei war, und dann würde er zum Messias des Landes aufsteigen. Er glaubte, dass die Hinweise auf diesen Rassenkrieg alle auf dem kürzlich herausgekommenen *White Album* der Beatles zu finden seien, insbesondere im Song »Helter Skelter«. Die Manson Family hatte zu Hochzeiten rund 100 Mitglieder. Ein Dutzend davon würde berühmt-berüchtigt werden – denn dann kam das Massaker.

Am 9. August 1969 schickte Manson gegen Mitternacht eine kleine Gruppe seiner Anhänger in ein Haus am 10050 Cielo Drive in den Hollywood Hills. Zu dieser Gruppe gehörten Susan Atkins, Tex Watson, Patricia Krenwinkel und Linda Kasabian. Es war das Zuhause von Melcher, dem Musikproduzenten, der das Interesse an Manson verloren hatte. Doch Melcher war sechs Monate zuvor ausgezogen und hatte das Haus an Roman Polanski und seine Frau, die 26-jährige Schauspielerin Sharon Tate, vermietet. Polanski war in London und bereitete den Film *Der Tag des Delphins* vor, aber Tate war zu Hause, da sie im neunten Monat schwanger war. Sie hatte ein kleines Treffen organisiert. Der 36-jährige Jay Sebring, ein Freund und auch Ex-Geliebter von ihr, war da; er war Friseur zu dessen Kunden Paul Newman, Steve McQueen und Warren Beatty gehörten. Außerdem waren der 32-jährige Drehbuchautor Wojciech Frykowski und seine Freundin anwesend, die 26-jährige Abigail Folger, die zur Kaffeedynastie Folger gehörte.

Manson wies seine Anhänger an, das Schlimmste zu tun. Ihr erstes Opfer war nicht einmal wegen des Treffens da. Der achtzehnjährige Stephen Parent wollte nur einen Bekannten im Gästehaus des Anwesens besuchen. Die Family erschoss ihn in seinem Auto, als er gerade aus der Auffahrt fahren wollte. Doch sein Schicksal war im Vergleich zu dem der anderen fast gnädig.

Am Ende des Massakers waren Tate, Sebring, Frykowski und Folger alle tot. Überall war Blut. Auf Tate war sechzehn

Mal eingestochen und ihre Leiche an einen Dachsparren gehängt worden. Atkins prahlte später damit, dass sie ihr Blut gekostet hätte und dass sie, hätte sie mehr Zeit gehabt, ihr das Kind aus dem Bauch geschnitten hätte. Sebring hing neben ihr am Sparren, nachdem sieben Mal auf ihn eingestochen worden war. Auf ihn hatte man auch geschossen. Frykowski war mit einem stumpfen Gegenstand geschlagen worden, hatte einundfünfzig Stich- und zwei Schussverletzungen. Folger schaffte es bis auf den Rasen vorm Haus, bevor sie ihren 98 Stichwunden erlag. Atkins schrieb mit Tates Blut »Pig« auf die Haustür.

Aber die Family glaubte, dass noch mehr Blut für Charles Manson vergossen werden müsste. Am nächsten Abend (eigentlich am Abend desselben Tags) brachen dieselben in ein anderes Haus ein, dieses Mal in Begleitung von Leslie Van Houten und Charles Manson selbst. Anders als das Melcher-Haus schienen sie dieses völlig zufällig auszuwählen: 3301 Waverly Drive, gut sechzehn Kilometer von Melchers Haus am Cielo Drive entfernt. Das Haus gehörte dem 44-jährigen Leno LaBianca und seiner Frau, der 38-jährigen Rosemary, die Eigentümer einer Supermarktkette in Los Angeles waren. Dieses Mal drang Manson zusammen mit seinen Anhängern ins Haus, blieb jedoch nur, um das Paar zu fesseln, die schmutzige Arbeit überließ er seinen Jüngern. Auf Leno war zwölf Mal mit einem Bajonett und vierzehn Mal mit einer Tranchiergabel eingestochen worden. In seinen Bauch war das Wort *War* geritzt. Rosemary hatte 41 Stichwunden. Mansons Anhänger schrieben mit Lenos Blut auf die Wände: *Rise*, *Death to Pigs* und *Healter* [sic] *Skelter*.

Diese zwei entsetzlichen Nächte des brutalen Blutvergießens blieben monatelang ungelöst. Dass sie zusammenhingen, wurde erst viel später erkannt, als Manson mit einigen Anhängern wegen Autodiebstahls verhaftet wurde und Atkins vor ihren Zellengenossinnen mit den Morden angab. Die Polizei verhaftete die restlichen Verdächtigen, die noch nicht in Haft waren, und am 15. Juni 1970 begann der Prozess.

Er dauerte ungefähr neun Monate, und über die ganze Zeit blieben viele von Mansons Anhängern loyal. Sie sangen und blockierten die Türen im Gericht. Als er seinen Kopf schor, taten sie es ihm nach. Als er sich ein X in die Stirn schnitt, machten sie es auch. Manche lachten, als sie vors Gericht traten. Irgendwann verschwand einer der Verteidiger spurlos. Manche behaupten, er sei ein Opfer der Family.

Die Story der Staatanwaltschaft war im Grunde, dass Manson komplett verrückt war und mit den Morden den von ihm vorhergesagten Rassenkrieg auslösen wollte. Eine ihrer Hauptzeugen war Linda Kasabian, die bei beiden Massakern anwesend war, aber Schmiere stand und deswegen die Häuser nicht betreten hatte und nicht direkt an den Morden beteiligt war.

Jeder, der am Blutbad des 9. August beteiligt war, inklusive Manson, wurde schuldig gesprochen, außer Kasabian, der für ihre Aussage Immunität gewährt wurde. Sie wurden alle zum Tode verurteilt, woraus im folgenden Jahr »lebenslänglich« wurde, weil Kalifornien die Todesstrafe abschaffte.

Dann kam heraus, dass die Tate-LaBianca-Massaker nicht die ersten und auch nicht die letzten Morde der Family waren. Sie hatten auch den Musiker Gary Hinman auf ähnliche Weise getötet (viele Stichwunden, Sätze, die mit Blut auf die Wände geschrieben waren), entweder weil sie ihn ausgeraubt hatten oder aus Rache wegen eines Drogendeals. Sie hatten sogar einen blutigen Pfotenabdruck auf die Wand gemalt, um den Verdacht auf die Black Panther zu lenken, vor denen Manson Angst hatte, nachdem er eins ihrer Mitglieder bei einem früheren Streit wegen Drogen erstochen hatte. Außerdem hatten sie auch Donald »Shorty« Shea umgebracht, einen Ex-Hollywood-Stuntman, der auf der Spahn Ranch gearbeitet hatte, wahrscheinlich weil er wollte, dass die Family von der Ranch geworfen wurde. Diese zwei Morde wurden bewiesen, aber ein Dutzend andere galten auch als Taten der Manson Family. Manche Forscher vermuten, dass diese Morde ein alternatives oder zusätzliches Motiv für die Hollywood-Morde boten – dass Manson diese früheren Verbrechen durch mehr Verbrechen verwischen und sichergehen wollte, dass jeder in seinem inneren Kreis Blut an den Händen hätte und ihn deswegen nicht an die Polizei verraten konnte.

Über die Jahre hat die Manson Family immer wieder Schlagzeilen gemacht. Kurz nach dem Prozess hat eine kleine Gruppe von Family-Mitgliedern vergeblich versucht, einen Waffenladen auszurauben, angeblich, um ein Flugzeug zu entführen, um damit Mansons Freilassung zu erpressen. Ein weiteres Mitglied hat versucht, Präsident Gerald R. Ford zu ermorden, aber seine Waffe klemmte. Aber am häufigsten berichten die Medien über sie, wenn ein Mitglied der Family um Begnadigung bittet oder im Gefängnis stirbt. Bis heute wurde von den an den Tate-LaBianca-Morden Beteiligten nur Leslie Van Houten begnadigt, und das erst 2023. Susan Atkins starb 2009 an einem Hirntumor im Gefängnis. Während ich dieses Buch schreibe, lebt Patricia Krenwinkle noch und hält den wirklich nicht beneidenswerten Rekord der am längsten einsitzenden Frau der Vereinigten Staaten. Tex Watson sitzt immer noch seine Strafe ab. Von den drei Anhängern, die getrennt für die Morde an

Hinman und Shea verurteilt wurden – Bruce Davis, Bob Beausoleil und Clem Grogan –, sitzen Davis und Beausoleil noch im Gefängnis, während Grogan 1985 begnadigt wurde. Linda Kasabian starb 2023 im Alter von 73. Manson selbst starb 2017 mit 83 Jahren nach 48 Jahren im Gefängnis. Er wurde regelmäßig befragt und redete dann wirres Zeug, aus dem X auf seiner Stirn war schon lange ein Hakenkreuz geworden.

Der 9. August 1969 war ein blutiger Tag, ein Blutfleck in der amerikanischen Geschichte, ein blutiger Grabstein der 1960er Jahre und eine blutige Wunde, die uns bis heute plagt – allerdings nicht so sehr wegen Charles Manson. Verrückte, machthungrige Menschen tun verrückte, machthungrige Dinge. Wir sind wegen seiner Anhänger von dieser Geschichte fasziniert, von denen man sagen könnte, dass manche noch schlimmer wurden als Manson selbst. Laut CNN erklärte Susan Atkins 1969 kurz nach den entsetzlichen Verstümmelungen und Morden ihre Motivation so: »Weil wir ein Verbrechen verüben wollten, das die Welt schockt, sodass die Welt innehalten und es wahrnehmen musste.« Aber nach ihren ersten sieben Jahren im Gefängnis hatte sich ihre Perspektive verändert. 1976 sagte sie dem Nachrichtenreporter Stan Atkinson von Sacramento TV, dass ihre Verbrechen das Ergebnis von langem Missbrauch von LSD und anderen Drogen und von Mansons Einfluss waren: »Ich habe durch die Drogen und eine Art Gehirnwäsche die Kontrolle über mich verloren.« 2002 fragte die Journalistin Diane Sawyer sie: »Das Mädchen, das im Gerichtssaal so furchterregend lächelte, war das eine psychisch gesunde Person?« Atkins erwiderte: »Nein«, konnte es aber nicht weiter erklären als: »Es ist wirklich schwierig, dahin zurückzukehren.«

Es ist eine traurige Ironie, dass die meisten von Mansons Anhängern ursprünglich zur Family fanden, weil sie, unter anderem, Schutz suchten, und am Ende das Land vor ihnen geschützt werden musste.

AUF DER SUCHE NACH *Sinn*

»Der Märtyrer hat ein Ziel, ein Herz, eine Seele, einen Geist, einen Sinn und hört nicht auf, bis er alles erreicht hat! Das ist der Märtyrer! Es gibt keine Neutralen: Der Neutrale ist ein Lügner und Heuchler! Es gibt nur Märtyrer oder Verräter! Was bist du?«

— »Moses« David Berg, Children of God

Wir alle kämpfen mit den Gedanken: Was mache ich mit meinem Leben? Warum bin ich hier? Gibt es nichts Wertvolleres, das ich tun könnte? Wir wollen alle zu etwas Größerem gehören, zu etwas Dauerhaftem und Wichtigem beitragen, unser Handeln auf dieser Erde so ausrichten, dass es sinnvoll ist. Viele Sekten versprechen nicht nur einen Sinn, sondern einen gewaltigen Sinn, und das in einem praktischen, einfachen, vorgefertigten Paket. Manchmal ist der Sinn die Rettung der Welt oder der Umbau der Gesellschaft. Und alles, was man tun muss, um dieses Ziel umzusetzen, ist Mitglied zu werden von ... und manchmal auch eine Stadt zu vergiften oder einen Krieg mit der Welt zu beginnen oder deine Kinder an Fremde abzugeben oder mörderischen Selbstmord zu begehen.

Children of God

Missionare des Missbrauchs

Man sollte immer misstrauisch sein, wenn sich eine Organisation ein neues Image verpasst. Und gleich doppelt, wenn es eine religiöse Organisation ist. Und wenn diese religiöse Organisation sich im Laufe ihres Bestehens gleich ein halbes Dutzend Mal neu erfindet? Dann handelt es sich um die Children of God, die ihren Namen so oft geändert haben, um ihrer umstrittenen Vergangenheit zu entfliehen, dass ich gar nicht mehr weiß, wie ich sie nennen soll.

Die Gruppe wurde 1968 vom Wanderprediger David Brandt Berg in Huntington Beach, Kalifornien, unter dem harmlosen Namen Teens for Christ gegründet. Berg gehörte zu den Jesus People, bei denen sich Hippie-Idealismus und christliche Wohltätigkeit überschnitten und zu einer entspannten Bewegung mit Gitarrenbegleitung verschmolzen, die zur Gegenkultur passte, obwohl sie eigentlich evangelikal war. Um mehr Menschen anzusprechen, änderte Berg den Namen der Gruppe schon bald in Children of God. Er sammelte schnell ungefähr fünfzig Anhänger um sich, und sie machten sich auf den Weg. Das frühere Sektenmitglied Daniel Walsh erzählte der *Los Angeles Times* 1993: »Wir reisten herum wie Vagabunden, lebten in Trucks und Wohnwagen, stoppten bei Antikriegsdemos und beim Prozess gegen die Chicago Seven.« Bei diesen Events trugen sie rotes Sackleinen, schmierten sich Asche ins Gesicht, schlugen mit langen Stangen auf den Boden und riefen dazu: »Wehe!«

Die nächsten zwanzig Jahre waren für Berg und die Children of God extrem erfolgreich. Sie zogen weiter durchs Land und vergrößerten ihre Anhängerschaft auf rund 10 000, die auf der Suche nach einem Sinn waren. Für manche war der Lebensstil der Children of God aufregend und erfüllte ihr Bedürfnis nach einem höheren, spirituellen Sinn, den damals viele in der Gegenkultur suchten. So viele (Blumen-)Kinder der Sechziger waren unglaublich idealistisch und energisch, glaubten, am Anbeginn einer neuen, besseren Ära zu stehen – und Berg bot ihnen ein Ziel, auf das sie diese Energien richten konnten. Es klang zwar nach »Peace and Love«, war es aber nicht. 2016 erzählte das Ex-Mitglied Jerry Golland der Canadian Broadcasting Corporation, dass die Children of God ihn »auf der Straße aufgesammelt« hatten und ganz gezielt diejenigen rekrutierten, die wie er anfällig für Indoktrination waren. »Wir lernten, sie zu erkennen, diese Augen, diese Person, eine verletzliche Person. Wir nannten sie Schafe.«

Trotz ihrer Hippie-Fassade hatten die Children of God viel mit evangelikalen oder fundamentalistischen Christen gemein. Sie glaubten, dass die Bibel das Wort Gottes ist, dass die Schöpfungsgeschichte der Genesis wahr ist, dass die Erlösung durch das Opfer Christi kommt, dass Gebete Wunder bewirken können und dass das Ende der Zeit für Ungläubige nicht angenehm wird. Ein Unterschied zu anderen evangelikalen Gruppen war, dass die Children of God an die bevorstehende Apokalypse glaubten. Berg nannte sich selbst Moses David und prophezeite ihr baldiges Eintreten. (Er behauptete, dass der Komet Kohoutek, der 1973 entdeckt wurde, der Startschuss für das Weltenende sei.) Der Glaube der Children of God unterschied sich noch in viel stärkerem Maß vom traditionellen Christentum, aber dazu gleich mehr.

Die Gruppe war trotzdem christlich genug, um die Massen anzusprechen, besonders in der Anfangszeit. Doch Anzeichen dafür, dass die Children of God tatsächlich eine Sekte waren, gab es auch schon früh. Nicht nur, dass Berg sich einen Propheten nannte und sich in den Mittelpunkt der Gruppe stellte, er organisierte seine Anhänger auch in Kommunen. Diese Kommunen sonderten die Anhänger in abgelegenen Gegenden von der Welt ab. Die Mitglieder erhielten biblische Namen und mussten all ihr Geld und ihren Besitz der Organisation überschreiben. Es war ihnen verboten, außerhalb zu arbeiten. Berg rechtfertigte das damit, dass Christen abseits der Welt leben sollten und dass Besitz unnötig war, wo doch das Ende der Welt kurz bevorstand. Er nannte die Außenwelt das »System« und diejenigen, die dazugehörten, »Systemlinge«. Zu ihren Hochzeiten gab es über 1000 Kommunen der Children of God in über hundert Ländern, die Berg durch die Aussendung seiner treuesten Missionare etabliert hatte.

Wenn sie nicht missionierten, beteten und sangen die Sektenanhänger. (Ein paar ihrer Lieder waren von Jeremy Spencer, einem Gründungsmitglied von Fleetwood Mac, der die Band 1971 für Children of God verließ.) Sie lasen auch die Bibel und die Tausenden Newsletters, die Berg schrieb und »Mo Letters« nannte. Diese Briefe hielten die verstreuten Kommunen durch ihre Doktrin zusammen und verbreiteten Bergs Einfluss über alle Grenzen.

Bis jetzt klingt es nicht *sooo* schockierend, stimmt's? Aber bei der monströsen Doktrin, die ich vor mir hergeschoben habe und die dazu führte, dass die Anhänger der Children of God aus verschiedenen Ländern vor der Polizei flohen, ging es um Bergs Lehre rund um Sex. Er nahm das Hippie-Ideal der freien Liebe und erweiterte und verdrehte die Definition drastisch. (Die Bewegung der freien Liebe wollte ursprünglich den Einfluss von Staat und Religion auf persönliche Beziehungen minimieren.) Um es mit Bergs eigenen Worten aus einem Mo Letter von 1980 zu sagen: »Es ist überhaupt nichts verkehrt an Sex, solange er mit Liebe ausgeübt wird … egal mit wem, das Alter und die Verwandtschaftsbeziehungen sind auch egal!«

Richtig gelesen. Pädophilie und Inzest wurden mit einem Ausrufezeichen empfohlen.

Bergs Logik war in etwa: Gott ist Liebe. Sex ist ein Ausdruck von Liebe. Gott hat uns alle als sexuelle Wesen erschaffen. Ergo sollte jeder Sex haben, um Gottes Liebe zu verbreiten. Das umfasst auch Kinder mit Kindern, Kinder mit Erwachsenen und auch Kinder mit Eltern. Tatsächlich gab es in diesen Kommunen kaum echte Familiengruppen. Jeder Erwachsene war eine »Tante« oder ein »Onkel« und jedes Kind ein »Cousin« oder eine »Cousine«. Polygamie war üblich. 2021 erzählte Sharen Seitz, ein früheres Sektenmitglied, der *Daily Mail*: »Lange Zeit wusste ich gar nicht, wer meine Eltern waren.«

Berg schrieb Traktate und Pamphlete, die diesen Glauben an Sex lebhaft illustrierten, mit Titeln und Überschriften wie »Der Teufel hasst Sex! Aber Gott liebt ihn!« und »Sex mit Großmutter!« Berg unterstützte sogar direkten Sex mit Jesus. In einer verdrehten Version der mystischen Hochzeit (der Vorstellung, dass eine religiöse Vereinigung mit Jesus eine Hochzeit ist) galt

Masturbation als Mini-Gottesdienst/Sex mit Gottes Sohn. Die Männer wurden angewiesen, sich bei der Selbstbefriedigung als Frau anzusehen, weil Jesus nicht schwul ist. Manche Sektenmitglieder behaupteten sogar, dass diese Masturbationssitzungen sich wie echter Sex mit einem unsichtbaren Wesen anfühlten. Bergs Vorstellungen von Sex waren so wirr, dass sie auch seine ähnlich widerwärtigen antisemitischen und rassistischen Vorstellungen überstrahlten.

Anfang der 1970er war die Regierung wegen einer Unmenge Verbrechen – von Vergewaltigung über Inzest und Entführung bis zu Steuerhinterziehung – immer stärker an Berg interessiert, also floh er aus den Vereinigten Staaten und kehrte nie zurück, stattdessen lebte er an unterschiedlichen (oft geheimen) Orten, von denen aus er wieder Mo Letters schrieb und die Organisation leitete.

Seine Lehre über Sex hatte ein ähnlich verstörendes Resultat: Sex abzulehnen, war gleichbedeutend mit der Ablehnung von Gottes Liebe oder der Weigerung, Gottes Liebe zu verbreiten, was bedeutete, dass jeder in der Sekte die körperliche Selbstbestimmung verlor. Sex galt als Pflichtdienst an Gott. Die Children of God nutzten Sex sogar zur Missionierung. 1976 führte Berg eine neue Strategie ein, die er »Flirty Fishing« nannte. Weibliche Sektenmitglieder sollten hinausgehen und Männer zur Sekte oder wenigstens zu einer Spende dafür verführen. In einer Schrift der Children of God war eine Meerjungfrau mit einem Haken durch ihren nackten Bauch zu sehen, ihr Fischschwanz steckte anzüglich zwischen den Beinen eines nackten Mannes, für den sie der Köder war. Die Überschrift lautete »Hooker for Jesus!«. (Hook ist der Haken, Hooker eine Prostituierte.) Die *Los Angeles Times* berichtete 1993, dass die Children of God gedrängt wurden, die Kanareninsel Teneriffa zu verlassen, weil sie das Geschäft der ortsansässigen Sexarbeiterinnen übernahmen.

Doch laut Berg war die Strategie enorm erfolgreich und brachte den Children of God 19 000 neue Mitglieder und Jesus allgemein gut 100 000 Konvertiten. In einem seiner Mo Letters schrieb Berg: Im Vergleich zu konventionellen Methoden der Seelengewinnung wie zum Beispiel einem Crusade (Kreuzzug) von Billy Graham »investieren wir ein Sechstel der Zeit pro Seele!«.

Die Praxis des Flirty Fishing brachte eine bestimmte Familie dazu, die Sekte zu verlassen: die Familie Phoenix, zu der zwei kleine Jungen gehörten, die später berühmte Schauspieler wurden, River und Joaquin. Als sie die Anweisung erhielten, lebten sie in einer Kommune in Venezuela und verließen sie schnell auf einem Frachtschiff nach Miami. Ihre Mutter sagte der *New York Times* 1989, dass es »mehrere Jahre dauerte, um den Schmerz und die Einsamkeit« nach dem Verlassen der Children of God zu überwinden.

Die Familie Phoenix ist nicht die einzige Verbindung der Children of God zu Hollywood. Rose McGowan, Star des Films *Scream* und der Fernsehserie *Charmed*, erzählte *People* 2018 von der nächtlichen Flucht ihrer Familie von den Children of God, um sie und ihre Geschwister vor Missbrauch zu schützen. Dabei rannten sie während eines Gewitters durch ein Maisfeld und versteckten sich in einem alten Haus vor den Sektenanhängern, die sie verfolgten.

Andere Mitglieder hatten keine solchen direkten traumatischen Erlebnisse mit der Sekte oder wussten jedenfalls nicht, dass sie ein Trauma erlebten. Joyanne Treadwell, eine von Bergs

Enkelinnen, hatte der *Los Angeles Times* 1993 detailliert über den Horror des Missbrauchs erzählt und gab dann zu: »Andererseits hatte ich Spaß. Das fehlt mir manchmal. Wir bereisten die ganze Welt, wir hatten Chauffeure. Und mir gefiel der Sex. Damals wusste ich nicht, dass ich missbraucht wurde. Ich bin so großgezogen worden.« Andere, die in der Sekte nicht missbraucht wurden, fanden die Konzentration auf die missionarische Arbeit erfüllend und waren glücklich. Michael Young, ein früheres Sektenmitglied, sagte dem *Guardian* 2017: »Ich war auf eine sehr besessene und entschlossene Weise spirituell.«

Gegen Ende der 1970er hatten viele Anhänger die Children of God aus denselben Gründen verlassen wie die Familien Phoenix und McGowan. Deswegen strukturierte Berg die Organisation um und gab ihr den neuen Namen The Family of Love. Ein paar Jahre später wurde der dann zu »The Family« abgekürzt, um die Aufmerksamkeit von ihren fragwürdigen »Love«-Praktiken abzulenken. Sie veröffentlichten auch interne und externe Statements, in denen sie behaupteten, für jegliche Verbrechen trügen nicht sie als Organisation die Verantwortung, Pädophilie und Inzest seien nur individuelle Probleme und keine institutionellen. Nachdem eines ihrer Mitglieder 2005 in einen Fall von Mord und Selbstmord verwickelt worden war, erklärte die Sprecherin der Organisation, Claire Borowik, Folgendes:

> *Da unsere aktuelle Null-Toleranz-Politik bezüglich sexueller Beziehungen zwischen Erwachsenen und Minderjährigen in unseren vor 1986 veröffentlichten Schriften nicht klar beschrieben war, stellten wir fest, dass es während einer Übergangsphase in unse-*

rer Bewegung von 1978 bis 1986 zu Fällen kam, in denen einige Minderjährige sexuell unangemessenen Annäherungsversuchen ausgesetzt waren. Das hätte nicht passieren dürfen. Rückblickend wurde klar, dass potenzielle Probleme durch unsere liberale Haltung zur Sexualität hätten vorausgesehen und schon früher strikte Regeln etabliert werden sollen. Das wurde offiziell 1986 korrigiert, als jeglicher Kontakt zwischen einem Erwachsenen und einem Minderjährigen (jede Person unter 21) zu einem exkommunizierbaren Vergehen erklärt wurde.

Durch ihre neue Ausrichtung und die Konzentration auf die politischen Themen, die Christen in den 1980ern und 1990ern vereinten – zum Beispiel Ablehnung von Abtreibung, Drogen und Homosexualität –, konnte The Family ihr Image rehabilitieren. Im Dezember 1992 sang sogar eine Gruppe Kinder der Family vor der First Lady Barbara Bush im Weißen Haus.

1994 starb Berg mit 75 Jahren in Portugal, und seine Frau Karen Zerby übernahm die Organisation. Innerhalb von zehn Jahren erhielt sie einen neuen Namen: Family International. Doch inzwischen floh die Generation, die innerhalb der Organisation aufgewachsen war, und erzählte in Büchern und den Medien ihre Horrorstorys. Und viele dieser Berichte stammten von Bergs eigenen Nachkommen.

Deborah Davis, eine von Bergs Töchtern, veröffentlichte 1984 eine Autobiografie mit dem Titel *The Children of God: The Inside Story*. Darin schreibt sie über ihren Vater: »Ich könnte dieses Buch leicht mit Beispielen seines verdorbenen Geistes füllen, damit, wie er sowohl Erwachsene als auch Kinder als

Objekte in einem Brettspiel behandelt, die für sein persönliches Vergnügen und für die ›Sache‹ herumgeschoben, benutzt, missbraucht und ausgebeutet werden.«

1993 war das Ex-Mitglied Ricky Dupuy in der Fernsehshow *Larry King Live*, um über die Anführer von Children of God und den Missbrauch, den er erfahren und ausüben musste, zu sprechen. Dupuy kam 1969 mit siebzehn zu den Children of God und verließ sie 1992. 1996 beging er Selbstmord. Laut SFGate lautete sein letzter Tagebucheintrag: »Was habe ich mit meinem Leben gemacht? Ich habe es im Wahnsinn eines irren Haufens von pathologischen Abartigen verschwendet. … Manche Dinge sind schlimmer als der Tod, und in diesem unaussprechlichen Zustand weiterzuleben, gehört dazu.«

2018 wurde das Sektenmitglied Alexander Watt in vier Fällen wegen sexuellen Missbrauchs seiner Tochter und eines anderen Kindes während seiner Zeit bei Children of God in den 1980ern verurteilt. Es war das erste Urteil wegen Missbrauchs gegen ein Mitglied der Organisation. Seine Tochter Verity sagte *BBC News*: »Ich wurde ab vier Jahren sexuell missbraucht, nicht nur von meinem Dad, der verurteilt wurde, sondern auch von verschiedenen anderen Sektenmitgliedern.«

Bergs Enkelin Faith Jones floh mit 23 aus der Sekte und veröffentlichte 2021 eine Autobiografie namens *Sex Cult Nun*, was nicht nur der beste Titel einer Autobiografie überhaupt ist, sondern auch ihre Erlebnisse bei den Children of God zusammenfasst. Der *New York Post* sagte sie: »Ich bin wie eine Nonne aufgewachsen, außer dass es sehr viel Sex gab!« Sie erzählte von vielen der heimtückischeren Praktiken der Gruppe aus eigener Erfahrung. Ihr erstes Malbuch war pornografisch, sie verbrachte Nächte damit, so zu tun, als schliefe sie, während ihre

Mutter im selben Zimmer einen Mann »flirty fischte«, und noch bevor sie zehn war, zeigten ihr »Onkel«, wie man einen Mann befriedigt.

Und dann war da Ricky Rodriguez, einer von David Bergs Söhnen. Er war schon als Kind in der Organisation berühmt, weil er der Held eines Buchs von Berg war, das *The Story of Davidito* hieß. (Davidito war Bergs Spitzname für ihn.) Das große Buch enthielt Fotos von Rodriguez als kleines Kind in intimen Situationen mit seiner Mutter und anderen erwachsenen Frauen. Er verließ schließlich die Sekte. Am 8. Januar 2005, als er 29 war, ermordete er Angela Smith, eines seiner früheren Kindermädchen in der Sekte, und erschoss sich dann selbst. Es war dieser Zwischenfall, der Family International dazu veranlasste, das oben zitierte Statement zu ihrer Haltung zu Sex mit Minderjährigen abzugeben.

Seitdem hat die Family International versucht, ihre Einschränkungen, was Verstrickungen mit dem System angeht, zu lockern und den Glauben an die bevorstehende Apokalypse herunterzuspielen, um mehr Anhänger zu gewinnen, aber diese Strategie hat vor allem dazu geführt, dass aktuelle Mitglieder verwirrt und ihrer Identität unsicher sind. Heute existiert die Organisation immer noch, auch wenn sie laut ihrer Website jetzt ein »christliches Onlinenetzwerk mit 1450 Mitgliedern« ist. Sie wird immer noch von Karen Zerby zusammen mit ihrem Ehemann Steve Kelly geleitet.

Und mehr ist sie nicht. Bis sie erneut ihr Image ändert.

Bhagwan

Iss den Salat nicht

Wie stellen Sie sich eine Ranch in Oregon vor? Viel staubiges Land voller Kühe und Pferde, rustikale Häuser und Scheunen, wettergegerbte Cowboys, komplett mit Cowboystiefeln, -hut und Jeans? Wie wäre es stattdessen mit rot gewandeten sexbesessenen Hippies, die ein Amulett eines Inders mit Halbglatze und langem Bart tragen? Willkommen auf der Rancho Rajneesh oder auch Rajneeshpuram mit 2000 Einwohnern – oder jedenfalls waren es so viele, bevor die Bewohner dieser Ranch das größte bioterroristische Attentat in der amerikanischen Geschichte verübten, und vielleicht das einzige weltweit, bei dem ein Salatbüfett zur Waffe wurde.

Diese Geschichte beginnt nicht in Oregon, sondern in Indien, als ein Akademiker namens Mohan Chandra Rajneesh seinen Anzug gegen eine Tunika eintauschte, um zu einem Guru namens Bhagwan Shree Rajneesh zu werden. In einem Land, das von spiritueller Erleuchtung besessen ist, war Rajneeshs Weg zur Transzendenz anders. Wie die meisten Sektenführer suchte er sich seine Ideen aus verschiedenen anderen Religionen und Bewegungen zusammen und bastelte daraus ein glattes Päckchen, das er mit rhetorischer Bravour übermittelte. Wie zu erwarten, enthielt das Rezept für die Bewegung viel von östlichem Mystizismus, aber auch ordentliche Portionen westlicher Psychologie und als magische Zutat: Liebe. Freie Liebe.

Der 1931 geborene Rajneesh fand seine Stimme als Philosophieprofessor an der Jabalpur University, wo er anfing, über seine eigene Philosophie Vorlesungen zu halten und in den 1960ern und 1970ern Anhänger um sich zu scharen. Seine Lehre enthielt kein echtes Dogma und änderte sich oft, um sich an die jeweilige Situation anzupassen. Er beschrieb sein Ideal mal als »religionslose Religion«. Rajneesh sah die Ehe als Fessel, besonders für Frauen. Vom Kinderkriegen wurde abgeraten, wegen seiner Einstellung zur Überbevölkerung und zum Sex – weil der nämlich für sich genommen ein Weg zur Erleuchtung sei, Fortpflanzung nicht nötig. Geld zu verdienen, galt ebenso als ein Weg zur Erleuchtung, also keinerlei Keuschheits- oder Armutsgebot in seiner Gruppe. Rajneesh beschrieb seinen Glauben auch mit dem Konzept von »Sorbas, dem Buddha«, einer Mischung aus der ruhigen Spiritualität Buddhas und dem leidenschaftlichen Hedonismus des Protagonisten des Buchs *Alexis Sorbas* von 1946 und des gleichnamigen Films von 1964. Wobei Rajneeshs Schwerpunkt definitiv auf dem Griechen lag. Seine Botschaft zog viele aus dem Westen an, die gerade die Revolution der Gegenkultur zu Grabe trugen und auf der Suche nach Sinn (und Drogen) nach Osten sahen, besonders reiche Menschen, die sowohl Erleuchtung als auch große Aktienportfolios wollten. Seine Botschaft sprach auch Frauen an, die nicht mehr zwischen Hausfrau oder Karriere wählen wollten und einen höheren Sinn suchten. Laut einem Artikel von 2018 in *The Conversation* behauptete Rajneesh: »Es ist für Männer wie für Frauen besser, wenn die Frau jede Freiheit und die gleichen Chancen für ihre Individualität erhält.«

Mitte der 1970er Jahre gründete Rajneesh einen Ashram in Puna, und gegen Ende der Siebziger hatte er dort gut 100 000 Sannyasins (Jünger) versammelt, die bei Sekteneintritt einen neuen Namen erhielten und sich manchmal Rajneeshees nannten. Um ihren Hals baumelte eine Kette aus traditionellen Holzperlen namens Mala, an der Bilder von Rajneesh hingen. Außerdem trugen sie nur rote oder orange Kleidung – wenn sie überhaupt etwas trugen. Eine Dokumentation über die Sekte von 1979 mit dem Titel *Ashram in Poona* zeigt nackte, orgiastische Rituale und heulendes, schreiendes Tanzen (also eigentlich bloß eine Orgie).

Dann beschloss Bhagwan, ins Land der unbegrenzten Möglichkeiten auszuwandern, einerseits weil ihm der amerikanische Kapitalismus gefiel, andererseits weil er aus Indien vertrieben wurde. Die Regierung hatte begonnen, die Gruppe genauer unter die Lupe zu nehmen, und war kurz davor, deren Schmuggel und Steuerhinterziehung aufzudecken.

1981 kaufte die Bhagwan-Sekte die knapp 26 000 Hektar große Big Muddy Ranch in Oregon, die abgelegen ungefähr dreißig Kilometer vom winzigen Dorf Antelope (Einwohnerzahl: 40) lag. Hier bauten sie das Utopia Rajneeshpuram, um alle Anhänger von Bhagwans Lehre über freie Liebe, Vermögensanhäufung und Gesellschaft jenseits von Familie zu vereinen und diese losen Vorstellungen konkreter umzusetzen. Von hier aus brach die Sekte viele nationale Rekorde. Zum Beispiel den für die größte Abhöraktion der Geschichte, den größten je entdeckten Immigrationsbetrug und, wie bereits erwähnt, das erste bioterroristische Attentat in der amerikanischen Geschichte. Sie kamen auch dem Rekord der meisten Rolls-Royce in Besitz einer einzelnen Person sehr nahe.

Rajneeshpuram war, zumindest von außen betrachtet, sehr erfolgreich. Zu Hochzeiten lebten dort gut 2000 Sannyasins. Es gab eine eigene medizinische Versorgung, Discos, Restaurants, eine Werkstatt und sogar einen Privatflughafen und eine Privatpolizei. Die Sannyasins führten auch in nahe gelegenen Orten Geschäfte. In Portland gehörten ihnen der Zorba the Buddha Nightclub und das gleichnamige Restaurant, die Zorba the Buddha Bakery und das Hotel Rajneesh. Während der vier Jahre dort machte die Organisation mindestens 120 Millionen Dollar – und Rajneesh prahlte liebend gern damit. Er trug teure Uhren (laut dem *Oregonian* zwang er seine Untertanen dazu, ihm eine Uhr für eine Million Dollar zu beschaffen) und fuhr mit einem seiner 93 Rolls-Royce über die Ranch, während Sannyasins die Straße säumten, klatschten und Blumen auf die Motorhaube warfen.

Aber schon bald kam die dunklere Seite von Rajneeshpuram zum Vorschein. Hier wurde das familienfeindliche Ethos seines Gründers in die Praxis umgesetzt. Familien wurden zerrissen und die Kinder zusammen untergebracht, von ihren Eltern getrennt. Sie sollten sich selbst erziehen und bekamen Arbeit. Noa Maxwell (Sektenname: Swami Deva Rupam), der zu dieser Zeit ein Kind in Rajneeshpuram war, sagte dem *Guardian* 2018: »Wir waren eine 70er-Jahre-Familie der Mittelklasse, die eng zusammenhielt, und innerhalb kürzester Zeit wurde diese familiäre Einheit zerrissen.«

Rajneeshpuram war eine autarke Welt. Natürlich war das ein Teil des Problems. Dara Burrows (Sektenname: Ma Prem Dara), eine Sannyasin, die schon in Indien zusammen mit ihrem Vater David (Sektenname: Swami Das Anudas) zu Bhagwan gekommen und ihm dann nach Oregon gefolgt war, sagte 2018 der *HuffPost*, dass die Bewegung »die Illusion von ›Wir gegen die‹ verbreitete und wie gefährlich es sei, die Ranch zu verlassen. … Ich hatte definitiv das Gefühl, gehirngewaschen zu werden.« Noa Maxwell bestätigte Burrows Eindrücke in seinem Interview mit dem *Guardian*: »Sie [Menschen außerhalb] waren der Feind. Dumme, konventionelle, konservative Menschen … Ich dachte, wenn man kein Sannyasin ist … dann ist man bloß eine Art Drohne.«

Und Sannyasins waren tatsächlich von der Außenwelt bedroht. Schließlich waren sie eine unkonventionelle Gruppe, die unkonventionelle, sexuelle Dinge tat, die eigentlich tabu waren, weswegen sie oft Zielscheibe von Vorurteilen und Schlimmerem waren. 1983 explodierten drei Rohrbomben in Zimmer 405 des 127-Zimmer-Hotels Rajneesh in Portland. Das Zimmer war zerstört, aber nur der Bombenleger selbst, Stephen Paster, wurde verletzt und verlor ein paar Finger. Pasters Motiv wurde nie offiziell festgestellt, allerdings gehörte er einer fundamentalistischen muslimischen Gruppe an und stand auch unter dem Verdacht, im folgenden Jahr Bombenattentate auf religiöse Stätten der Hindus und Vedantas in Seattle verübt zu haben, als er nach der Tat im Hotel Rajneesh auf der Flucht war. Er wurde schließlich geschnappt und saß fünf Jahre im Gefängnis.

Doch für Rajneesh und den inneren Kreis war die wahre Gefahr das County, beziehungsweise dessen Behörden. Schließlich baute die Sekte eine Stadt auf Land, das nur als Ranch ausgewiesen war, und außerdem wurde ziemlich schnell offensichtlich, dass die Bewegung Scheinehen arrangierte, um mehr Sannyasins aus Indien zu ihrer Verstärkung herzubringen.

1984 war der Druck durch die Behörden vor Ort so groß, dass Bhagwan klar wurde, dass er das County übernehmen müsste, um ihm zu entkommen. Das bedeutete, in die Politik einzusteigen. Nachdem vergeblich versucht worden war, verschiedene Sannyasins auf regulärem Weg in Komitees und Vorstände wählen zu lassen, ging Bhagwans persönliche Assistentin Sheela Patel (Sektenname: Ma Ananda Sheela) zu extremeren Methoden über.

Sheela war Mitglied der Sekte geworden, als diese noch in Indien ansässig war, und hatte sich Anfang der 1980er in der Organisation hochgearbeitet. Sie wird manchmal als Bhagwans rechte Hand, manchmal als Strippenzieherin beschrieben. Sie war das Mastermind hinter dem Bau von Rajneeshpuram und bekannt dafür, skrupellos zu sein, wenn es darum ging, ihre Ziele zu erreichen. Um die Regionalwahlen zu beeinflussen, erdachte sie den Plan, Hunderte von Obdachlosen mit dem Bus nach Rajneeshpuram zu bringen, um sie dort als Wähler zu registrieren. Der Plan ging schief, als sie und ihr Team von Verschwörern merkten, dass diese Unglücklichen sich wegen psychischer Probleme und genereller Widerspenstigkeit nicht als passive Spielfiguren eigneten. Danach brachten die Sektenmitglieder die obdachlosen Wähler in verschiedene Orte der Umgebung, die auf diesen plötzlichen Zustrom von Bedürftigen nicht vorbereitet waren.

Sheela und ihre Mitverschwörer legten zur Einschüchterung sogar in einem Büro des Countys Feuer und installierten massenweise Wanzen in der Kommune, um die Kommunikation der Bewohner zu überwachen, sowohl aus Paranoia als auch, um wertvolle Informationen zu sammeln. Sie machten Pläne für die Ermordung mehrerer Regierungsbeamter, darunter Charles Turner, den Staatsanwalt von Oregon, der wegen Einwanderungsbetrugs gegen die Sekte ermittelte, sowie Dave Frohnmayer, den Justizminister. Sie versuchten, den Landrat James Comini, der sich kritisch über ihre Sekte geäußert hatte, zu vergiften, als er nach einer Ohr-Operation im Krankenhaus lag.

Sheela und ihre Lakaien nahmen sogar andere Sannyasins ins Visier, darunter auch Bhagwans Arzt, Swami Devaraj, und seine Haushälterin Ma Yoga Vivek. Aus unbekannten Gründen sah Sheela in beiden eine Gefahr für Bhagwans Leben. Sie und ihre Gruppe gingen so weit, dass sie Waffen sammelten und Spritzen mit einer Mischung aus Kalium und Adrenalin füllten. Sie überwachten sogar Büros und Privathäuser. Zum Glück wurde keiner dieser Pläne verwirklicht. Grund waren verschiedene kleinere Rückschläge, was vielleicht darauf hindeutet, dass die Gruppe es doch nicht über sich brachte, tatsächlich jemanden umzubringen.

Aber sie hatten kein Problem damit, die Menschen ernsthaft krank zu machen. Sheelas Waffe waren Salmonellen, die sie in Wassergläser und Toiletten im Gerichtsgebäude verteilte, wodurch ein paar Menschen sehr krank wurden. Aber dann eskalierte es über einzelne Taten hinaus. Sie und ihre kleine Gruppe von absolut gehorsamen Sannyasins begannen, die kleinen braunen Fläschchen mitzunehmen und Gemüse in Supermärkten und Salatbüfetts in Restaurants in der nahen Stadt The Dalles zu infizieren. Über 700 Menschen wurden durch das bioterroristische Attentat krank. Sheelas Team hatte auch vor, die Wasserversorgung zu infizieren, und je nachdem, wem man glaubt, war das Attentat auf das Salatbüfett entweder die Generalprobe dafür oder aber Plan B, weil das Attentat auf die Wasserversorgung extrem kompliziert gewesen wäre.

Das Attentat wurde ziemlich schnell aufgedeckt. Wenn in einer Kleinstadt plötzlich Hunderte Menschen Salmonellen haben, ist das nicht gerade unauffällig. Als es für Rajneeshpuram brenzlig wurde, verschwanden Sheela und andere nach Europa, während Bhagwan sie öffentlich als Verbrecherin bezeichnete. Ob sie nun auf eigene Faust, auf seinen Befehl hin oder einfach als Mitwirkende gehandelt hat, ist unbekannt.

Bekannt ist allerdings, dass diese Taten die Ursache für den Niedergang der Utopie waren. Die meisten Verschwörer, darunter auch Sheela, wurden für unterschiedliche Kombinationen aus versuchtem Mord, Körperverletzung, Brandstiftung und illegalem Abhören verurteilt und verbrachten ein paar Jahre im Gefängnis. Bhagwan selbst wurde wegen Einwanderungsbetrugs verurteilt. 1986 machte er einen Deal und verbrachte das nächste Jahr damit, in einem Dutzend Ländern entweder gar nicht erst eingelassen oder aber hinausgeworfen zu werden, bis er schließlich ins indische Puna zurückkehrte. Er nannte sich jetzt Osho, prangerte die USA an und war weiterhin ein erfolgreicher Guru, der Anhänger um sich scharte und Bücher schrieb, bis sich sein Gesundheitszustand aus unbekannten Gründen verschlechterte. (Er behauptete, von der amerikanischen Regierung vergiftet worden zu sein.) 1990 starb er mit 59 Jahren.

Doch viele Sannyasins schaffen es, die Verbrechen einiger Anführer von der Kultur und den Zielen der Bewegung als Ganzes zu trennen, und blicken begeistert auf ihre Zeit in Rajneeshpuram zurück. Die Website des *New York Magazine* The Cut interviewte ein paar, als 2018 die Netflix-Dokumentation

Wild Wild Country über die Sekte herauskam. Eine der Interviewten, die immer noch ihren Sektennamen verwendet, Ma Ananda Sarita, meinte. »Es war eine superpositive Zeit in meinem Leben. Wir gingen in eine Wüste und haben sie komplett verändert. … Die Leute haben sechzehn Stunden am Tag gearbeitet, aber sie sangen, tanzten, umarmten sich, lachten und hatten Affären. Es war ein lebendiger, quirliger Ort und sehr fröhlich.« Rashid Maxwell sagte im Interview: »Ich könnte ewig darüber sprechen, wie wichtig diese Erfahrung für mich war. Ich bin achtzig und fühle mich so glücklich, so reich, so frei, sodass mein Leben fröhlich ist.«

Heute existiert die Sekte immer noch in unterschiedlicher Form, allerdings vor allem als Marke, über die gestritten wird, da Oshos Lehre immer noch beliebt ist. Rajneeshpuram/Rancho Rajneesh ist heute die Washington Family Ranch, ein großes, christliches Jugendlager – also vermutlich immer noch das Zuhause von viel Indoktrination, bloß hoffentlich ohne all die Wanzen und Salmonellen.

Aum Shinrikyo

Von der Akupunktur zum Armageddon

Klar, jede zweite Sekte glaubt, dass der Weltuntergang kurz bevorsteht. Diese Dringlichkeit hilft bei einer schnellen Missionierung neuer Mitglieder sowie der Sicherstellung, dass ebendiese dann auch blind gehorchen. Aber wie viele Sekten versuchen selbst, das Ende der Welt einzuleiten – und das auf eine Weise, neben der ein James-Bond-Superschurke wie ein Schulhofschläger aussieht? Hier betritt Shoko Asahara die Bühne, der Anführer der Sekte Aum Shinrikyo. Er begann als Akupunkteur und wurde am Ende wegen Massenmordes und Bioterrorismus hingerichtet.

Asahara wurde 1955 als Chizuo Matsumoto in einer abgelegenen Gegend in Südjapan geboren. Er war fast komplett blind und besuchte eine Blindenschule. Nach dem Abschluss zog er nach Tokio, heiratete und bekam sechs Kinder. Er eröffnete auch einen Laden für chinesische Medizin, in dem er Kräuter verkaufte und Akupunktur anbot, um seine wachsende Familie zu ernähren. Bald erweiterte er das Geschäft um Yoga, theoretisch und praktisch, und er interessierte sich für Buddhismus, Hinduismus, die Lehre Christi und die Prophezeiungen von Nostradamus. Ungefähr zu dieser Zeit machte er eine Pilgerreise in den Himalaya und traf den Dalai Lama. Doch irgendwie, ohne offensichtlichen Auslöser, wurde der Yogalehrer plötzlich komplett wahnsinnig.

1984 gründete er eine Organisation namens Aum Shinrikyo (»ultimative Wahrheit«), ein Begriff, der für ihn synonym mit seiner eigenen Person war. Er behauptete, er könne levitieren, und sagte voraus, dass der Dritte Weltkrieg irgendwann Ende der 1990er ausbrechen und zu einem nuklearen Armageddon führen würde, das die Menschheit dezimieren würde. Natürlich würden nur seine Anhänger überleben. Er sah sich selbst als neuen Messias und neuen Buddha, der den Menschen nicht nur helfen konnte, die bevorstehenden Atomschläge zu überleben, sondern auch Gesundheit und spirituelles Wohlergehen in ihrem Alltag garantieren würde – und mit ihnen das Geheimnis der Levitation teilen konnte. Seine Anhänger trugen elektrische Mützen, um ihre Hirnwellen mit seinen zu synchronisieren. Sie bezahlten dafür, sein Blut und sein Badewasser zu trinken sowie Tees, die aus seinen Haaren gekocht wurden. Seine Haare waren Asaharas Markenzeichen – er trug seine dunklen Kopf- und Barthaare lang und dick, sie umschlossen sein Gesicht wie eine Löwenmähne. Es wurde sogar gemunkelt, dass er eine Strähne des Schamhaares von jeder seiner sexuellen Eroberungen innerhalb der Sekte aufhob. Aber was für eine Art Mensch folgte einem solchen Mann?

Nun, vor allem junge Berufstätige, die ausgebrannt waren von der stark wettbewerbsorientierten, stressigen Arbeitskultur Japans, in der Versagen als erniedrigend galt und Erfolg einen streng vorgeschriebenen Lebensweg mit noch mehr Druck bedeutete. Asaharas Geschichte sprach diese gebildeten Männer und Frauen an, die nach einem sinnerfüllteren und spirituelleren Leben suchten. Und man kann verstehen, dass in einem

Land mit zwei großen nuklearen Narben in der Landschaft und der kollektiven Psyche Asaharas Vorhersage eines nuklearen Holocausts nicht so abwegig erschien.

Hiroyuki Miyaguchi war einer dieser jungen Berufstätigen, der sich Aum anschloss, nachdem er durch seine Uniabschlussprüfung gefallen war. Er suchte nach einem neuen Lebensziel, jenseits seiner bisherigen Karriere als Systemingenieur. Zuerst entdeckte er Asaharas Bücher und schloss sich schließlich der Gemeinschaft an. Miyaguchi sagte der *Japan Times* 2004: »Ich suchte in all dem relativen und objektiven Denken nach etwas Absolutem, und Asaharas außergewöhnliches Vertrauen in seine Lehre, die sich ohnehin wissenschaftlich unmöglich beweisen ließ, überzeugte mich nach und nach.« Miyaguchi genoss auch das tägliche Leben und Arbeiten in der Organisation: »Es war mehr als ein ewiger Urlaub, denn wir arbeiteten ehrgeizig auf ein gemeinsames Ziel (der Erleuchtung) hin und strengten uns tatsächlich sehr an, um es zu erreichen.«

Während der nächsten Jahre vermehrte Asahara sowohl seine Gefolgschaft als auch seine Finanzen. Er eröffnete Yogazentren, Computerläden, Restaurants und andere Geschäfte und nahm daneben das gespendete Vermögen seiner Anhänger entgegen. Er war auch in illegale Geschäfte verwickelt, wie die Drogenproduktion für die Yakuza – die japanische Mafia. 1989 gehörten Aum 4000 Mitglieder an und die japanische Regierung verlieh der Organisation den Status einer offiziellen Religion, wodurch Aum mehrere rechtliche und steuerliche Vorteile erhielt. Durch dieses offizielle Siegel der Legitimität sowie ein paar soliden Medienchancen bei Fernsehen und Zeitschriften stieg die Anzahl der Anhänger schnell auf 10 000 allein in Japan. Die Gruppe eröffnete ein nationales Hauptquartier in

Kamikuishiki, am Fuß des Fudschijamas, das aus einem Gebäudekomplex bestand, von denen einige für einen düsteren Zweck gebaut worden waren, der erst enthüllt wurde, als es schon zu spät war.

Asaharas Organisation wurde international und gründete Zentren in Russland, den Vereinigten Staaten, Deutschland und noch ein paar anderen Ländern, wobei sie auf irgendwas zwischen 20 000 und 50 000 Mitglieder anwuchs. Und auch ihr Nettowert stieg. 1995 war die Organisation über eine Milliarde Dollar wert. Geld und Unterstützung hin oder her, als Aum versuchte, 25 seiner Mitglieder, darunter auch Asahara, ins Kokkai (das japanische Parlament) wählen zu lassen, klappte das überhaupt nicht.

Ungefähr zu dieser Zeit begann die Gruppe mit ihren Morden. 1988 starb einer von Asaharas Anhängern bei einem Ritual der Thermotherapie, bei dem man in kochend heißem Wasser badete. Es war ein Unfall, aber da Asahara Angst vor juristischen und finanziellen Folgen hatte, wies er seine Anhänger an, die Leiche zu verbrennen und loszuwerden. Der beste Freund des Mannes, der ebenfalls ein Mitglied von Aum war, war enttäuscht und wollte die Sekte verlassen. Da Asahara befürchtete, dass er den Behörden vom Tod seines Freundes erzählen würde, ließ er ihn ermorden.

Im selben Jahr, in dem Aum Shinrikyo offiziell als Religion anerkannt wurde, wurde der Anwalt Tsutsumi Sakamoto, der im Namen der Familien einiger Sektenmitglieder eine Zivilklage gegen Aum anstrebte, von Aum getötet und mit ihm seine Frau und sein ein Jahr alter Sohn. Sektenmitglieder brachen in Sakamotos Haus ein, spritzten allen Kaliumchlorid, erdrosselten sie dann und ließen ihre Leichen verschwinden. Aber diese

Morde würden noch mindestens fünf Jahre unaufgeklärt bleiben – bis die Gruppe ein noch grausameres Verbrechen verübte, wodurch ihre vergangenen Taten genau untersucht wurden, was lange überfällig war.

Die meisten Sektenführer warten ohne einen Plan B auf die Apokalypse und müssen dann entweder geografisch oder theologisch improvisieren, um ihrer Fehlbarkeit zu entkommen. Nicht so Asahara – er wollte sicherstellen, dass seine prophezeite Apokalypse passierte. Aber er befahl seinen Anhängern nicht einfach wie irgendein Mafiapate, was sie für seine Pläne tun mussten, nein, er manipulierte sie, indem er das buddhistische Konzept des *Phowa* pervertierte. Phowa beschreibt grob gesagt eine gezielte Bewusstseinsübertragung während des Sterbens für einen besseren Übergang. Asahara definierte Phowa praktisch neu, als eine Art von Mord, der auf lange Sicht dem Opfer karmisch half, aber er benutzte den Begriff auch in einem genozidalen Sinn, indem er seinen Anhängern sagte, sie müssten die Welt zu einem Ende bringen, damit sie reformiert zu einem besseren Ort würde.

Aber vielleicht musste Asahara seine Vorstellungen gar nicht so sehr erklären, denn wenn du jemanden dazu bringen kannst, dein Badewasser zu trinken, dann kannst du diese Person wahrscheinlich zu so ziemlich allem überreden – sogar zu Massenmord. Hiroyuki Nagaoka, der Vater eines Sektenmitglieds, sagte 2015 der *Japan Times:* »Aum machte aus unseren Kindern hohle Menschen, ohne ein Gefühl für ihren eigenen, freien Willen. Sie wurden unfähig, Gut und Böse zu unterscheiden, und deswegen haben die Aum-Mitglieder gar nicht weiter über Mord nachgedacht. Sie waren zu Asaharas Marionetten geworden.« Sein Sohn, der der Zeitung seinen Namen nicht nannte, erklärte es etwas anders: »Die Verbindung zwischen den Aum-Mitgliedern war sehr stark, weil wir glaubten, auf einer spirituellen Ebene verbunden zu sein. Wir glaubten, dass wir schon in früheren Leben verbunden waren und es durch Reinkarnation auch in zukünftigen wären.«

Zu Aum gehörten viele junge Wissenschaftler und Ingenieure und die Konten waren prall gefüllt, also versuchte er, Massenvernichtungswaffen zu kaufen und zu entwickeln, um damit Armageddon auszulösen. Darum ging es auch bei der weltweiten Ausbreitung – das waren weniger missionarische Vorstöße als Asaharas Bemühungen, eine weltenzerstörende Waffe zu entwickeln. Aums früheste Nachforschungen zu potenziellen Waffen lassen sie wie Superschurken in einem Comic erscheinen. Sie besuchten die Archive von Nikola Tesla in Serbien, um etwas über umwälzende Technologie zu lernen, forschten zu Plasmawaffen, die Menschen sofort einäscherten, und Riesenspiegeln, die aus Sonnenstrahlen tödliche Laser machen konnten. Asahara versuchte sogar, Atomwaffen in Russland zu kaufen, und erwarb Land in Australien, um Uran abzubauen, doch beides vergeblich.

Inspiriert von einigen der effektiveren Taktiken Saddam Husseins im damals tobenden Golfkrieg widmete er sich Biowaffen als effizientester Methode, die menschliche Rasse auszulöschen. Doch Aums frühe Versuche, Biowaffen zu entwickeln, waren fast komisch. Sie experimentierten mit Botulinumtoxin, einer der giftigsten Substanzen des Planeten (woraus auch Botox gemacht wird). Sie versuchten, die Waffe herzustellen, indem sie Erde einsammelten, von der bekannt war, dass sie mit *C. botulinum* verseucht war. Nachdem sie sie verarbeitet hatten (wenn man es überhaupt so nennen kann), saßen sie auf Fässern voll mit einem dickflüssigen gelben Stoff … der nicht mal stark genug war, um die Testmäuse zu töten. Es heißt, dass sogar ein Sektenmitglied in eine Tonne hineinfiel, was überhaupt keine Folgen hatte.

Aber jetzt hatten sie halt all diesen hingepfuschten Mist, also versuchten sie, ihn zu verteilen. Sie statteten Lieferwagen mit einem Sprühmechanismus aus und sprayten die Gegend rund um ein paar ausgewählte Orte ein – zwei US-Marinestützpunkte, einen Flughafen, den kaiserlichen Palast und das Hauptquartier einer rivalisierenden religiösen Gruppe. Wie die Mäuse und der Kerl, der fast darin ertrunken wäre, wurde niemand verletzt. Peinlicherweise wurden die »Terroranschläge« noch nicht einmal bemerkt.

Als Nächstes probierte Aum es mit *B. anthracis*, dem Bakterium, das Milzbrand verursacht. Dieses Mal versuchten sie nicht, es aus Dreck zu gewinnen, sondern konnten einen Inside-Kontakt nutzen, um eine echte Probe aus einem Labor zu schmuggeln. Doch die Sekte verfügte nicht über den richtigen Prozess, um das Bakterium zu reinigen, wenn sie überhaupt über einen verfügte, und als sie es versprühte (dieses Mal in einem Wohnviertel), starben nur ein paar Vögel und Haustiere. Die Menschen dort beschwerten sich lediglich über den Geruch und die gelartige Masse überall. Die Polizei nahm ein paar Proben, kümmerte sich aber nicht weiter um diesen merkwürdigen Zwischenfall, bis es zu spät war.

Aum schaute sich andere potenzielle Biowaffen an, darunter Cholera, Q-Fieber und Ebola, aber die waren alle eine Sackgasse für die Sekte. Doch die Dinge waren nicht mehr sonderlich komisch, als Aum sich chemischen Waffen zuwandte, die leichter herzustellen waren. Sie begannen damit, das Gift VX für einzelne Morde an ihren eigenen Dissidenten und Kritikern der Sekte zu nutzen. Sie spritzten den Opfern den hochgiftigen Nervenkampfstoff ins Gesicht oder schmierten ihn auf Gegenstände, die sie anfassten, wie Griffe von Autotüren. Auf diese Art töteten sie gut zwanzig Menschen.

Und dann entdeckten sie Sarin. Sarin wurde von den Nazis entwickelt und ist extrem wirksam. Aum setzte es am 27. Juni 1994 in der Stadt Matsumoto zum ersten Mal als Massenvernichtungswaffe ein. Sie fuhren mit einem speziell ausgerüsteten Lieferwagen in ein Wohnviertel, wo sie das Nervengift per Fernbedienung verteilten. Sie wählten dieses Wohnviertel aus, weil dort drei Richter wohnten, die in einem Immobilienstreit über sie urteilen würden. Als sich die Wolke ausbreitete, starben sieben Menschen und 500 kamen ins Krankenhaus.

Doch dieser Anschlag wurde nicht bis zu Aum zurückverfolgt. Noch ein ganzes Jahr lang nicht. Laut einer 1995 veröffentlichten Fallstudie zu der Sekte durch das Permanent Subcommittee on Investigations des US-Senats hat die japanische Regierung die Organisation stark unterschätzt und diese damals relativ unbekannte Sekte einfach nicht beachtet. In der Studie heißt es: »Eine Reihe von japanischen Aum-Experten meinten im Interview, dass die Unfähigkeit oder der Unwille ihrer eigenen Regierung, gegen Aum zu ermitteln, dazu führte, dass die Sekte sich für unbesiegbar hielt … Ihrer Meinung nach ermutigte dieser Immunitätsglaube Aum nur zu noch verwegeneren Taten.«

Am 20. März 1995 verübten die Sektenmitglieder ihr tödlichstes und berüchtigtstes Verbrechen. Sie verteilten fast ein Dutzend Päckchen in fünf U-Bahn-Zügen, die alle zur Haltestelle Kasumigaseki fuhren. Tokios U-Bahn gehört zu den am stärksten frequentierten der Welt, und diese Päckchen wurden während der Hauptverkehrszeit platziert. Außerdem ist die Haltestelle Kasumigaseki ein Drehkreuz für japanische Regierungsgebäude und das Polizeirevier. Die Päckchen bestanden aus Plastikbeuteln mit flüssigem Sarin, die in Zeitungspapier eingewickelt waren.

Die Sektenmitglieder zerstachen die Päckchen mit den Spitzen ihrer Regenschirme, sodass Flüssigkeit austrat und sich als Gas verbreitete, dann liefen sie zu ihren Fluchtautos, die auf sie warteten. Am Ende des Anschlags lagen Tausende auf dem Boden der U-Bahn-Waggons und -Haltestellen, die Gesichter blutverschmiert.

Dreizehn Menschen starben und 5000 wurden verletzt, manche erlitten lebenslange Schädigungen durch das Sarin. Doch laut Expertenberichten hätte Aum, wenn sie das Gift besser hergestellt und verteilt hätten, Zehntausende töten können.

Dieses Mal dauerte es nicht lange, den Schuldigen zu finden, und in den nächsten Tagen folgte chaotische Aktivität sowohl bei der Polizei als auch bei Aum. Die Behörden durchsuchten das Aum-Hauptquartier, wobei sie mit Kanarienvögeln bewaffnet waren, um die Luft zu testen, und entdeckten die Fabrik für chemische Waffen. Währenddessen setzte Aum Blausäure in der U-Bahn frei, um noch ein Massaker zu verüben, was aber zum Glück misslang. Die Yakuza ermordete den leitenden Wissenschaftler der Sekte, Dr. Hideo Murai. Er war ein Stammgast in den Medien geworden, wo er die Verwicklung der Sekte in die Anschläge leugnete, und die Yakuza befürchtete, dass er ihren Deal mit Aum verraten könnte. Schließlich verhaftete die Polizei Hunderte von Aum-Mitgliedern, darunter auch Asahara.

Asaharas Prozess dauerte acht Jahre, in denen er sich weder entschuldigte, noch seine Motive erklärte. Meistens redete er wirr. 2001 planten mehrere Aum-Mitglieder, den Kaiserpalast zu bombardieren, um Asahara zu befreien, aber ihre Pläne wurden vereitelt. 2004 wurde Asahara schließlich Verbrechen für schuldig befunden, die zum Tod von 29 Menschen führten, und zusammen mit einem Dutzend Personen aus seinem inneren Kreis zum Tode verurteilt. Fast 200 Sektenmitglieder wurden ebenfalls verurteilt, aber zu geringeren Strafen. Im Juli 2018 wurden Asahara und sein Führungskreis gehängt.

Seitdem hat Aum … irgendwie weitergemacht. Heute heißt die Sekte Aleph und hat nur rund 1300 Mitglieder. Doch diese Mitglieder werden von den japanischen Behörden wie auch von den Familien und Opfern der Sekte genau beobachtet, damit nie wieder ein Anschlag wie der vom 20. März 1995 passiert.

Fankult und Sekten

Fans und Sektenanhänger scheinen sich oft gefährlich zu gleichen. Diese Besessenheit für Star Wars oder Harry Potter oder die New York Yankees oder die Los Angeles Lakers – inklusive des nötigen finanziellen Engagements und passender Kleidung, sei es Cosplay oder ein Trikot – überschneidet sich mit sektenartigem Verhalten. Doch innerhalb von Kunst und Unterhaltung gibt es das Wort Kult mit einer speziellen Bedeutung – den Kultklassiker, der größtenteils vergessen oder herabgewürdigt wurde, aber von einer kleinen Gruppe geliebt wird.

Am häufigsten werden Filme Kultklassiker genannt. Vielleicht, weil es für Filme die Kategorie »so schlecht, dass es schon wieder gut ist« gibt. Vielleicht, weil der Erfolg eines Films durch den Ticketverkauf so leicht zu messen ist. Vielleicht, weil Filme für lange Zeit nur kurz in Kinos zu sehen waren, und auch als Video/DVD und im Streaming sind manche Nischenfilme immer noch schwer zu finden. Zu bedeutenden Kultfilmen gehören *Freaks* (1932), *The Rocky Horror Picture Show* (1975), *Eraserhead* (1977) und *Showgirls* (1995). Außerdem jeder Film vom Regisseur John Waters.

Sophie Collins definierte 2023 für die Website Movieweb Kultfilme so: »Filme, die finanziell weniger erfolgreich waren oder vom Mainstream abgelehnt wurden. Trotzdem haben sie eine Fanbase, die sie immer wieder zeigt, die Dialoge kennt und als Publikum mitmacht.« In dieser Definition finden sich Parallelen von Kultklassikern zu Sekten.

Wie religiöse Sekten versammeln sich Kultfans um Medien, die vom Mainstream abgelehnt wurden, wodurch die ergebenen Anhänger sich nur noch enger um das Objekt ihrer Verehrung scharen. Die *Rocky Horror Picture Show* ist vielleicht der ultimative Kultfilm. Der Musical-Comedy-Horror-Science-Fiction-Film fiel bei der Premiere durch und verschwand schnell aus den Kinos. Dann tauchte er aber an den Unis auf und bei Mitternachtsvorführungen. Schließlich entdeckten ihn die LGBTQ+- Community und Fans des interaktiven Theaters, die sich wie die Figuren im Film verkleiden sowie mitsingen und -schauspielern. Heute hält er den Rekord für den am längsten im Kino laufenden Film der Geschichte. Ein halbes Jahrhundert nach seiner Premiere gibt es immer noch irgendwo ein Kino, in dem er läuft. Außerdem gehört er inzwischen zu Halloween und wird dann gezeigt.

Und an dieser Stelle wird der Status des Kultfilms ähnlich unklar wie der einer Sekte. Über die Jahre wurde aus dem Kultfilm *Rocky Horror Picture Show* ein allgemeiner Erfolg. Kann man dasselbe für große Religionen wie das Christentum und den Islam sagen, die auch mit einer kleinen Gruppe Anhänger begannen (in Jesu Fall einem glatten Dutzend), die sich um einen Propheten scharten, bevor sie die Milliarden Mitglieder anzogen, die sie heute haben? Anstatt sich Jesus und Mohammed oder auch zeitgenössischen Sektenführern zuzuwenden, engagieren sich heute viele Menschen für geliebte Filme. Wenigstens ist es unwahrscheinlich, dass eine Aufführung der *Rocky Horror Picture Show* mit Terrorismus, Mord oder Selbstmord endet – das Schlimmste, was passieren kann, ist, dass man heiser wird oder von den Stilettos eine Blase bekommt.

Sullivan Institute

Kernschmelze der Kernfamilie

Man sollte immer auf seinen Therapeuten hören – es sei denn, dass sich hinter der Strickjacke und der Lesebrille ein heimtückischer Sektenführer verbirgt, der nur darauf aus ist, seine eigenen fleischlichen Gelüste und seinen Machthunger zu stillen. Von all den Sekten in diesem Buch – die von selbst ernannten Heilsbringern, Drogendealern aus der Unterwelt oder wahnsinnigen Killern angeführt werden – klingt eine Sekte, die von tyrannischen Therapeuten geleitet wird, besonders erschreckend. Schließlich geht es bei Sekten um Bewusstseinskontrolle, Gehirnwäsche und Psychospielchen – und wer könnte in solchen Methoden teuflischer geübt sein als ein Therapeut?

Allerdings war der Leiter des Sullivan Institute gar kein echter Therapeut – er hat sich nur zu seinem Vorteil als solcher ausgegeben. Saul B. Newton wurde 1906 im kanadischen New Brunswick geboren, mit dem Familiennamen Cohen. Er studierte an der University of Wisconsin und dann an der University of Chicago Sozialarbeit und wurde zu einem glühenden Kommunisten. 1937 meldete er sich als Freiwilliger zum Spanischen Bürgerkrieg, wo er fast zwei Jahre verbrachte, bevor er gerade passend zum Zweiten Weltkrieg in die Vereinigten Staaten zurückkehrte, um für die U.S. Army zu kämpfen. Er war ein serienmäßiger Fremdgeher und Alkoholiker – biografische Details, die im Vergleich zu seinen größeren Verbrechen vielleicht unbedeutend erscheinen, aber diese Charakterzüge wurden zu den grundlegenden Prinzipien des Sullivan Institute, einer psychoanalytischen Organisation, aus der schnell eine fiese und überraschend großstädtische Sekte wurde.

Als Newton seine vierte Frau heiratete, die Psychotherapeutin Dr. Jane Pearce, fand er einen Trick, sein Trinken und seine Untreue zu rechtfertigen – nicht, indem er sich als Wiedergeburt von Jesus sah, wie die meisten Sektenführer, sondern durch die Wissenschaft der Psychiatrie. 1957 gründeten Newton und Pearce das Sullivan Institute for Research in Psychoanalysis in der Upper West Side in Manhattan.

Der Name bezog sich auf den im 20. Jahrhundert sehr einflussreichen Psychoanalysten Harry Stack Sullivan, der 1949 verstorben war und bei dem Pearce studiert hatte. Sullivan hatte wahrscheinlich gehofft, der Psychiatrie ein Erbe zu hinterlassen, aber er hätte sicherlich nicht im Traum daran gedacht, dass dieses Vermächtnis wäre, der Namenspate für eine der heimtückischsten Sekten, die es je in New York City gegeben hat, zu sein.

Sullivans bahnbrechende Idee innerhalb der Psychoanalyse war, dass der wichtigste Einfluss auf das Individuum, was dessen psychische Gesundheit und Selbstverwirklichung angeht, sein soziales Netzwerk ist – im Grunde seine Freunde. Dabei handelte es sich um eine Idee der Interaktion, im Gegensatz zur klassischen freudschen Psychoanalyse, die sich vor allem auf innere Konflikte und elterlichen Einfluss konzentrierte. Dr. Sullivan arbeitete mit Schizophrenen und war überzeugt, dass sich deren Zustand verbessern oder gar heilen ließe, und zwar auch durch das Zusammenleben in Gruppen.

Doch Pearce und Newton trieben diese Überzeugung ins Extrem. Für sie zeigte Sullivans Forschung über die Vorteile des gemeinsamen Wohnens, dass der traditionelle Fokus auf die Kernfamilie als Grundstein der Gesellschaft die Ursache aller psychischen Erkrankungen und daher auch aller gesellschaftlichen Probleme sei. Die Eltern-Kind-Beziehung (besonders die zur Mutter) sahen sie als Sklaverei der Kinder und kapitalistisch in ihrer Betonung des Besitzes. Sie glaubten, dass Eltern die Wünsche, das Potenzial und die Kreativität ihrer Kinder unterdrückten, wodurch diese zu einem ewig unbefriedigenden Leben verurteilt waren.

In einem Paper von 1970 schrieben Newton und Pearce: »Das Konzept der sexuellen Treue oder auch der seriellen Monogamie, das für die Kernfamilie entscheidend ist, ist auch entscheidend für die Unterdrückung von spontaner, interpersoneller Interaktion.« Sie waren nicht die Einzigen, die bei den vielen Gedankenexperimenten, die von der Gegenkultur der 1960er ausgelöst wurden, zu diesem Schluss kamen, aber sie waren wohl die Einzigen, die ihn in großem Maßstab im wahren Leben ausprobierten. Sie gründeten eine Gruppe, sowohl um ihre Theorie zu testen (das galt wahrscheinlich für Pearce), als auch um die Situation auszunutzen (das galt definitiv für Newton).

Sie gründeten das Institut in der Upper West Side in Manhattan, einem ungewöhnlichen Ort für eine Sekte. Sekten brauchen normalerweise Isolation, um zu gedeihen, wie das Home of Truth draußen in der Wüste von Utah, die Ant Hill Kids auf einem abgelegenen Berg in Quebec oder der Peoples Temple in Guyana. Und doch lief es für das Sullivan Institute dreißig

Jahre lang in einer der größten, am dichtesten besiedelten und geschäftigsten Städte der Welt.

Newton und Pearce zogen über all diese Jahre Hunderte von Menschen in ihre Organisation. (In einem Artikel im *New Yorker* von 2023 ist die Rede von mindestens 600 Anhängern.) Die Anhänger lebten in drei unterschiedlichen Gebäuden, von denen zwei dem Institut gehörten. Doch anders als bei den üblichen Sechzigerjahre-Sekten waren diese Häuser nicht mit obdachlosen Hippies gefüllt, die ganz begeistert von gesellschaftszerstörenden Versprechen der freien Liebe und dem Leben in Kommunen waren. Die Anhänger des Sullivan Institute waren vor allem junge Berufstätige aus Manhattan – Anwälte, Ärzte, Computerprogrammierer, Künstler, Therapeuten und Autoren, die Karrieren und Ziele hatten, aber immer noch nach dem Sinn im Leben suchten. Die Repression und der Konformitätszwang der Fünfzigerjahre hatten gezeigt, dass die Kernfamilie nicht für jeden der Schlüssel zum Glück war – warum also nicht einen neuen Lebensstil ausprobieren? Und Newton bot ihnen ein verführerisches Paket an: eine enge Gemeinschaft, lockerer Sex, billige Miete, so viel Therapie, wie sie wollten, und die Erlaubnis zu saufen. Alkohol wurde empfohlen, um Ängste zu lösen. Pearce selbst trank während ihrer Therapiesitzungen Wodka aus Babyfläschchen, um festzuhalten, wie viele Milliliter sie trank. Während des Vietnamkrieges schrieben Therapeuten vom Sullivan Institute sogar Briefe, in denen sie bestätigten, dass ihre Patienten/Mitglieder nicht kriegstauglich seien – ein attraktives Angebot für junge Männer, die verzweifelt der Einberufung zu entgehen versuchten.

Die Gruppe zog mehrere berühmte Leute an, darunter Jackson Pollock, der die Einstellung gegen Monogamie und pro

Alkohol liebte und wegen ihrer Lehre begann, seine Mutter als »that old womb with a built-in tomb« (die alte Gebärmutter mit eingebautem Grab) zu bezeichnen. Im Crosby, Stills & Nash-Hit »Suite: Judy Blue Eyes« bedauert Stephen Stills die Sullivan-Überzeugungen seiner Ex-Freundin, der Sängerin Judy Collins. In ihrer Autobiografie schreibt sie: »Ich habe die Sullivan-Überzeugung, dass Alkohol gut gegen Ängste und viele Sexpartner zu haben ein politisches Statement und ein gesunder Lebensstil sei, definitiv ausgekostet.« Das Ex-Mitglied Richard Price erzählte Alexander Stille 2023 für dessen Buch *The Sullivanians: Sex, Psychotherapy and the Wild Life of an American Commune*: »Man bekam praktisch sofort eine Gemeinschaft und Sex. Es fühlte sich an, als hätte jemand die Tore zum Himmel geöffnet.«

Die Anhänger lebten in nach Geschlechtern getrennten Schlafsälen im Sullivan Institute und wurden ermutigt, jede Nacht mit jemand anders Sex zu haben. Sex abzulehnen wurde nicht nur als Leugnung der gemeinsamen Sache angesehen, sondern auch als persönliches, spirituelles Versagen. Newton selbst zwang seine Anhänger-Patientinnen dazu, ihn während ihrer, von ihnen bezahlten Therapiesitzungen oral zu befriedigen. Aber es ging nicht nur um Sex: Mitglieder wurden dazu ermuntert, so viel Qualitytime wie möglich mit platonischen Freunden desselben Geschlechts zu verbringen; das ging so weit, dass sie Übernachtungsbesuche planten, wie es Kinder tun.

Außerdem wurden sie gezwungen, alle Kontakte zu ihren Familien abzubrechen, sowohl zu ihrer Ursprungsfamilie als auch zu den Familien, die sie im Institut gegründet hatten. Die Erlaubnis, Kinder zu bekommen, musste von der Sullivanian-

Führung eingeholt werden. Wenn es erlaubt wurde, musste die Frau mit genug Männern Sex haben, um die Vaterschaft zu verwischen. Nach der Geburt wurde das Kind seiner Mutter weggenommen und einem Babysitter übergeben. Wenn es alt genug war, wurde es dann in ein Internat geschickt. Den Eltern war es erlaubt, ihre Kinder eine einzige Stunde pro Tag und einen Abend pro Woche zu sehen. In einem Fall wurde dem Mitglied Deedee Agee (Tochter von James Agee, dem Autor des Romans *Ein Todesfall in der Familie*) nur erlaubt, ihr Neugeborenes vierzehn Minuten täglich zu stillen (sieben Minuten pro Brust). In einem Interview mit Alexander Stille für *The Sullivanians* erzählte Lauren Olitski, die Tochter des Malers und Patienten Jules Olitski: »Die Sullivanians sagten meinen Eltern, das Schlimmste, was man tun könne, sei, seine eigenen Kinder großzuziehen.« Gebühren, Strafen und Spenden fraßen die Gehälter der Mitglieder auf und erlaubten es Newton, gut zwölf Millionen Dollar anzuhäufen und zusätzliche Immobilien in Vermont, Long Island und in den Catskills Mountains zu kaufen.

Natürlich galt keine der Regeln und Einschränkungen für die Führung (ein sicheres Anzeichen für eine Sekte ... oder einen Konzern). Newton heiratete insgesamt sechs Mal, drei Mal während seiner Zeit am Sullivan Institute, und zeugte zehn Kinder. Er lebte mit seiner Familie im Hauptquartier.

Die partielle Kernschmelze im Atomkraftwerk Three Mile Island 1979 führte dazu, dass die Sullivanians für eine Weile neu definierten, vor welchem »Kern« sie Angst haben sollten. Newton befürchtete das Schlimmste und zog mit den Sullivanians, die ihm folgen wollten, nach Orlando, Florida, um zu warten, bis der Fallout vorbei war. Ungefähr die Hälfte folgte ihm. Als die Furcht vorüber war, kehrte die Gruppe aus Florida in ihre Enklave in Manhattan zurück. Newton war wütend auf diejenigen, die ihm nicht nach Florida gefolgt waren, und verbat den Mitgliedern, die Flucht zu erwähnen. Später drehten die Sullivanians eine Dokumentation, in der sie behaupteten, dass Menschen noch jahrelang an den Nachwirkungen des Unfalls in Three Mile Island leiden würden. Nach diesem Zwischenfall schafften sie eine Flotte von Schulbussen und Motorrädern an, damit sie, wenn die nächste Atomkatastrophe eintraf, schnell aus der Stadt fliehen könnten.

Ungefähr zu dieser Zeit wurde die Gruppe gewalttätiger. 1978 hatte Newton Pearce zu seiner Ex-Frau herabgestuft, sie in die Gemeinschaftsräume des Instituts abgeschoben und die Schauspielerin Joan Harvey geheiratet, die, nachdem sie zur Gruppe gestoßen war, zur Therapeutin wurde. Auf Harveys Drängen kauften die Sullivanians eine Theatertruppe namens Fourth Wall Repertory Company und änderten den Namen in Fourth Wall Political Theater. In den Worten von Esther Newton, der Tochter des Sektengründers: »Es war eine Mischung aus dem Schlimmsten von Marxismus, Psychoanalyse und Musicaltheater.« Sie kauften auch ein Theater, in dem sie auftraten. Doch als die früheren Pächter nicht gehen wollten, tauchten Hunderte Sullivanians im Theater auf und zerstörten alle Sitze.

1985 brachen dunkel gekleidete Sektenmitglieder in die Wohnung eines Nachbarn ein, der versehentlich Farbe auf ihre Gebäude gespritzt hatte. Die Sullivanians zerstörten die Wohnung und verprügelten die Mieter. Als eines der Opfer in ihr Haus kam, um sie zur Rede zu stellen, stürzten sich ein Dutzend Sektenmitglieder auf ihn und verprügelten ihn erneut. Bei einem weiteren Zwischenfall im selben Jahr versuchte ein Mitglied, die Gruppe zu verlassen, aber zwei Sullivanians, einer ein Sohn Newtons, fingen den Mann in der U-Bahn ab und hielten ihn über die Gleise, während sie drohten, ihn zu ermorden.

Ende der 1980er Jahre begann die Gruppe zu zerfallen, als sich Familienbande in der Organisation durchsetzten wie Gras, das durch den Asphalt des Bürgersteigs bricht. Menschen, die innerhalb der Sekte aufgewachsen waren, wollten herausfinden, wer ihre biologischen Eltern und Geschwister waren. Das Sektenmitglied Marcie Pappo heuerte Schläger an, um ihr eigenes Kleinkind aus einem der Gebäude des Sullivan Institute entführen zu lassen, weil man ihr sechs Monate lang verboten hatte, es zu sehen. Zwei andere Mitglieder gingen wegen des Sorgerechts für ihre Kinder vor Gericht. All das lenkte negative Aufmerksamkeit auf die Gruppe, und Ermittlungen begannen, die dazu führten, dass mehreren der Sullivan-Therapeuten, darunter auch Joan Harvey und Newtons sechste Frau Helen Moses, die Zulassung entzogen wurde. Der endgültige Todesstoß für das Sullivan Institute war der Tod von Saul Newton, der an Demenz litt und 1991 an einer Sepsis starb.

Wenn man die Ideale der Sullivanians aus dem Kontext der Sekte löst, könnten sie ihrer Zeit voraus gewesen sein. Laut dem Pew Research Center waren 2021 ganze 25 Prozent der Vierzigjährigen in den Vereinigten Staaten nicht verheiratet und nur 22 Prozent davon wohnten mit einem Lebenspartner beziehungsweise einer Lebenspartnerin zusammen. Zum Vergleich: 1980 waren nur sechs Prozent aller Vierzigjährigen unverheiratet. Und laut dem US Center for Disease Control and

Prevention fällt die Geburtenrate stark: »Zwischen 1976 and 2018 sank die durchschnittliche Anzahl von Kindern pro Frau von drei auf zwei.« Um T. S. Eliot zu zitieren: Die Kernfamilie wird nicht mit einem großen Knall zugrunde gehen, sondern mit einem leisen Wimmern.

Nuwaubian Nation

Black Power in einer ägyptischen Pyramide

Er gab sich viele Namen: Erbe des Thrones von Sudan, Chief Black Thunderbird Eagle, Anführer eines verlorenen nordamerikanischen Stammes, Nachkomme des Propheten Mohammed und Außerirdischer vom Planeten Rizq. Doch tatsächlich war Dwight »Malachi« York einfach nur ein Pädophiler, dem klar wurde, dass er seine Perversion am besten befriedigen kann, wenn er eine Sekte gründet.

In vielerlei Hinsicht ist die Nuwaubian Nation wie jede andere Sekte, mit einem charismatischen Anführer, dessen Größenwahn Missbrauch entschuldigt, einer Ideologie, die eine wirre Mischung aus gängigen und esoterischen Glaubenssystemen ist, abgeschiedenem Kommunenleben und einer extremen finanziellen Kontrolle ihrer Mitglieder. Doch was die Nuwaubian Nation besonders macht, ist, dass diese Sekte schwarzer Vorherrschaft gewidmet war und versuchte, im ländlichen Georgia das antike Ägypten nachzubauen.

York wurde 1945 in Boston geboren – also möglicherweise. Seine Herkunft ist nicht ganz geklärt und wurde immer wieder gefälscht und mythologisiert. Offiziell taucht er jedenfalls zum ersten Mal 1964 auf, als er in New Jersey verhaftet wurde, weil er Sex mit einer Dreizehnjährigen hatte. Er bekam eine

Bewährungsstrafe, gegen deren Auflagen er noch im selben Jahr verstieß – wegen Besitzes einer tödlichen Waffe, Körperverletzung und Widerstands gegen die Staatsgewalt. Drei Jahre saß er im Gefängnis.

Nach seiner Entlassung zog er nach Harlem, wo er auf der Straße Geld verdiente, indem er Weihrauch und selbst geschriebene Pamphlete verkaufte. In diesen Pamphleten ging es um die schwarze Vorherrschaft und die Glaubenssätze des Islam. Zunächst unterschieden sich seine Vorstellungen nicht allzu sehr von denen anderer Black-Power-Organisationen, die damals beliebt waren, wie die Black Panther und die Nation of Islam. Er scharte ein paar Anhänger um sich und nannte die kleine Gruppe Ansar Pure Sufi. Anfang der Siebzigerjahre wuchs seine Gefolgschaft, und er zog nach Brooklyn und änderte den Namen der Gruppe in Ansaru Allah Community (AAC). Yorks Botschaft der schwarzen Überlegenheit bot den Mitgliedern ein Gefühl der Identität und des Sinns während der Zeit des Kampfes um die Bürgerrechte, eine stürmische und gefährliche Phase für schwarze Amerikaner, die versuchten, die legale und systematische Diskriminierung und den Wahlrechtsentzug zu demontieren. In einem Interview mit *Vice* sagte das frühere Mitglied Robert Rohan 2015: »Mir wurde das Gefühl vermittelt, dass ich als Afroamerikaner eine Einheit mit aufbaue. Deswegen bin ich geblieben.« Er ergänzte: »Es gab ein Gefühl des Stolzes … York lehrte einen afrozentrischen Ansatz gegenüber der Schöpfung, das Gegenteil von dem, was ich zu sehen gewohnt war, weißer Jesus, weiße Jünger, weißer Moses. Wenn ein Anführer in deiner Gemeinde spirituelle Figuren schwarz darstellt, dann spricht dich das an.« Man kann leicht nachvollziehen, dass das eine attraktive Botschaft für junge schwarze Menschen war, die auf der Suche nach ihrem Platz in der von Weißen dominierten Gesellschaft waren.

Und Yorks Gruppe wuchs weiter, während der nächsten zwanzig Jahre auf über 500 Menschen. Die lebten in zwanzig Wohnhäusern im Bushwick District von Brooklyn, die York gehörten, und später auf einem Anwesen in den Catskills Mountains namens Camp Jazzir. Er eröffnete auch Geschäfte – Buchläden, einen Lebensmittelladen, ein Kleidergeschäft und einen Geschenkeladen. Gleichzeitig breitete sich der AAC auch in andere Städte aus, samt internationalen Ablegern in Trinidad, London und Toronto. Seine Anhänger missionierten viel; sie nutzten dafür Pamphlete und Bücher, die York schrieb und »Schriftrollen« nannte.

Doch was wie mutige und aufrichtige Bemühungen um schwarzes Empowerment aussah, verbarg eine andere Welt in Yorks Wohnungen. Mitglieder mussten all ihren Besitz und ihr Geld an York und die Sache spenden. Es galt ein täglicher Ertrag, den sie durch den Verkauf der Schriftrollen erzielen sollten. Wenn sie ihn nicht erbrachten, wurden sie geschlagen. Misshandlungen wurden großzügig eingesetzt. Jeder, der an irgendetwas zweifelte, das York sagte, wurde verprügelt. Er kontrollierte das Sexleben seiner Anhänger. Sex fand nur mit seiner Erlaubnis statt, und er bestimmte auch, wer, wann mit wem Sex hatte. Ihm war es natürlich erlaubt, mit jeder Frau innerhalb der Organisation zu schlafen, er hielt sich sogar einen Harem.

1993 verließen York und seine Gruppe plötzlich New York und zogen nach Georgia, wo sie ein abgelegenes, knapp zwei Quadratkilometer großes Grundstück in Putnam County kauften. Der nächste Ort war Eatonton, mit damals 6600 Einwohnern, gut 120 Kilometer südöstlich von Atlanta. Mit dem geografischen Neuanfang kam auch ein neuer Name, sowohl für den AAC als auch für York. Ersterer wurde zur Nuwaubian Nation (der vollständige Name lautete: the United Nuwaubian Nation of Moors) und Letzterer zu Dr. Malachi Z. York, einer von ungefähr einem Dutzend Namen und Titeln, die York sich während seiner Zeit als Anführer der Organisation gab.

Dieser Neustart war anscheinend der Versuch, rechtlichen Problemen auszuweichen. Die Polizei hatte die Gruppe im Visier. York und einige seiner Anhänger standen wegen einer ganzen Reihe von Verbrechen unter Verdacht, darunter Sozialbetrug und Brandstiftung. (Die Behörden gingen davon aus, dass der AAC für eine Serie von Hausbränden verantwortlich war, von denen York profitierte, indem er die Häuser später günstig kaufte.) Dann war da der Mord an Horace Green 1979. In ihrem Buch *The Nuwaubian Nation: Black Spirituality and State Control* berichtet Susan Palmer, dass die Polizei gegen York und den AAC im Fall dieses erschossenen Anwohners von Bushwick ermittelte. Green war 54, in der Gemeinde hoch angesehen und Geschäftsführer des Bushwick Improvement Society Day Care Center. Laut der Polizei war er im Stil einer Hinrichtung erschossen worden, und es schien kein Raubüberfall zu sein. Sein Mord wurde nie aufgeklärt, aber Greens aktive Kampagne gegen die Übernahme der Gemeinde durch AAC ließ die Polizei vermuten, dass York und seine Gruppe darin verwickelt waren.

Doch im süßen Georgia weckte die Nuwaubian Nation nicht wegen irgendwelcher Verbrechen Aufmerksamkeit, sondern aufgrund ihrer sich ständig ändernden exzentrischen Theologie (ein Wort, das York nicht mochte, er zog »Faktologie« oder »korrektes Wissen« vor) sowie der Kommune, die sie aufbauten. Zu dieser Zeit hatte York jegliche islamische Heuchelei hinter sich gelassen und aus der Nuwaubian Nation eine UFO-Sekte gemacht. Er predigte, dass schwarze Menschen die Nachfahren einer überlegenen außerirdischen Rasse seien, die eines Tages zurückkehren und sie alle vor den anderen Rassen, die bloß von Affen abstammten, retten würde. Er behauptete auch, dass die Nuwaubian Nation Native Americans wären, weil sie von einem verlorenen Stamm abstammten. Auf dieser Grundlage versuchte er sogar, eine Lizenz für ein Casino zu bekommen.

So merkwürdig seine Vorstellung über die Ursprünge schwarzer Menschen war, die Konsequenzen daraus waren noch merkwürdiger. Er glaubte, dass Weiße von Wesen namens Flugelrods abstammten, die in der Antarktis in Höhlen lebten, ihre Blässe kam von Lepra, sie hatten rudimentäre Schwänze und ihre Vorfahren hatten sich mit Schakalen gepaart. 2004 schrieb er in einem Brief an ein paar seiner Anhänger:

> *Die Weißen waren nicht auserwählt, um die Welt zu führen. Ihnen fehlen wahre Gefühle in ihrer Schöpfung. Wir wollten nicht, dass sie friedlich sind. Sie wurden gezüchtet, um Killer zu sein, mit einer niedrigen Geburtenrate und einem kurzen Leben. Was man Negroide nennt, sollte jeweils 1000 Jahre alt werden, und die anderen Menschen 120. Aber die Kriegerrasse der Weißen ist erst 60 Jahre alt. Sie wurden nur erschaffen, um andere, eindringende Rassen zu bekämpfen und die Götterrasse der Negroiden zu beschützen. Aber sie wurden wahnsinnig und gerieten außer Kontrolle, als man sie nicht beaufsichtigt*

hat. Sie sollten nie Blut kosten. Das taten sie und ihre wahre Natur wurde enthüllt.

Offensichtlicher als ihre bizarren Ideen über Außerirdische und lepröse Weiße war die Besessenheit der Nuwaubians vom antiken Ägypten. Auf diesem Land in Georgia bauten sie einen ägyptisch anmutenden Gebäudekomplex namens Tame-Ra. Sie errichteten eine große, bunt bemalte Sphinx und zwei zwölf Meter hohe Pyramiden aus Gips und Sperrholz (eine war schwarz und goldfarben angemalt). Mit Ikonografie im ägyptischen Stil bemalte Obelisken erhoben sich über den Gebäuden, und ein großes bogenförmiges Tor war der Eingang zu all dem. Die Nuwaubians trugen bunte, von Ägypten inspirierte Kleidung, mit aufwändigem Kopfschmuck, Fez, Tuniken und Masken. Vermutlich sind sie die bestgekleidete Sekte im ganzen Buch. York erklärte Tame-Ra sogar zu einem unabhängigen Staat. Die Verbindung zu Ägypten findet sich vielleicht in einer Proklamation, die sie anlässlich der Eröffnung ihrer jährlichen Parade schrieben. Darin heißt es, dass »die Nuwbuns die originalen Ägypter waren, mit brauner bis schwarzer Haut und wolligem Haar«.

Während der nächsten zehn Jahre gedieh die Nuwaubian Nation. Ungefähr hundert Mitglieder lebten in Tame-Ra und weitere 400 in den benachbarten Orten. Aber am jährlichen Saviors Day, der Feier von Yorks Geburtstag, nahmen bis zu 5000 Nuwaubians von überallher teil. Bei diesen Events verdienten sie bis zu einer halben Million Dollar nur durch Eintrittsgelder. Die Nuwaubians machten auch Geld mit dem Verkauf von Pässen, die Mitgliedern den Zutritt auf das Gelände ermöglichten, und sie hatten eine einträgliche landesweite Buchladenkette namens

All Eyes on Egipt [sic]. Und all das zusätzlich zu den vielen Gebühren, die von jedem Mitglied erhoben wurden.

Aber es kam oft zu Problemen mit den Einheimischen. Als das Bauamt auftauchte, um sich die merkwürdigen Bauten anzusehen, wurden sie von Wachen mit Maschinenpistolen verjagt. In einer der Pyramiden befand sich der Club Ramses, der geschlossen wurde, weil das Gebäude nur als Lagerhaus zugelassen war. Die Nuwaubian Nation schlug zurück, indem sie die Reifen des Staatsanwalts Frank Ford zerstach und Steine durch seine Fenster warf. Einmal wurde ein ausgeweideter Hund neben sein Haus gelegt. Howard Sills, der Sheriff von Putnam County, erhielt Todesdrohungen und wurde überall verfolgt. York kämpfte auch in den Medien, wo er den örtlichen Behörden Rassismus gegenüber der Nation vorwarf, woraufhin die Bürgerrechtsaktivisten Al Sharpton und Jesse Jackson zur Unterstützung vorbeischauten.

Gegen Ende der Neunziger fiel die Gruppe langsam auseinander, und das aus Gründen, die weder etwas mit UFOs noch mit Ägypten noch den örtlichen Bauvorschriften zu tun hatten. 1998 erhielten die Behörden von Georgia Hinweise, dass York Minderjährige sexuell missbrauchte. Junge Mädchen tauchten plötzlich schwanger im Krankenhaus auf. Es hieß, dass York schon Fünfjährige sexuell missbrauchte und es ein Programm gab, bei dem seine Frauen im Harem die Kinder vorbereiteten, um ihm sexuell besser zu Diensten zu sein. Mithilfe von gut vierzig Abtrünnigen und ihren Familien, darunter auch einer von Yorks eigenen Söhnen, Jacob York, sammelten die Behörden genug Beweise, um ihn zu verhaften.

Am 8. Mai 2002 wurden York und Kathy Johnson, eine seiner Frauen, verhaftet, als sie außerhalb der Kommune Einkäufe erledigten. Danach durchsuchten 300 Polizisten Tame-Ra. Obwohl die Behörden Angst hatten, dass so etwas wie mit den Branch Davidians bei der Belagerung in Waco passieren könnte, ergaben sich die Mitglieder der Nuwaubian Nation friedlich.

2004 wurde York wegen mehrerer Fälle von organisierter Kriminalität und sexuellem Missbrauch von Kindern für schuldig befunden und zu 135 Jahren verurteilt, Kathy Johnson zu zwei Jahren. Während ich dieses Buch schreibe, ist York fast achtzig und sitzt in ADX Florence hinter Gittern, in einem Gefängnis, das das »Alcatraz of the Rockies« genannt wird. Tame-Ra wurde praktisch sofort plattgemacht. Sheriff Sills persönlich fuhr die Tore mit einem Bulldozer um.

Die Nuwaubian Nation gibt es immer noch, wenn auch mit sehr viel weniger Mitgliedern. Hunderte versammelten sich, als York 2005 um Begnadigung bat, und 2009 versuchten einige Anhänger, ihn mit gefälschten Dokumenten zu befreien. Die Buchladenkette Eyes on Egipt ist heute noch überall im Land geöffnet, und nuwaubianfacts.com, die Website der Nuwaubian Nation, gibt es auch noch und behauptet, ihr Anführer sei unschuldig. Die Schlagzeile darauf lautet: »AM 8. MAI 2002 A. D. VON DER US-REGIERUNG ENTFÜHRT WORDEN«

Interessanterweise hatte York nicht bloß eine religiöse oder kriminelle Wirkung – sondern auch eine kulturelle. Einige der Urväter des Hip-Hops ließen sich von seinen Worten und seinem ägyptischen Stil inspirieren. In der Sammlung des Smithsonian Museum in Washington, D.C., befindet sich ein roter Fez, der Afrika Bambaataa gehörte, einem der Pioniere des Genres, und auf dem »Proud Nuwaubian« und »United Nuwaubian Nation of Moors« steht. Andere Musiker, die von

Yorks Arbeit beeinflusst waren, sind zum Beispiel Doug E. Fresh, Erykah Badu und OutKast.

Auch wenn seine Botschaft des schwarzen Empowerments immer noch Anklang findet, so war Yorks Motivation nicht die schwarze Befreiung, wie für viele seiner Anhänger. Schlussendlich waren seine Motive nicht nur sexueller, sondern auch finanzieller Natur. Laut dem Southern Poverty Law Center sagte York seinem Sohn Jacob einmal: »Ich glaube diesen ganzen Mist nicht. Wenn ich mich als Nonne verkleiden oder ein Jude sein müsste, um so viel Geld zu machen, dann täte ich es.«

Sonnentempler

Sonne und Sterne

Am 5. Oktober 1994 brach ein Feuer in einem Bauernhaus außerhalb des kleinen Schweizer Dorfs Cheiry aus. Als die Feuerwehr schließlich das Haus betrat, fand sie die Leiche eines Mannes, der mit einer Plastiktüte über dem Kopf im Bett lag. Rund um das Haus befanden sich verschiedene Mechanismen, um das Feuer per Fernbedienung zu zünden und zu füttern. Es wurde noch merkwürdiger. Als sie das Gelände weiter untersuchten, fanden die Feuerwehrleute etwas, das sie für eine Garage hielten. Innen sah es jedoch wie ein Versammlungsraum aus, voller persönlicher Habe … aber ohne Menschen. Später wurden bei weiteren Untersuchungen eine falsche Wand und dahinter ein Geheimraum entdeckt, der erhalten geblieben war, weil die Zündungsmechanismen nicht richtig funktioniert hatten. Der Raum war rot gestrichen und mit einem roten Teppich ausgelegt, große Spiegel hingen an den Wänden. Auf einem Altar standen ein Kelch, eine Rose und ein Kreuz. In der Mitte des Raums lagen 22 Leichen, Frauen und Männer sowie ein Junge. Sie trugen schwarze, rote und weiße zeremonielle Kutten mit Kreuzen darauf, ganz wie die Tempelritter. Manche hatten Plastiktüten über dem Kopf. Zwei Frauen trugen goldene Kleider. Ihre Körper waren wie die Strahlen einer Sonne arrangiert.

In derselben Nacht brannten im Dorf Granges-sur-Salvan rund 200 Kilometer südlich von Cheiry drei Chalets ab. Die Feuerwehr fand in den Ruinen 25 Leichen, die meisten im Bett und mit denselben Kutten und Plastiktüten wie in Cheiry. Hier waren auch mehrere Kinder darunter. Das Feuer wurde ebenfalls von ferngesteuerten Mechanismen ausgelöst, ähnlich wie in Cheiry.

So erfuhr die Welt von den Sonnentemplern. Aber noch stand die endgültige Zahl der Toten nicht fest.

Joseph Di Mambro und Luc Jouret gründeten die Sonnentempler 1984 im schweizerischen Genf. Di Mambro war ein französischer Geschäftsmann, der sich enorm für esoterische Praktiken und Geheimbünde interessierte. 1956, mit 31 Jahren, wurde er Mitglied der Rosenkreuzer, einem mystischen Orden, der Transformation und Erleuchtung durch antikes Geheimwissen und Rituale anstrebte. 1969 verließ er die Gruppe. Ein paar Jahre später, nachdem er wegen illegaler Geschäftspraktiken Probleme mit dem Gesetz bekommen hatte, verließ er Frankreich und ging in die Schweiz, wo er die Ideen, die er als Rosenkreuzer kennengelernt hatte, nutzte, um seine eigene rituelle Organisation zu gründen, das Center for Preparing the New Age und dann, ein paar Jahre später, die Stiftung Golden Way Foundation. Er scheint die 1970er mit der Vorbereitung auf eine neue Ära verbracht zu haben.

Er brauchte allerdings noch ein charismatischeres Gesicht für die Organisation und fand Jouret. Jouret war Belgier und 23 Jahre jünger als Di Mambro, ein Homöopath und Motivationsredner. Die beiden taten sich zusammen, um einen neuen

Geheimbund zu gründen, der sich auf die bevorstehende Endzeit und die nächste Phase der Existenz vorbereitete: die Sonnentempler.

Die Motivation hinter dem Orden war, die größten Religionen der Welt zu vereinen und eine spirituellere Gesellschaft zu erschaffen. Sie glaubten allerdings auch, dass die Welt kurz vor einer ökologischen Katastrophe stand, die nur die Elite (d.h. die Sonnentempler) überleben würde, und zwar per astraler Projektion (sie nannten es Transit) auf den Stern Sirius. Um die Vorstellung von Elitismus und der großen Sache zu verstärken, wurde den Mitgliedern des Sonnentempels gesagt, dass sie wichtige Reinkarnationen historischer Personen waren. Jouret zum Beispiel behauptete, ein wiedergeborener Tempelritter zu sein sowie die Reinkarnation von Jesus Christus. Als Camille Pilet, ein reicher, pensionierter Direktor der angesehen Uhrenfirma Piaget, zum Orden stieß, wurde ihm gesagt, dass er in einem früheren Leben Josef von Arimathäa war. Er wurde auch sofort in den höchsten Rang der Organisation befördert.

Es gab drei Ebenen innerhalb des Ordens: die Brüder von Pravis, die Ritter der Allianz und die Brüder der Antike. Jede Ebene war in mehrere Ränge unterteilt und wurde durch eine weiße, rote oder schwarze Kutte symbolisiert. Die Ordensmitglieder trugen auch zeremonielle Schwerter. Sie behaupteten, von einem Rat aus 33 spirituellen Wesen, sogenannten Meistern, geleitet zu werden, die in Tempeln unter Zürich und dem Himalaya wohnten. Diese Meister kommunizierten über Di Mambro und Jouret mit dem höchsten Ordensrang.

Während der Zeremonien erschienen geisterhafte Abbilder der spektralen Meister, wie auch legendäre Artefakte von spiritueller Bedeutung, darunter Excalibur und der Heilige Gral,

Letzterer ist in Geschichten untrennbar mit den Tempelrittern verbunden. Das Ex-Mitglied Thierry Huguenot erzählt in der Dokumentation *Death of the Solar Temple* von 1996, dass Di Mambro zu ihnen sagte: »Ist euch bewusst, dass wir die einzigen Menschen auf dem Planeten sind, die diese Dinge sehen? Dass es im Laufe der Geschichte große Seelen, große Heilige gegeben hat, und sie haben nie ein Zeichen gesehen. Und wir haben Blitze, Zeichen.« Huguenot meinte, wenn der Heilige Gral erschien, »hatte er etwas Strahlendes … wir fielen auf die Knie … überglücklich den Heiligen Gral zu sehen.« Diese Visionen trugen stark dazu bei, dass sich die Mitglieder auf dem richtigen Weg wähnten.

Jouret und Di Mambro hatten Kinder, die innerhalb des Ordens als etwas ganz Besonderes galten. Di Mambro behauptete, dass seine Tochter Elie, die 1969 geboren wurde, göttlich gezeugt wurde, während er sich auf einer Reise in Israel befand. Jourets 1983 geborener Sohn sollte zum Großmeister des New-Age-Tempels des Zeitalters der Jungfrau werden. Spoiler: Keiner der beiden erfüllte sein Schicksal.

In den 1980er Jahren wuchs die Gruppe, ihre Hauptmissionierungstaktik waren Jourets leidenschaftliche Vorträge und die Gründung von Clubs, deren Mitglieder im Orden landeten. Zu seinen Hochzeiten hatte er gut 500 Anhänger in Kanada, der Schweiz und Frankreich und verstärkte seinen Einfluss in jedem Land durch den Ankauf von Immobilien.

Doch irgendwann wurden aus den wehenden roten Flaggen blinkende rote Lichter. 1993 wurden immer mehr Mitglieder abtrünnig und verlangten ihre Spenden zurück, und das aus mehreren Gründen. So kontrollierten Jouret und Di Mambro den Sex. Jouret zwang weibliche Mitglieder zum Sex, um ihm

Energie für die Rituale zu geben. Beide Männer trennten Paare, die sie für inkompatibel hielten, und machten sich dann an die jetzt ledige Frau heran. Ein großer Schlag für den Orden wirkte wie eine Episode aus *Scooby-Doo*, nämlich als Di Mambros Tochter Elie und das Sektenmitglied Tony Dutoit die Erscheinungen bei ihren Treffen als holografische Lichttricks enthüllten. Außerdem ermittelte die Polizei gegen den Orden, weil Jouret das Horten von Waffen vorgeworfen wurde.

Di Mambro und Jouret befürchteten, die Sekte könne auseinanderbrechen. Es ist nicht bekannt, wann sie ihre Mission dahingehend änderten, die Welt nicht mehr zu retten, sondern zu verlassen – über den Transit zum Sirius –, aber auf einem Tonband, das aus der verkohlten Ruine in der Schweiz gerettet wurde, diskutierten Di Mambro und Jouret ihre Pläne ganz offen.

> *Di Mambro: Du weißt, dass uns die Leute zuvorgekommen sind.*
> *Jouret: Ja, Waco ist uns zuvorgekommen.*
> *Di Mambro: Meiner Meinung nach hätten wir sechs Monate vor ihnen gehen sollen, aber was wir tun werden, wird spektakulärer sein, angesichts all dessen, was wir hinter uns haben.*

Ungefähr zu dieser Zeit begannen Mitglieder der Sekte zu sterben. Die Todesfälle der Sonnentempler begannen allerdings nicht in der Schweiz, sondern einen Tag zuvor in Quebec, im Ort Morin-Heights. Die Behörden fanden dort ein brennendes Haus, in dem fünf Leichen lagen. Eine der Leichen war Tony Dutoit, der dabei geholfen hatte, die heiligsten Momente der

Sekte als reine Lightshows zu enthüllen. Zwei andere waren seine Frau Nicky und ihr drei Monate alter Sohn Christopher Emmanuel. Auf alle drei war mehrfach eingestochen worden, auf das Kind mit einem Holzstab. Die Dutoits trugen Medaillons um den Hals, auf denen die Buchstaben »T.S.« eingraviert waren für Temple Solaire (Sonnentempel). Die anderen zwei Leichen gehörten ihren Mördern, Jerry und Colette Genoud, die auch Sektenmitglieder waren und nach der Tat Selbstmord begangen hatten. Anscheinend hatten Jouret und Di Mambro den Mord befohlen und ihre Anhänger davon überzeugt, dass Christopher der neugeborene Antichrist war.

Diese Schablone von Mord und Selbstmord wurde dann für alle folgenden Sonnentemplertode verwandt. Von den 53 Toten in der Schweiz und Morin-Heights waren einige erschossen, andere erstochen, viele mit Drogen vollgepumpt und einige erstickt worden. Manche der Leichen wiesen Abwehrspuren auf, andere eindeutige von Selbstmord. Die Feuer sollten für den Transit ihrer Seelen sorgen, auch bei Jouret und Di Mambro, die zu den Toten gehörten. Doch selbst nach dem Tod ihrer Anführer waren die Sonnentempler noch nicht ganz fertig.

Während die Polizei ermittelte, erreichte die Medien eine Serie von fünf Briefen, deren Inhalt unklar war und in denen es vor allem um den »Transit« selbst ging sowie um typische Sektenparanoia wegen Kräften innerhalb wie außerhalb der Sekte. Die Briefe deuteten jedenfalls darauf hin, dass es die Sekte noch gab. Ein Jahr später würden weitere Tode diese Annahme bestätigen.

Am 23. Dezember 1995 wurden sechzehn Leichen im Freien, in den französischen Vercors-Bergen, gefunden. Sie waren im Strahlenmuster rund um ein Lagerfeuer arrangiert und geopfert worden. Sie hatten Drogen im Blut, Tüten über und Kugeln in ihren Köpfen. Drei waren Kinder. Es war die übliche Vorgehensweise der Sonnentempler, Mord, Selbstmord und astrales Leichenarrangement.

Am 23. März 1997 fand man in einem abgebrannten Haus in Saint-Casimir, Quebec, fünf verbrannte Leichen von Sonnentemplern. Doch zum ersten Mal gab es Überlebende. Drei Teenager, die Kinder von zwei der Toten, wurden in einem Schuppen hinterm Haus gefunden, unter Drogen, aber ansonsten körperlich unversehrt.

Durch diese letzten beiden Ereignisse stieg die Zahl der toten Sonnentempler auf 84 im Laufe von drei Jahren. Zu den Toten gehörten zwei Polizisten, der Bürgermeister einer Stadt in Quebec, ein Journalist, mehrere Millionäre und eine Olympiateilnehmerin. Zur Erklärung, warum einige dieser Mitglieder freiwillig auf den Transit zum Sirius gingen, las der Sektenexperte Jean Francois Mayer 1998 bei einer Konferenz der University of Virginia die Sicht eines Sektenmitglieds vor. Er nannte den Namen der Frau nicht, aber zitierte aus einem unveröffentlichten Testament, das sie kurz vor ihrem Tod geschrieben hatte und in dem sie sich als Reinkarnation einer wichtigen Person sah, deren Pflicht jetzt erledigt war und die nun für die nächste Stufe der Erleuchtung jenseits der Erde bereit war:

> *Glück erfüllt mich, weil ich weiß, dass ich meine Pflicht getan habe und meine aktivierte Energie in Frieden und Glück und durch meine Erfahrungen auf dieser Erde bereichert zur Quelle zurückbringen kann, aus der alles stammt. Es fällt den Menschen auf der Erde schwer, diese Entscheidung zu verste-*

hen. Die Entscheidung, freiwillig die irdische Hülle zu verlassen, aber so ist es für alle, die in sich Licht und kosmisches Bewusstsein tragen und wissen, wohin sie gehen.

Eine Weile nach den Tragödien wurde Michel Tabachnik, ein angesehener Schweizer Komponist und Dirigent, verhaftet und angeklagt, weil er unter Verdacht stand, einer der Anführer des Ordens zu sein, besonders nach dem Tod von Di Mambro und Jouret. Tabachnik hatte Di Mambro seit Jahrzehnten gekannt und war schon früher in seine Organisationen verwickelt gewesen, hatte sogar einige der Texte des Ordens geschrieben. Aber er wurde freigesprochen. Sogar zwei Mal.

Das ist bis heute das Letzte, was wir von den Sonnentemplern gehört haben. Hoffentlich wurden all ihre dunklen Geheimnisse ans Licht der Sonne gezerrt – aber bei einer so verschwiegenen Sekte weiß man nie.

AUF DER
SUCHE NACH

Erlösung

»Erlösung gibt es nicht pauschal.
Sie ist eine individuelle Verantwortung.«

– Vernon Howell (alias David Koresh),
Branch Davidians

Die Welt scheint immer schlimmer zu werden – als näherten wir uns der Katastrophe Tag für Tag etwas mehr. Außerdem treffen uns oft auch persönliche Katastrophen, da Menschen anscheinend immer von allen Seiten bedrängt werden. Das Versprechen, nicht nur von diesen Katastrophen erlöst zu werden, sondern auch darauffolgendes Wohlergehen zu erfahren, ist wohl das verlockendste Versprechen, das eine Sekte bieten kann. Sekten haben Erlösung von göttlichem Urteil versprochen, von Regierungstyrannei, von fehlgeleiteter Wissenschaft, von Umweltzerstörung, von unseren Süchten und Lastern und sogar von den grundlegenden Unzufriedenheiten des menschlichen Daseins. Allzu oft finden diejenigen, die auf der Suche sind, in einer Sekte keine Erlösung, sondern Enttäuschung, Scham oder, am schlimmsten, den Tod. Was wohl auch eine Art von Erlösung ist. Aber keine sanfte.

Branch Davidians

Wahnsinn in Waco

Die Story der Branch Davidians aus Waco, Texas, beginnt als eine trockene, jahrzehntelange Geschichte religiöser Schismen und interner Streitigkeiten und endet mit einer 51 Tage dauernden Belagerung mit Panzern, Feuern und Waffen und fast hundert Toten. Und all das live im Fernsehen.

Doch zuerst der trockene Kram. Die Branch Davidians waren eine Abspaltung einer Abspaltung der Siebenten-Tags-Adventisten, die wiederum eine recht große Abspaltung einer apokalyptischen christlichen Freikirche (oder Sekte) namens Milleriten oder Adventisten sind. Die Milleriten wurden von William Miller angeführt, der die Apokalypse für das Jahr 1843 oder 1844 vorhersah. Obwohl sich diese Prophezeiung nicht bewahrheitete, glauben moderne Siebenten-Tags-Adventisten immer noch, dass die Menschheit seit 1844 in einer »Zeit des Gerichts« lebt, ein Vorläufer der vollständigen Wiederkehr Christi – die machen sie allerdings nicht an einem bestimmten Datum fest. Ihr Name bezieht sich sowohl auf die bevorstehende Apokalypse (oder »Advent«) als auch auf ihre Feier des Sabbat, der, ungewöhnlich für Christen, am Samstag gefeiert wird.

1929 gründete der Siebenten-Tags-Adventist Victor T. Houteff eine Splittergruppe wegen einer leicht anderen Interpretation einiger der Bibelpassagen zur Endzeit. Er nannte seine Gruppe Davidianer, und 1935 errichteten er und ungefähr drei Dutzend Anhänger das Mount Carmel Center in Waco, Texas. Houteff lehrte die Davidianer, dass er der Einzige sei, der die Bibel korrekt interpretieren könne, und dass er niemals sterben würde.

Und dann starb er. Seine Frau Florence übernahm, und 1957 führte sie die Gruppe auf eine nahe gelegene Farm und eröffnete auf dem Gelände den neuen Mount Carmel. Dieser Mount Carmel würde die Hauptrolle in der Geschichte der Branch Davidians spielen.

Im Laufe seiner Existenz erlebte dieser blasse, eckige Gebäudekomplex politische Machtspiele, missglückte Prophezeiungen, krasse Versuche der Auferweckung, kraftvolle Versuche messianischer Geburten und Schießereien. Und all das vor den gewalttätigen, chaotischen Ereignissen, die zu seiner endgültigen Zerstörung führten, als die gesamte Welt aus Hubschrauberperspektive auf die rauchenden Ruinen sah.

Florence sagte voraus, dass Christus am 22. April 1959 zurückkehren würde. Als das Datum näher kam, tauchten 1000 Davidianer im Mount Carmel auf, um auf das Ende der alten Welt zu warten und beim Start der neuen zu helfen.

Aber es geschah nicht. Nach dieser Enttäuschung löste sich die Gruppe auf. Ein Adventist namens Benjamin Roden versammelte ein paar desillusionierte Ex-Davidianer, die beschlossen, weiter im Himmel nach Christus zu suchen. Er nannte seine Gruppe die Branch Davidians, und sie bezogen den Mount-Carmel-Gebäudekomplex samt der umgebenden gut 31 Hektar Land.

Roden starb 1978 und seine Frau Lois übernahm. Lois' Vermächtnis für die Branch Davidians war weniger ihre feministische Deutung der Doktrin (sie lehrte, dass der Heilige Geist weiblich war), sondern mehr ihr Liebhaber: ein Mann namens Vernon Howell, der vierzig Jahre jünger war als sie. Zehn Jahre später würde er als David Koresh weltweit berüchtigt werden, einem Namen, den er annahm, um sich sowohl mit der Dynastie des biblischen Königs David zu verbinden (von dem der neue Messias abstammen soll) als auch mit einem persischen König, der die Juden aus babylonischer Gefangenschaft befreite und manchmal als Messias beschrieben wird. Sein Name steht für seinen Anspruch. Aber zuerst musste er gegen Lois' Sohn kämpfen – politisch wie körperlich.

Nach Lois' Tod wollte ihr Sohn George Roden die Branch Davidians leiten, aber Koresh hatte seine eigenen Anhänger um sich geschart. 1985 gewann George und übernahm die Kontrolle von Mount Carmel. Doch Koresh war für ihn immer noch eine solche Bedrohung, dass er ihn 1987 zu einem Duell der Auferweckung herausforderte. Derjenige, der einen Toten zum Leben wiedererwecken könnte, sollte gewinnen. George exhumierte die Leiche des Sektenmitglieds Anna Hughes, die zwanzig Jahre zuvor verstorben war. Ob Koresh die Herausforderung annahm oder, wie er behauptete, mit sieben bewaffneten Anhängern das Gelände betrat, um Beweise für die Leichenschändung zu sichern und George den Behörden zu übergeben, ist unklar. George behauptete später vor Gericht, dass er die Leiche ausgegraben hatte, weil der Friedhof auf dem Gelände umgelegt werden sollte.

Klar ist aber, dass die versuchte Totenbeschwörung fast noch mehr Tote provozierte und nicht weniger. Die beiden Gruppen schossen aufeinander, dabei wurde George verletzt. Im folgenden Prozess wurden alle Anhänger von Koresh von versuchtem Mord freigesprochen, außer Koresh selbst, der in einem Prozess voller Rechtsfehler wegen unentschlossener Geschworenen gerade so davonkam. Die Branch Davidians schmissen danach eine Party für die Geschworenen. Aber der Schlüssel zu Mount Carmel waren weder Wunder noch Blutvergießen, sondern Geld, wie sich herausstellen würde. George geriet mit den Steuern für das Gelände in Verzug, und Team Koresh kaufte es ihm weg. Außerdem half auch die Tatsache, dass George 1989 einen Mann umbrachte und in die Psychiatrie eingewiesen wurde, nachdem er wegen Wahnsinns für nicht schuldig befunden worden war.

Jetzt vollständig und ungefährdet in Mount Carmel als Führer der Branch Davidians installiert, wandte sich Koresh seiner Rolle als Prophet und Messias zu, was vor allem bedeutete, dass er anfing, Frauen und Waffen zu sammeln. Natürlich war das nicht sofort offensichtlich. Für seine mehr als hundert Anhänger versprach Koresh etwas extrem Wichtiges. Jeff Guinn, Autor von *Waco: David Koresh, The Branch Davidians und a Legacy of Rage*, sagte in einem NPR-Interview von 2003 dazu: »In der ursprünglichen Botschaft ging es darum, wie jeder besser arbeiten und Gott mehr lieben könnte, sodass er es wert wäre, gerettet zu werden, sobald die Endzeit kommt.« Doch schon bald hatten seine Anweisungen nicht mehr viel mit Seelenrettung zu tun. Er zwang die männlichen Mitglieder zum Zölibat, auch Ehemänner, während er alle Ehefrauen, Frauen und Mädchen für sich beanspruchte. Er erzählte seinen Anhängern, dass Gott wolle, dass er 24 Kinder zeuge, die dann dabei helfen würden, über das baldige göttliche Königreich zu herrschen. Seine Ehefrauen waren zum Teil erst vierzehn Jahre alt (was in Texas mit elterlicher Zustimmung bis heute legal ist), und manche Ermittler und Ex-Mitglieder behaupten, dass sein sexueller Missbrauch auch jüngere Mädchen umfasste.

Es ist schwer nachzuvollziehen, wie Koresh es schaffte, solch widerwärtige Regeln durchzusetzen. Er war sicher charismatisch, eine geborene Führungsperson, und er schien Antworten auf die großen Fragen zu haben – nämlich, wie man seine Erlösung am Ende der Zeit garantiert. Aber noch lange nach den Ereignissen, durch die die Branch Davidians traurige Berühmtheit erlangten, versuchten überlebende Mitglieder zu analysieren, warum sie gehorchten. Das Ex-Mitglied David Bunds sagte ABC News 2018: »Ich nenne es eine Sekte, das war es … Menschen, die Dinge tun, die sie normalerweise nicht tun würden, wie ihre Frauen aufzugeben und ihre Kinder Erwachsenen zum Sex zu übergeben, was verrückt ist, aber so was tut man, wenn man in einer Sekte ist. Jemand sagt, er habe Autorität und stellt Regeln und Einschränkungen und Erwartungen auf, und das trifft dich in deiner Seele und macht dich wirklich fertig.«

Koresh begann auch, Waffen zu horten – viele davon illegal, wie Maschinengewehre und Granaten – und sorgte dafür, dass jeder auf dem Gelände sie auch benutzen konnte. Das hatte einen zweifachen Sinn. Einerseits war es die Vorbereitung für den Letzten Krieg, in dem sie laut Koresh alle in einer apokalyptischen Schlacht mit den Mächten Satans sterben, aber dann von Gott, der am Ende unausweichlich gewinnen würde, wiedererweckt werden würden. Der zweite Grund für die Feuerwaffen war ihr kommerzieller Wert. Die Branch Davidians bauten halbautomatische Waffen zu vollautomatischen um und verkauften sie mit Profit.

Und genau diese Aktivitäten weckten die Aufmerksamkeit der amerikanischen Regierung. Ein Paketbote von UPS wurde angesichts der vielen Waffen, die er nach Mount Carmel lieferte, misstrauisch und meldete die Branch Davidians. Die örtlichen Behörden waren bereits alarmiert, weil sie Geschichten gehört hatten, von kriegsähnlichen Geräuschen wie Explosionen und Maschinengewehrsalven, die von dem Gelände drangen.

Am 8. Februar 1993 startete das Bureau of Alcohol, Tobacco and Firearms (ATF) die Operation Trojan Horse. Sie näherten sich dem Gelände mit Viehtransportern, bereit, die Branch Davidians zu überraschen und ihr tödliches Arsenal zu beschlagnahmen. Doch irgendwer hatte Koresh und seinen Anhängern einen Tipp gegeben, sodass sie mit gespannten und gezielten Waffen warteten. Beide Seiten warfen sich gegenseitig vor, zuerst geschossen zu haben, aber nach diversen Berichten, darunter auch solchen von anwesenden Reportern, waren es die Branch Davidians, die lockere Finger hatten. Während der folgenden dreistündigen Schießerei wurden vier Beamte und fünf Branch Davidians erschossen, wobei sich später bei der Autopsie herausstellte, dass zwei der toten Sektenmitglieder von Branch Davidians getötet worden waren, nachdem sie von den ATF-Beamten verletzt worden waren, und ein dritter – einer von Koreshs Schwiegervätern – durch einen verdächtig nahen Schuss am Mund gestorben war.

Das war der Punkt, an dem das FBI auf der Bildfläche erschien. Es folgte eine fast zweimonatige Belagerung der Davidians in Waco durch die Regierungsbeamten. Man befürchtete einen Massenselbstmord, machte sich Sorgen um die Kinder drinnen und wegen der bereits bewiesenen Gefahr für die Beamten draußen. Die Branch Davidians dagegen machten sich Sorgen um, nun ja, die furchterregende Armee, die vor ihrem Gelände auftauchte, darunter Hubschrauber, Panzer und diverse Vollzugsbehörden von regionalen bis zu nationalen.

Das FBI probierte verschieden Taktiken aus, um die Branch Davidians friedlich vom Gelände zu vertreiben. Über Lautsprecher spielten sie laute Musik, tibetische Gesänge und die Geräusche sterbender Hasen. Sie schnitten sie mehrmals vom Strom ab. Sie strahlten mit Scheinwerfern auf das Gelände und fuhren mehrere Fahrzeuge, die den Branch Davidians gehörten, platt. Außerdem begannen sie Verhandlungen übers Telefon, boten den Branch Davidians Möglichkeiten, ihre Botschaft zu verbreiten, und lieferten ihnen Vorräte wie Milch (die Milchkartons waren natürlich verwanzt). Es war eine recht konfuse Strategie, die friedliche Verhandlungen mit nerviger Einschüchterung verband. Aber sie dauerte immer weiter an. Und währenddessen sahen Fernsehzuschauer fasziniert und geschockt zu.

Koresh war bei dem Kampf mit dem ATF verletzt worden, aber nicht schwer. Er konnte an den Verhandlungen teilnehmen, auch wenn er das oft seiner rechten Hand Steve Schneider überließ. Währenddessen hängten die Branch Davidians Schilder in ihre Fenster: »We Come to Love, Not War« stand auf einem, auf einem anderen »Let's Have a Beer When This Is Over«, und »I'm an American, I Love America, but BATF Killed My Family and Friends« war ein drittes Beispiel.

Während der ersten Wochen der Belagerung erlaubte Koresh seinen Anhängern, das Gelände zu verlassen, wenn sie das wollten. Fünfunddreißig konnten der schwierigen Situation entfliehen, 21 davon Kinder. Doch nach dem 23. März ließ Koresh keine Mitglieder mehr gehen, und alles wurde noch angespannter. Koresh behauptete, er wolle noch einen Text über das

Buch der sieben Siegel aus der Offenbarung schreiben, bevor er sich ergeben würde, aber die Behörden bezweifelten das. Am 19. April leitete das FBI Tränengas auf das Gelände. Der Plan war von der Generalbundesanwältin Janet Reno abgesegnet, die sich wiederrum das Okay von Präsident Bill Clinton einholte. Das FBI benutzte Panzer, um Löcher in die Gebäude zu reißen und das Tränengas einzuleiten und danach das Gelände zu räumen. Doch fast augenblicklich brachen Feuer in Mount Carmel aus und verschlangen schnell die Gebäude. Fünfundsiebzig Branch Davidians starben, darunter 20 Kinder. Nur neun Mitglieder überlebten, alles Erwachsene.

Die ganze Operation wurde live in die amerikanischen Wohnzimmer übertragen, ganze Familien beobachteten das tragische Ende eines 51 Tage andauernden Live-Events auf ihren Fernsehern. Und das ließ die Regierung nicht gut aussehen: Da wurden Panzer und Tränengas gegen amerikanische Bürger eingesetzt. Fast hundert Männer, Frauen und Kinder waren tot. Ruby Ridge, eine andere tödlich endende Belagerung durch Bundesbeamte, und zwar einer Familie in Idaho, lag erst ein halbes Jahr zurück, als die ATF-Beamten sich eine Schießerei mit den Branch Davidians lieferten. Einer der Zuschauer in Waco war ein Mann namens Timothy McVeigh, der zwei Jahre später einen Bombenanschlag auf das Alfred P. Murrah Federal Building in Oklahoma City verüben würde, bei dem 168 Menschen getötet wurden. Er sagte aus, dass das, was die Regierung in Waco getan hatte, ein Teil seiner Motivation war.

Nachdem das Tränengas abgezogen war, wurde eine andere Seite der Geschichte enthüllt. Die Ermittlungsbehörden entdeckten, dass die Branch Davidians fast 250 Schusswaffen und Hunderte Granaten gehortet hatten. Sie stellten fest, dass nicht das Gas das Feuer ausgelöst hatte, sondern die Branch Davidians selbst. Außerdem waren viele der Toten nicht am Feuer oder einer Rauchvergiftung gestorben, dreizehn von ihnen waren erschossen worden, darunter drei Kinder. Ein Dreijähriger war erstochen und zwei weitere Kinder durch einen Schlag auf den Kopf getötet worden. David Koresh selbst war durch eine Kugel in die Stirn gestorben. Und in diesen 51 Tagen nach der Schießerei zwischen den Branch Davidians und dem ATF hatten die Beamten keinen einzigen Schuss abgefeuert.

Die neun Branch-Davidians-Mitglieder, die den Kampf überlebten, wurden wegen Totschlags der ATF-Beamten sowie mehrerer Verstöße gegen das Waffenrecht angeklagt. Heute sind alle neun aus dem Gefängnis entlassen, und die Branch Davidians gibt es immer noch. 2013 interviewte NPR das 72-jährige Mitglied Clive Doyle, der die Belagerung überlebte und von allen Vorwürfen freigesprochen wurde. Doyle sagte: »Wir Überlebenden von 1993 suchen nach David und allen, die bei der Schießerei oder im Feuer starben. Wir glauben, dass Gott diese besondere Gruppe wiedererwecken wird.« Jeff Guinn sagte NPR außerdem:

> *Die Menschen, die Mount Carmel überlebt haben, die an David Koresh geglaubt haben, glauben bis heute an ihn – was das ATF getan hat und dann das FBI, erfüllte perfekt Davids Prophezeiung, dass er und die anderen, die in Mount Carmel den Tod fanden, aufgestiegen sind und warten, und irgendwann wird Gott sie an der Spitze seiner Armee zurückschicken, und es wird zu einem Kampf und zum Ende der Tage kommen.*

Inzwischen keimt neues religiöses Leben aus den Knochen von Mount Carmel, der immer noch die Bühne der Branch Davidians ist. Aus dem Untergang ist eine weitere Abspaltung hervorgegangen, der das Mount-Carmel-Gelände gehört. Diese Gruppe heißt The Lord Our Righteousness und wird von Charles Pace geleitet. Sie haben aus dem Gelände eine Gedenkstätte gemacht und für jedes Opfer der Belagerung von Waco einen Baum gepflanzt. Die Gruppe distanzierte sich schließlich von David Koresh und fällte sogar den Baum, der für ihn gepflanzt worden war.

Bewegung zur Wiederherstellung der Zehn Gebote

Außer dem fünften Gebot

Halte dich an die Zehn Gebote: Das ist eine relativ schlichte und unumstrittene Idee für Gläubige. Denn sie lassen sich als »sei kein Idiot« zusammenfassen. Sie sind es wirklich nicht wert, eine Sekte für sie zu gründen, und ganz sicher nicht, 800 Menschen ihretwegen zu ermorden. (Ich glaube, es gibt da sogar ein Gebot, das genau das verbietet.) Doch das ist mehr oder weniger die Geschichte der Bewegung zur Wiederherstellung der Zehn Gebote.

Die Gründung dieser Bewegung erinnert an eine etwas schräge romantische Komödie – mit einer großen Wendung. 1989 setzten sich eine Ex-Prostituierte von Mitte dreißig namens Credonia Mwerinde und ein Ex-Politiker namens Joseph Kibwetere, der zwanzig Jahre älter war als sie, in Rwashamaire in Uganda zusammen und stellten fest, dass sie etwas verband: Sie hatten beide eine Marienerscheinung erlebt. Also gründeten sie zusammen eine Sekte.

Bei Mwerinde lagen Marienerscheinungen in der Familie. Ihre Schwester, ihre Tochter und andere Familienmitglieder hatten alle Visionen der Heiligen Jungfrau gehabt. Angefangen hatte alles mit ihrem Vater Paulo Kashaku, der 1960 eine Vision seiner toten Tochter Evangelista hatte. Sie erzählte ihm, ganz im Jacob-Marley-Stil, dass ihn eines Tages drei Geister aus dem glitzernden Jenseits besuchen würden. Und irgendwann, entweder 1987 oder 1988, erfüllte sich die Vorhersage, als Jesus, Josef und Maria bei Kashaku vorbeischauten. Ihm gehörte Ackerland in der abgelegenen Gegend Kanungu im Südwesten Ugandas, und die drei Geister der christlichen Vergangenheit wiesen ihn an, dieses Land dazu zu nutzen, Mitgläubige für eine gemeinsame Sache zu vereinen.

Also wies Kashaku seine Tochter Mwerinde sowie deren Tochter Ursula Komuhangi und Schwester Angela Mugisha an, die Botschaft im Land zu verbreiten. Und dabei traf Mwerinde auf Kibwetere. Kibwetere war katholisch, ein Familienvater und wohlhabender Unternehmer, der Schulen vorgestanden, für die Regierung gearbeitet und die Demokratische Partei in seinem Bezirk geleitet hatte, bis diese die Wahlen verlor. Er behauptete, seit mindestens 1984 Marienerscheinungen zu haben.

Kibwetere und Mwerinde verstanden sich auf Anhieb, und die drei Frauen zogen zu Kibwetere in Rwashamaire, nicht weit von Kanungu. Kibweteres Sohn Juvenal Rugambwa erklärte der Londoner *Sunday Times*, wie sein Vater über Mwerinde dachte: »Mein Vater hatte Ehrfurcht vor ihr und tat alles, was sie sagte.« In Kibweteres Zuhause bastelten die beiden an einer Idee für eine neue religiöse Organisation, die auf ihren Marienerscheinungen basierte. Sie glaubten, dass die Menschen die Zehn Gebote besser befolgen sollten – diese zehn grundlegenden gesellschaftlichen Regeln, die Gott Moses auf dem Berg Sinai übergeben hatte (und zwar zwei Mal, weil Moses die ersten Steintafeln wütend zerbrochen hat). Sie fanden die Zehn Gebote so wichtig, dass sie glaubten, die Welt würde bald enden, weil sie nicht mehr respektiert wurden. Das Weltende datierten sie auf zehn Jahre nach dem schicksalhaften Treffen der beiden Visionäre, auf den 31. Dezember 1999 – also ungefähr, dazu kommen wir noch.

Kibwetere und Mwerinde scharten Anhänger um sich – sogar Hunderte, von denen viele auf Kibweteres Gelände blieben. Ihre direkte Botschaft war ziemlich attraktiv. Uganda war bereits ein überwiegend christliches Land, ungefähr ein Drittel dieser Christen waren Katholiken, und die Organisation, die sie aufbauten, hatte sich viel vom katholischen Glauben geborgt. Wie Paul Ikazire, ein Ex-Priester der Sekte, der *New York Times* erklärte: »Wir schlossen uns der Bewegung als Protest gegen die katholische Kirche an. Wir hatten gute Absichten. Die Kirche war auf dem absteigenden Ast, die Priester steckten in Skandalen und die Plage AIDS forderte Opfer unter den Gläubigen. Die Welt schien kurz vor dem Ende zu stehen.« Eine Bewegung, die versprach, eine korrupte Kirche zu reformieren und sich wieder auf die Grundlagen zu konzentrieren, klang erfrischend. Das Land hatte auch über Jahrzehnte unter Diktatoren wie Idi Amin und unter Bürger- und Guerillakriegen gelitten, viele Bürger brauchten in all dem destruktiven Chaos eine hoffnungsvolle Struktur.

Doch Kibweteres Familie wurde von der Sekte, besonders von Mwerinde, schlecht behandelt. Sein Sohn Juvenal Rugambwe sagte der *New York Times:* »Sie fingen an, uns zu misshandeln, die Familienmitglieder, die Kinder und die Mutter, und behaupteten, die Heilige Jungfrau habe ihnen gesagt, sie sollten Dinge tun, wie uns hungern zu lassen und zu bestrafen.« 1992 sagte die Familie, sie müsse gehen, und Kibwetere und Mwerinde führten ihre Bewegung nach Westen auf Kashakus Land in Kanungu. Dort gründeten sie ein Dorf, das sie Ishayuuriro rya Maria nannten (»Rettungsort für die Heilige Jungfrau«).

Das Dorf war ein Kloster. Sex war verboten, auch zwischen Eheleuten, was dabei half, nicht gegen das sechste Gebot zu verstoßen (»Du sollst nicht die Ehe brechen.«). Sie sprachen kaum, kommunizierten nur mit Gesten, um nicht das zweite (»Du sollst den Namen des Herrn, deines Gottes, nicht missbrauchen.«) und das achte Gebot (»Du sollst kein falsches Zeugnis geben wider deinen Nächsten.«) zu brechen. Sie fasteten oft. Sie verbrachten ihre Zeit mit Arbeit und Gebet. Sie bauten Häuser, eine Kirche und eine Schule. Sie gingen auf harte Wallfahrten durch Wälder und über steinige Hügel zu einem Felsen, der in ihrer Überzeugung wie die heilige Maria geformt war. Aber hinter diesen Regeln steckten noch weitere Motive: Weil Kommunikation und Sex verboten waren, hatten die Mitglieder kaum eine Chance, Bindungen aufzubauen und ihre Erfahrungen in der Sekte zu teilen, was vielleicht dazu geführt hätte, dass sie die Anführer hinterfragt hätten. Die schwere Arbeit und das Fasten machten sie außerdem zu schwach und erschöpft für eine Meuterei.

Die Bewegung zur Wiederherstellung der Zehn Gebote rekrutierte mehrere Nonnen und Priester, die von der offiziellen katholischen Kirche wegen regionaler Politik exkommuniziert worden waren und die im Allgemeinen von der Institution, der sie ihr Leben gewidmet hatten, enttäuscht waren. Diese verstoßenen Männer und Frauen wurden zu Anführern der Gruppe. Der bedeutendste unter ihnen war Vater Dominic Kataribaabo, der eine Zeitlang in den USA gelebt und dort an der Loyola Marymount University in Los Angeles einen Abschluss in Theologie gemacht hatte. Die Sektenführer ernannten zwölf Apostel, die Entumwa genannt wurden (»Boten«): sechs Männer und sechs Frauen. Diese Apostel leiteten die Kommune, mit Kibwetere an ihrer Spitze, obwohl viele sagen, dass Mwerinde das eigentliche Gehirn dahinter war. Das Paar erhielt weiterhin Botschaften und Visionen von Maria, und Mwerinde behauptete, mit der Heiligen Jungfrau über Telefone zu kommunizieren, die in alltäglichen Gegenständen wie Tassen und Tellern versteckt wären.

Die Bewegung zur Wiederherstellung der Zehn Gebote hatte drei Ränge der Mitgliedschaft, jeder mit seiner eigenen Uniform. Novizen trugen Schwarz. Auf dem nächsten Rang waren diejenigen, die geschworen hatten, sich an die Zehn Gebote zu halten: Sie trugen Grün. Vollständige Mitglieder trugen Grün und Weiß und versprachen, der Sekte bis zu ihrem Tod treu zu bleiben. Die Ästhetik der Bewegung war immer noch katholisch, inklusive der Ikonografie und der Rituale. Doch viele ihrer Glaubenssätze stammten nicht aus der Bibel, sondern aus einem 163-seitigen Pamphlet mit dem Titel *A Timely Message from Heaven: The End of the Present Time*, das Kibwetere und Mwerinde schon damals in Rwashamaire begonnen hatten. Es war wie die Bibel formatiert, mit nummerierten Absätzen. Um Mitglied der Sekte zu werden, mussten die Anwärter das Pamphlet bei einer Initiation, die vier bis sechs Tage dauerte, mehrmals lesen.

Die Bewegung breitete sich auch über Kanungu hinaus aus, in die Regionen Kabale, Rukungiri, Bushenyi und Mbara. Von

Mitte bis Ende der 1990er wuchs sie weiter. Schätzungen gehen von 1000 bis 5000 Mitgliedern aus. Und sie schienen angenehme Nachbarn zu sein: Sie kümmerten sich um Familien in Not, gaben ihnen Essen und Kleidung und pflegten sie. In einem BBC-Beitrag hieß es: »Die Dorfbewohner in der Region beschrieben die Anhänger als diszipliniert und höflich, sie machten keine Schwierigkeiten.«

Der 31. Dezember 1999 näherte sich unaufhaltsam. Während wir anderen darauf warteten, dass der Y2K-Bug die Welt, wie wir sie kannten, ruinieren würde, warteten die Sektenanhänger auf die Rückkehr von Christus und Maria und auf all die Versprechen und Drohungen aus der Offenbarung. Ihre Metapher war jedoch alttestamentarisch, da sie ihre Kommune als eine Arche Noah sahen – die einen speziellen Schutz vor der weltweiten Zerstörung bot. Wie ein ungenanntes neunzehnjähriges Sektenmitglied 1999 der staatlichen Zeitung *New Vision* sagte: »Die Welt endet nächstes Jahr. Wir dürfen keine Zeit verschwenden. Einige unserer Anführer sprechen direkt mit Gott. Es kann ab jetzt jederzeit passieren, und wenn das Ende kommt, wird jeder Gläubige, der sich an einem bisher noch nicht enthüllten Ort befindet, gerettet werden.«

Trotzdem ist unklar, was die Sektenmitglieder genau glaubten, was am 31. Dezember 1999 geschehen würde. *A Timely Message from Heaven* blieb vage, auch wenn es voller apokalyptischer Bilder war. Im Pamphlet heißt es:

> *Wenn das Jahr 2000 vollendet ist, dann wird das folgende Jahr nicht das Jahr 2001 sein. Das folgende Jahr wird Jahr eins genannt werden, mit einer Generation, die der aktuellen Generation nachfolgen wird; die Ge-*

neration, die nachfolgen wird, wird aus vielen oder wenigen Menschen bestehen, je nachdem, wie viele Buße tun werden. ... Der Mensch, der es durch diese Periode schaffen und das Jahr eins der nächsten Generation erreichen wird, dieser Mensch hat Glück.

Im Grunde sagte der Text zuerst eine Entrückung der Gläubigen und dann die unangenehmen Teile der biblischen Offenbarung für das Jahr 2000 vorher. Wenn man all das überlebte, war man gerettet und gehörte zu der erlösten Generation.

Doch, wie Sie sich wahrscheinlich erinnern oder sich denken können, der 31. Dezember 1999 kam und ging, ohne dass ein einziger Mensch in den Himmel aufstieg, weder in Uganda noch sonst wo. Die Führung der Bewegung zur Wiederherstellung der Zehn Gebote telefonierte mit der Heiligen Jungfrau und erfuhr, dass es zu einem Aufschub gekommen war, aber nur einem kurzen. Das neue Datum für die Entrückung war der 17. März 2000.

Am 15. März begann die Sekte in einer neuen, von ihr gebauten Kirche mit den Vorbereitungen für die Entrückung. Unter dem Altar dieser Kirche waren Paulo Kashaku und seine Frau beerdigt, die beide vor der Endzeit verstorben waren. Die Sektenmitglieder deponierten die Dokumente zum Grundbesitz der Sekte zur Sicherheit bei der Polizei und verkauften allen Privatbesitz zu Schleuderpreisen. Dann feierten sie eine Party, um die neue Kirche einzuweihen, sie schlachteten drei Bullen und tranken siebzig Kästen Cola. Am 16. März wurde in der neuen Kirche vor allem gebetet. Am 17. März um zehn Uhr morgens marschierten die Sektenanhänger in einer Prozession von der neuen zur alten Kirche, die jetzt ein Speisesaal war.

Von diesem Punkt an ist alles, was mit den Mitgliedern der Bewegung zur Wiederherstellung der Zehn Gebote geschah, Spekulation, denn eine halbe Stunde später waren aus dem Gebäude eine große Explosion und höllische Schreie zu hören. Der Tumult weckte die Aufmerksamkeit von Menschen, die in der Nähe auf Feldern arbeiteten; sie sahen, dass das Gebäude in Flammen stand. Die Fenster waren zugenagelt, die Tür verschlossen und drinnen verbrannten Hunderte Menschen bei lebendigem Leib.

Niemand überlebte. Auf unheimliche Weise erinnert die Tragödie an eine endzeitliche Passage aus *A Timely Message from Heaven*: »Feuerhurrikane regnen aus dem Himmel und verbreiten sich über all diejenigen, die keine Buße getan haben. [...] Dieses Feuer gelangt auch in die Gebäude, man kann ihm nicht entfliehen.«

Anna Kabeireho, die in der Nähe wohnte, erzählte Jahre später der BBC, wie es nach dem Feuer aussah: »Überall war Rauch, Ruß und der Geruch von verbranntem Fleisch. Er schien direkt in die Lunge einzudringen. Alle liefen ins Tal. Das Feuer loderte noch. Da waren Dutzende bis zur Unkenntlichkeit verbrannte Körper. Wir bedeckten unsere Nasen mit duftenden Blättern, um den Gestank zu vertreiben. Wir konnten monatelang kein Fleisch essen.«

Fast sofort wurde das Ereignis mit den Massentoten des Peoples Temple in Jonestown verglichen. Vier Tage später spekulierten die Medien noch über Massenselbstmord und die Notfallhelfer ächzten unter der überwältigenden Aufgabe, Hunderte verkohlter und unkenntlicher Leichen zu bergen und zu identifizieren, sechs weitere männliche Leichen wurden in einer Latrine hinter der Kirche gefunden. Die Männer waren von Beton bedeckt und offensichtlich ermordet worden. Den Behörden wurde langsam klar, dass die Tragödie vom 17. März möglicherweise kein Massenselbstmord war – vielleicht war es Massenmord.

Die Behörden begannen andere Grundstücke der Sekte, außerhalb von Ishayuuriro rya Maria, zu durchsuchen. Am 24. März fanden sie in Buhunga 153 Leichen in zwei Gruben. Am 26. März fanden sie 155 Leichen in Rugazi, auf einem Gelände, das früher Kataribaabo gehört hatte, dem Priester, der an der Loyola Marymount University studiert hatte und zur Sektenführung gehörte. Am 30. März wurden 81 Leichen auf der Rushojwa Farm eines weiteren Anführers der Bewegung, Joseph Nymurinda, gefunden. Und im April wurden 55 Leichen bei Kampala entdeckt. Diese Massengräber lagen in Feldern und Gärten und sogar im Betonfundament eines Hauses. Viele der Leichen waren Kinder.

Die Todesursache der Opfer des Infernos in Kanungu variierte, manche waren vergiftet, andere erdrosselt oder erstochen worden. Die Leichen waren alle nackt und eng nebeneinander in Massengräbern beerdigt worden. Dem Verwesungszustand nach waren sie bereits vor dem Feuer tot und ihre Leichen schon seit Monaten hier. Diese neu entdeckten Leichen zusammen mit der endgültigen Zahl der Opfer des Kanungu-Feuers (338 Tote) trieben die Gesamtzahl der Toten der Sekte auf knapp unter 800, auch wenn frühe Berichte sie auf bis zu 942 geschätzt hatten, womit sie Jonestown als größten Sekten-Massentod übertroffen hätten.

Die vorherrschende Theorie geht davon aus, dass, als das ursprüngliche Datum für das Weltenende ergebnislos verstrichen war, viele Mitglieder den Glauben verloren und ihre Spenden an die Sekte zurückforderten. Die Anführer der Kirche reagierten panisch und opferten die Mitglieder und ermordeten dann diejenigen, die loyal geblieben waren, im Feuer. Eine andere Theorie besagt, dass die Toten in den Massengräbern den unteren beiden Rängen der Sekte angehörten, während die im Feuer getöteten die Auserwählten in Grün und Weiß waren.

Was mit den Anführern, auch Kibwetere, Mwerinde und Kataribaabo geschehen ist, ist unbekannt. Aufgrund der stark verkohlten Leichen, der abgelegenen Region und der fehlenden forensischen Möglichkeiten der ugandischen Behörden konnte nicht geklärt werden, ob die Anführer mit der Arche untergegangen sind. Es gab Gerüchte, dass sie dem Brand entkommen sind, die glaubwürdig genug waren, dass Interpol Haftbefehle gegen sechs der Anführer erließ. Eine dritte Theorie, die das Schicksal der Anführer teilweise erklären würde, ist, dass Kibwetere selbst schon seit Monaten tot war und das plötzliche Abdriften der Sekte in die Gewalt das Ergebnis von Mwerindes Machtübernahme war.

Doch ohne Überlebende und ohne klare Dokumentation der Pläne der Sekte für diese letzten Tage bleibt die gesamte Geschichte des grausamen Endes der Bewegung zur Wiederherstellung der Zehn Gebote für immer ein Rätsel.

Superior Universal Alignment

The Kids Are Not All Right

Die Geschichte des Superior Universal Alignment ist entweder die einer der sadistischsten Sekten in diesem Buch oder so unbedeutend, dass niemand je von ihr gehört hätte, wäre da nicht ein bisschen Satanic Panic ganz im brasilianischen Stil gewesen. Es könnte auch die Geschichte eines Serienkillers sein. Finden wir es heraus, es wird nicht schön werden.

Am 2. August 1989 wurde im brasilianischen Altamira der achtjährige Joseph verletzt im Wald gefunden, es gab Anzeichen, dass er sexuell missbraucht worden war. Er erinnerte sich kaum mehr an den Überfall, nur daran, dass er einen fremden Mann getroffen hatte. Im November desselben Jahres wachte der zehnjährige Otoniel im Wald auf, Blut floss zwischen seinen Beinen, seine Genitalien fehlten. Er überlebte die Kastration und erklärte, ein fremder Mann sei auf ihn zugekommen und habe ihm eine Mango angeboten. Nachdem sie die Frucht gegessen hatten und eine Weile zusammen durch den Wald spaziert waren, wurde plötzlich ein stark riechendes Tuch auf Otoniels Gesicht gedrückt, sodass er das Bewusstsein verlor.

Am 23. Juli 1990 erlebte der neunjährige Waldicley exakt dasselbe wie Otoniel, nur dass ihn kein fremder Mann mit einer Mango angesprochen hatte, sondern ein fremder Mann hatte ihn gebeten, ihm dabei zu helfen, einen Drachen aus einem Baum zu retten. Er erwachte genauso verstümmelt.

Die örtliche Polizei verhaftete den Landstreicher Rotílio de Souza wegen des Verdachts, diese grauenhaften Taten begangen zu haben. Doch de Souza starb wenige Monate nach seiner Verhaftung im Gefängnis … und die Verbrechen gingen weiter. Tatsächlich schien derjenige, der sie beging, geschickter darin zu werden. Denn es ist kaum zu glauben, aber Joseph, Otoniel und Waldicley hatten Glück gehabt – wenigstens hatten sie überlebt.

Über die nächsten drei Jahre verschwanden in dieser Gegend von Brasilien über ein Dutzend Jungen (laut manchen Berichten sogar neunzehn) zwischen acht und vierzehn Jahren. Manche wurden nie gefunden. Andere wurden tot aufgefunden. Die Leichen, die entdeckt wurden, waren entsetzlich verstümmelt, die Augen ausgestochen, die Hände abgeschnitten, voller Brand- oder Bissspuren, mit Anzeichen für sexuellen Missbrauch, Organe, Zehen oder Haare fehlten. Und fast immer waren sie kastriert.

Ohne einen armen Sündenbock, dem sie die Verbrechen anhängen konnten, vermutete die Polizei, dass die Jungen vielleicht die Opfer von Organschmugglern waren. Und zufällig waren gerade erst zwei Ärzte, Anísio Ferreira de Sousa und Césio Brandão, in die Gegend gezogen. Doch Experten argumentierten, dass die Verstümmlungen zwar scheinbar präzise ausgeführt worden waren, weswegen die Ermittler dachten, dass ein medizinischer Profi dafür verantwortlich sein müsste, doch die benutzte Methode sich nicht für den Organverkauf eignete.

1993 nahmen die Behörden eine Sekte als möglichen Schuldigen ins Visier, Lineamiento Universal Superior oder Superior Universal Alignment (SUA). Die SUA war Anfang der 1980er Jahre von Valentina de Andrade gegründet worden. Es war eine UFO-Sekte – eine endzeitliche UFO-Sekte. De Andrade hielt sich für die Reinkarnation von Maria Magdalena und glaubte, sie würde Botschaften von Außerirdischen empfangen. Die sagten ihr, dass es keinen Gott gab und Jesus Christus ein Außerirdischer war. Ja, auch die Heiligen Drei Könige waren Außerirdische, und sie brachten den außerirdischen Christus zur Jungfrau Maria, damit sie ihn aufzog (nachdem sie sie mit Gold, Weihrauch und Myrrhe bestochen hatten). Die Außerirdischen erzählten de Andrade auch, dass die Welt praktisch jeden Tag enden könne, aber sollte sie die Wahrheit verbreiten und Anhänger um sich sammeln, würden sie ein Raumschiff schicken, um die Gläubigen zu retten. So weit ziemlich typischer Sektenkram. Was also hat eine endzeitliche UFO-Sekte mit ermordeten und verstümmelten Kindern zu tun?

Wie sich herausstellte, war einer der Glaubenssätze von SUA, dass Kinder gefährlich seien. In ihrem Buch *Gott, der große Schwindel* (eine alternative Übersetzung lautet *Gott, die große Farce*) schreibt de Andrade: »Achtung bei Kindern, sie sind unbewusste Instrumente des großen Schwindels namens Gott und seiner schändlichen Helfer.« Sie glaubte, dass sie extrem negative Energien hätten und Schäden anrichten könnten. Ihre Anhänger, die sie »Mama« nannten, übergaben ihre eigenen Kinder manchmal an Pflegefamilien, um sich ihren Platz im Raumschiff zu sichern. Außerdem betont ihr Buch die besondere Gefahr, die von Kindern ausgeht, die nach 1981 geboren waren – und das traf auf viele der Opfer in Altamira zu.

Im Jahr zuvor hatte die Polizei in einem ähnlichen Verbrechen an einem Jungen ermittelt, das dort stattgefunden hatte, wo de Andrade mit ihrem vierten Ehemann José Teruggi lebte, im Staat Paraná, ungefähr 3000 Kilometer südlich von Altamira. Die Behörden hatten die Theorie, dass der Tod des Kindes Teil einer rituellen Opferung einer satanischen Sekte sei, und hier war eine passende Sekte, die man beschuldigen konnte. Als die Polizei das Haus von de Andrade durchsuchte, fand sie die dunklen Kapuzenroben der Sekte und Informationen darüber, dass sie Kinder verabscheute. Doch de Andrade widersprach der Charakterisierung der Haltung ihrer Sekte gegenüber Kindern, trotz allem, was sie in ihrem Buch geschrieben hatte. 1996 sagte sie der Lokalzeitung *Folha de Londrina*: »Jeder, der Kinder misshandelt, ist ein Tier. Wir haben mehrere Kinder in Lineamiento, und wir behandeln sie mit all der Zuneigung und Liebe, die sie verdienen.«

Es gab keine Beweise, die de Andrade und Teruggi mit dem Mord verbanden, daher wurden sie entlassen. Die Polizei in Paraná verfolgte die Theorie des satanischen Kults jedoch weiter, allerdings nicht, weil es dafür Beweise gegeben hätte, sondern wohl eher wegen der unbegründeten Satanic Panic, die in den Achtzigerjahren in den Vereinigten Staaten begonnen und sich bis in die späten Neunziger weltweit ausgebreitet hatte. Während der nächsten zehn Jahre ermittelte die Polizei erfolgreich gegen eine Handvoll Menschen wegen des Mordes in Paraná, allerdings kam es zu Einschüchterung und Folter durch die Polizei und damit zu unglaubwürdigen Zeugenaussagen.

Ein Jahr später wurde de Andrade bei einem unheimlich ähnlichen Szenario in die Ermittlungen in Altamira verwickelt, dort hatte die Polizei dieselbe Theorie, dass die Verbrechen von einer satanischen Sekte begangen wurden. Sie war entweder von selbst zu diesem Schluss gekommen, nachdem ihnen die Landstreicher und Organhändler ausgegangen waren, oder aber sie hatte von dem Mord in Paraná gehört, in dem aktuell ermittelt wurde. So oder so, es führte sie auch zur nächstbesten kinderhassenden Sekte vor Ort – der SUA. Die Polizei in Altamira verhaftete sechs oder auch sieben Menschen in Verbindung mit den Verbrechen: de Andrade, die beiden bereits erwähnten Ärzte, einen Geschäftsmann namens Amailton Madeira Gomes, dessen Vater José Amadeus Gomes und einen Ex-Beamten der Militärpolizei, der als Wachmann für die Familie Gomes arbeitete, Carlos Alberto dos Santos Lima. Es hat vielleicht noch einen weiteren früheren Militärpolizisten gegeben, der angeklagt wurde, Aldenor Ferreira Cardoso, allerdings sind die Unterlagen dazu unklar, er wurde jedenfalls nicht verurteilt. Laut der Staatsanwaltschaft haben diese Menschen als Sekte zusammengearbeitet, um Jungen zu entführen und in düsteren Ritualen zu opfern, um Wohlstand für die Sektenmitglieder zu erbeten.

Der Prozess, der in Bélem stattfand, begann erst 2003, mehr als zehn Jahre nach den Taten. Obwohl zwei der überlebenden Opfer, Otoniel und Waldicley, Carlos Alberto dos Santos Lima eindeutig als ihren Angreifer identifizierten, war der Prozess wie im Fall in Paraná durch Einschüchterung und Folter durch die Polizei, übereifrige Zeugen, Satanic Panic und verfahrenstechnische Unregelmäßigkeiten beeinträchtigt.

Zu ihrer Verteidigung sagten die Angeklagten, dass sie einander gar nicht kannten, geschweige denn als Mitglieder einer kindermordenden Sekte verbunden waren. Abgesehen von de Andrade war wohl kein anderer überhaupt Mitglied vom SUA, auch wenn einer der Ärzte, Anísio Ferreira de Sousa, ein Spiritualist war. Außerdem verband keinerlei physischer Beweis irgendeinen von ihnen mit den Taten. Tatsächlich war kein einziges der Opfer je obduziert worden und auch an den Fundstellen der Opfer war keine Spurensicherung betrieben worden. Die Familie Gomes war überzeugt, dass sie nur wegen ihres Geldes und ihres Einflusses in der Stadt angeklagt wurde. Der jüngere Gomes sagte *Tribuna* 2003: »Ich wurde angeklagt, weil meine Familie viel wirtschaftliche Macht hatte.« Außerdem war er schwul, was ihn zu einem Außenseiter machte. Der Altamira-Prozess ist wohl nicht nur ein Beispiel für Satanic Panic, sondern auch ein wenig für eine Hexenjagd.

Nach einer Reihe von verwirrenden juristischen Tricks, die bis ins Jahr 2004 andauerten, wurden vier der Angeklagten verurteilt, ausgenommen der ältere Gomes, Cardoso und de Andrade selbst. De Andrade, die inzwischen Mitte siebzig war, wurde freigesprochen, weil sie während der Phase der Verbrechen nicht in Altamira war und die Staatsanwaltschaft nicht nachweisen konnte, dass sie als Mastermind hinter den Taten stand. Die vier verurteilten Männer erhielten Haftstrafen zwischen 35 und 77 Jahren. Fall erledigt.

Das heißt, bis kurz nach Ende des Prozesses plötzlich ein Serienkiller auftauchte und alle Morde gestand. Ups.

2004 wurde der Mechaniker Francisco das Chagas Rodrigues de Brito wegen Mordes an 42 Jungen zwischen 1989 und 2004 verhaftet. Die Polizei fand Leichen in seinem Zimmer, und er gab all die anderen Morde zu, auch die in Altamira. Und obwohl Serienkiller nicht selten die Anzahl ihrer Morde übertreiben, um sich wichtigzumachen, sprachen de Britos detaillierte Kenntnisse der Art und des genauen Schauplatzes der Verbrechen, die konstanten Merkmale bei jeder seiner Taten (nämlich die Kastrationen) und die Tatsache, dass er in all den Regionen, wo die Verstümmelungen und Morde stattgefunden hatten, gelebt hatte, dafür, dass er diese Verbrechen tatsächlich begangen hatte. Und de Britos Motiv war nicht satanisch – sondern nur pervers. Während der nächsten zehn Jahre wurde er elf Mal wegen dieser Kindermorde vor Gericht gestellt, und 2014 ergaben all seine Verurteilungen ein Strafmaß von 385 Jahren.

Schon vor de Britos Geständnis hegten viele, die sich für den Altamira-Fall interessierten, Zweifel, sowohl am Urteil als auch an den Ermittlungen, die dazu geführt hatten, und hielten die SUA für einen Sündenbock. Jetzt, da es handfeste Beweise dafür gab, dass es ein Fehlurteil war, setzten sich Politiker, Menschenrechtsgruppen und Journalisten für eine Wiederaufnahme des Falls ein. Wie es schien, musste die SUA selbst gerettet werden. Leider wollte kein Richter in Altamira die Urteile gegen die vier Männer, die wegen derselben Verbrechen im Gefängnis saßen, für die de Brito schuldig befunden worden war, aufheben. Heute sind Gomes und Lima tot, und die beiden Ärzte blieben für mindestens zehn Jahre nach dem ursprünglichen Urteil im Gefängnis; immer wieder waren sie Thema von Artikeln über die Ungerechtigkeit, die ihnen widerfahren war. Beim Schreiben dieses Buchs konnte ihr aktueller Status nicht festgestellt werden.

De Andrade, die Anführerin dieser seltenen Sekte, war eher ein Opfer, als dass sie andere zu Opfern gemacht hatte. Sie kehrte nach Hause und zu ihrer UFO-Sekte zurück, die sehr viel weniger Anhänger hatte, nachdem sie in den Medien mit Kindermorden in Verbindung gebracht worden war. Sie starb am 31. Dezember 2022 in Londrina, Paraná, mit 91 Jahren.

Synanon

Vom Drogenmissbrauch zum Machtmissbrauch

Es war wie der Auftakt zu einem Krimi. Am 11. Oktober 1977 kam der Anwalt Paul Morantz aus Los Angeles nach einem Tag im Büro nach Hause. Er sah ein merkwürdig geformtes Paket in seinem Briefkasten und griff hinein, um es herauszunehmen, aber plötzlich schmerzte sein Handgelenk, er schrie auf und riss seinen Arm heraus. An seinem Arm hing eine ein Meter dreißig lange Klapperschlange. Die Giftzähne der Schlange waren tief in seinen Arm geschlagen, er rief seine Nachbarn um Hilfe und versuchte, sich aus dem festen Biss zu befreien. Noch bevor er sah, dass der Schlange die Klappern entfernt worden waren, um sie verstummen zu lassen, wusste er, dass das kein Zufall oder Unfall war – es war ein Anschlag auf sein Leben. Und er wusste sofort, wer ihm diese tödliche Schlange in seinen Briefkasten gelegt hatte: Synanon.

Synanon war ursprünglich eine extrem beliebte Selbsthilfegruppe für Alkoholiker und Drogensüchtige, die die Suchttherapie bis heute stark beeinflusst hat. Vor Synanon gab es keinen echten Drogenentzug, entweder landeten Süchtige im Gefängnis oder im Krankenhaus und wurden praktisch aufgegeben. Die Gruppe glaubte, dass man die Süchtigen von ihrer

Sucht heilen könnte, und nutzte unterschiedliche Methoden der »strengen Liebe«, um das Ziel zu erreichen. Hier entstand auch die Überzeugung, dass Süchtige statt Medizinern, die nie gegen Drogen gekämpft haben, Ex-Abhängige brauchen, um ihnen zu helfen, die Sucht zu überwinden. Jedenfalls funktionierte Synanon so, bevor es zu einer boshaften Sekte wurde, die Familien zerstörte, Kritiker körperlich brutal anging und Menschen in ihren Programmen festhielt (von Klapperschlangen in Briefkästen ganz zu schweigen).

Der 1913 in Toledo, Ohio, geborene Charles Dederich gründete die Organisation 1958. Er war stämmig und hatte asymmetrische Gesichtszüge durch eine teilweise Lähmung, nachdem er mit 29 an Meningitis erkrankt war. Wichtiger für diese Geschichte ist, dass er ein Alkoholiker und Studienabbrecher im mittleren Alter und noch dazu pleite war und seine zweite Ehe gerade in die Brüche ging. Er lief jahrelang an den Stränden von Santa Monica in Kalifornien herum und fiel immer tiefer in eine selbstzerstörerische Spirale. Irgendwann um das Jahr 1956 landete er bei einem Treffen der Anonymen Alkoholiker (AA), was sein Leben auf zweierlei Arten veränderte: Er hörte auf zu trinken und begann zu führen.

Er arbeitete die zwölf Stufen brav ab, aber er fand, das eigentliche Geheimnis, um die Sucht loszuwerden, war die Zusammenkunft mit den anderen Alkoholikern. Mehr noch, er genoss es, wie sie ihn bewunderten. Er hatte eine geradlinige Herangehensweise und eine souveräne Stimme, und ihm lagen einfache Wendungen, die sich gut zitieren lassen (»Heute ist der erste Tag vom Rest deines Lebens« wird oft ihm zugeschrieben). Die *New York Post* beschrieb ihn mal als jemanden mit »dem verbeulten Gesicht eines Profi-Wrestlers, der Seele eines Philosophen und dem Auftreten eines Generals«.

Er liebte diese Zusammenkunft von Gleichen so sehr, dass er Leute zu sich nach Hause einlud, um Geschichten zu teilen, zu diskutieren und eine Kameradschaft aufzubauen. Schon bald hieß er dabei auch Drogenabhängige willkommen. Damals hatten die AA noch keine Erfahrung darin, mit den besonderen Bedürfnissen von Drogensüchtigen umzugehen; die Schwestergruppe Narcotics Anonymous war erst wenige Jahre zuvor gegründet worden und noch im Aufbau. Dederich war allerdings kein Drogensüchtiger. Er hatte nur eine einzige echte Drogenerfahrung: Als er ein Jahr trocken war, nahm er LSD, das ihm 1957 im Rahmen eines kontrollierten Experiments der University of California, Los Angeles (UCLA) zur Behandlung gegen Alkoholismus verabreicht wurde. Dieses Erlebnis war anscheinend aufschlussreich. Laut dem *Los Angeles Magazine* sagte Dederich, dass das Experiment »die wichtigste Erfahrung in seinem ganzen Leben« war und dass er »echt und ehrlich zu einem anderen Menschen wurde«. Auch seinen Erfolg mit Synanon schrieb er dieser Erfahrung zu. Doch auch wenn er selbst nie drogenabhängig gewesen war, war Dederich überzeugt, dass dieselben Methoden, die ihm geholfen hatten, dem Alkohol abzuschwören, anderen helfen würden, mit ihrer Sucht Schluss zu machen.

Schon bald war sein Haus für all die Teilnehmer zu klein, also zog er in ein Ladenlokal in Santa Monica und hieß jeden mit Suchtproblemen willkommen. Zuerst nannte er es den Tender Loving Care Club, aber dann veränderte er den Namen zu Synanon, als ein Teilnehmer über die Worte *Symposium* und *Seminar* stolperte. So geht jedenfalls eine Geschichte.

Laut einer anderen ist das Wort einfach nur eine Zusammensetzung aus Symposium und anonym.

Dederichs Methode war streng. Zuerst musste der Süchtige einen kalten Entzug machen. Nach Tagen voller schmerzhafter Entzugssymptome wurde es dem erschöpften Süchtigen erlaubt, bei der Synanon-Organisation zu leben und für sie zu arbeiten. Außerdem wurde mehrmals pro Woche das sogenannte »Spiel« gespielt, was zum entscheidenden Merkmal von Synanon wurde. Während des Spiels versammelten sich alle und verbrachten Stunden damit, sich verbal niederzumachen. Die Teilnehmer durften alles, was sie wollten, über jeden und zu jedem sagen, auch zu Dederich und auch, wenn es nicht stimmte. Diese Tiraden und verbalen Ergüsse waren intensiv, erniedrigend und ermüdend, aber irgendwie auch anregend und dauerten manchmal zwei Tage lang. Die einzige Regel war, dass man nicht körperlich gewalttätig werden durfte. Ob absichtlich oder nicht, Dederich hatte eine ganze Bevölkerungsgruppe identifiziert und zur Zielgruppe gemacht, die unglaublich anfällig für Gehirnwäsche war: Süchtige. Sie waren auf der verzweifelten Suche nach Rettung vor ihrer Sucht, vertrauten ihrer eigenen Entscheidungsfähigkeit nicht mehr und waren daher nur allzu willig, Dederich die Kontrolle zu übergeben, der das auf schlimmste Weise ausnutzte. Der erzwungene kalte Entzug schwächte sie körperlich, während »das Spiel« ihren Selbstwert brach, sodass sie für Dederich unglaublich formbar wurden.

Trotz des augenscheinlichen Erfolgs seines Programms hatte Synanon einen schweren Start. Das Gebäude, in dem sie sich trafen, war abbruchreif, also zog Dederich mit seiner wachsenden Anhängerschaft ins National Guard Armory Building am Strand und in einem viel besseren Viertel, dessen Bewohner kein Haus wollten, in dem sich Drogen- und Alkoholabhängige trafen. Nur Tage nach dem Umzug wurde Dederich verhaftet, weil er Süchtige ohne eine Zulassung behandelte, und das auch noch in einem Wohngebiet. Er blieb fast einen Monat im Gefängnis. Wie er der *Los Angeles Times* sagte: »Wir begannen auf der falschen Seite der Stadt, Leben zu retten.«

Doch dadurch gelangten Dederich und Synanon in die lokale wie auch die landesweite Presse. In der *Los Angeles Times*, dem *Los Angeles Mirror* sowie *Time* und *Life* erschienen unterstützende Artikel, die alle seine Ziele, Methoden und Erfolge lobten. Dederich behauptete, seine Erfolgsrate bei Süchtigen läge bei achtzig Prozent, obwohl er das nie statistisch nachweisen musste, weil Synanon keine offizielle Zulassung hatte und auch keine Subventionen erhielt, die Transparenz erforderten. Die Menschen schienen begeistert von dem Programm. Das Ex-Mitglied Bill Lane, der zwanzig Jahre war, als er zu Synanon stieß, um seine Drogensucht zu bekämpfen, erzählte dem *Los Angeles Magazine*: »Ich wurde von allem mitgerissen. Ganz ehrlich, ich habe es geliebt. Es war eine großartige Erfahrung. Es hat mir das Leben gerettet.« Das Programm war so beliebt, dass Stars wie Rod Serling, Ray Bradbury, Leonard Nimoy, Jane Fonda, Charlton Heston und Milton Berle oft zu einem Treffen kamen, um zu reden oder es sich anzusehen. Hollywood drehte 1965 sogar einen Film über Synanon. Er hieß *Synanon*, Edmond O'Brien spielte Dederich und Eartha Kitt seine dritte Frau, Betty, eine Ex-Prostituierte und Drogensüchtige, die ursprünglich zu Synanon gekommen war, um Hilfe beim Kampf gegen ihre Sucht zu erhalten. Einer der Slogans des Films war: »Nur die Verdammten wollen hinein und nur die Hoffnungslosen hinaus!«

Während der nächsten zehn Jahre wuchs Synanon auch durch die Unterstützer und die Presse. Es hatte über 1300 Mitglieder, auch weil es schließlich jeden aufnahm, der mitmachen wollte, selbst wenn derjenige kein Suchtproblem hatte. Diese nicht abhängigen Mitglieder wurden »Squares« genannt. Dadurch entstand kurzfristig ein juristisches Problem, weil Synanon jetzt kein Nonprofit-Entzugsprogramm mehr war. 1974 wollte die Steuerbehörde Synanon die Gemeinnützigkeit aberkennen, aber Dederich und seine Anwälte fanden einen Ausweg – sie meldeten die Organisation als Religion an, um die Steuervorteile zu behalten.

Aber das war nicht nur ein juristischer Trick. Synanon hatte viele Eigenschaften einer Religion – oder zumindest einer bestimmten Art von Religion. Kinder wurden zum Beispiel in der Gemeinschaft großgezogen und nahmen an ihrer eigenen Version des Spiels teil. (Auch wenn Dederich tatsächlich generell dagegen war, Kinder zu bekommen und Mitglieder zu Vasektomien und Abtreibungen drängte. Er fand, dass Kinder ein zu großes Risiko darstellten, besonders nachdem Gerüchte über Kindesmissbrauch innerhalb der Organisation in der Presse aufgetaucht waren.) Außerdem waren Synanon-Anhänger inzwischen sofort zu erkennen, weil Männer wie Frauen ihre Köpfe rasierten, eine Praxis, die als Initiationsritus und Strafe begann, dann zu einer Geste der Solidarität wurde und schließlich zu einem Zwang. Als der Regisseur George Lucas für seinen ersten Film – den dystopischen Science-Fiction-Film *THX 1138* – für Massenszenen Menschen mit rasierten Schädeln brauchte, engagierte er Mitglieder von Synanon.

Ihr Status als Religion erlaubte es der Organisation, Kritik zu vermeiden, darunter auch die bisher größte an Synanon: Trotz der angeblichen Erfolgsrate schien niemand je aus dem Programm herauszukommen. Süchtige wurden aufgenommen, aber nie entlassen. Dederich glaubte entweder, dass Süchtige ohne Überwachung von Synanon nie ganz geheilt wären, oder aber er genoss es, ihr Leben zu kontrollieren. Doch da Synanon jetzt eine Religion war, war Entlassung ein irrelevantes Konzept.

Ende der 1970er verfügte Synanon über ein Vermögen von 22 Millionen Dollar, ein jährliches Einkommen von acht Millionen Dollar und 22 Quadratkilometer Besitz in ganz Kalifornien und an besonders wichtigen Orten im Land sowie über Auto-, LKW-, Schiffs- und Flugzeugflotten. Sie verdienten jedes Jahr Millionen durch den Verkauf von Büromaterial mit Synanon-Logo, das Unternehmen kauften, um die edle Sache zu unterstützen. Dederich gründete auch eine Sicherheitstruppe innerhalb der Organisation namens Imperial Marines, die eine von ihnen entwickelte Form von Martial Arts ausübten, Syn-do. Sie besaßen Schusswaffen im Wert von 200 000 Dollar, was in einem ihrer Newsletter mit der Sorge über eine »steigende Verbrechensrate« erklärt wurde.

Betty starb 1977 und Dederich heiratete Ginny Schorin, ein 31-jähriges Synanon-Mitglied. Das belebte ihn so sehr, dass er alle in der Organisation zwang, sich scheiden zu lassen und jemand Neues zu heiraten, auch seine eigene Tochter. Das war ein typisches Verhalten von Dederich. Als er aufhörte zu rauchen, mussten alle anderen in der Organisation es auch tun. Als er begann, Latzhosen zu tragen, wurden die zur Uniform. Als er anfing, auf seine Ernährung zu achten, mussten alle anderen es ihm gleichtun.

Ende der 1970er und Anfang der 1980er bekam Synanon die gegenteilige Presse wie zu Beginn. Den Medien, Ex-Mitgliedern (die von Dederich und seinen Anhängern »Splittees«, also Spalter, genannt wurden) und besorgten Familienmitgliedern wurde klar, dass aus Synanon eine Sekte geworden war. Die kleine kalifornische Wochenzeitung *Point Reyes Light* gewann für ihre investigativen Artikel über Synanon 1979 sogar den Pulitzer-Preis.

Als Reaktion darauf wurde Dederich sowohl prozesssüchtig als auch gewalttätig. Er zerrte alle Medien oder kritischen Personen, inklusive Abtrünniger, die etwas Abwertendes über seine Organisation und seine Imperial Marines äußerten, vor Gericht. Auf einem Tonband, das die Polizei beschlagnahmt hatte, sagt er: »Unsere religiöse Haltung ist: Legt euch nicht mit uns an. Du könntest daran sterben, wortwörtlich sterben … Ich bin absolut dazu bereit, einem Anwalt die Beine zu brechen, dann seiner Frau und ihm damit zu drohen, seinem Kind den Arm abzuschneiden … Ich will auf meinem Schreibtisch wirklich ein Ohr in einem Glas Alkohol.«

Als Synanon entdeckte, dass ein Nachbar namens Alvin Gambonini Flüchtlinge aus der Gruppe mit ihren nicht zur Sekte gehörenden Eltern vereinte, schlugen Imperial Marines ihn vor den Augen seiner Frau und seiner Kinder zusammen. Phil Ritter, der vor Gericht gegangen war, um seine Tochter aus Synanon zu befreien, wurde mit Holzschlägern verprügelt und mit gebrochenem Schädel liegen gelassen, er fiel ins Koma, aus dem er zum Glück wieder erwachte. Und dann war da diese berüchtigte stumme Klapperschlange im Briefkasten. Ihr Opfer, Paul Morantz, überlebte den Biss (verbrachte allerdings eine Woche im Krankenhaus) und hatte noch eine erfolgreiche Karriere als Anwalt gegen Sekten. Laut ihm wurden über achtzig Menschen von Synanon angegriffen. Er selbst war angegriffen worden, weil er dem jungen Ehepaar Frances und Ed Winn geholfen hatte. Frances litt an Depressionen und hatte in einer Klinik um Beruhigungstabletten gebeten. Obwohl sie keinerlei Drogenprobleme hatte, wurde sie an Synanon verwiesen. Dort wurde ihr der Kopf geschoren, und sie wurde gegen ihren Willen neun Tage lang festgehalten. Ed engagierte Morantz, um seine Frau zurückzubekommen, was Morantz nach Verhandlungen mit den Anführern von Synanon auch schaffte. Dann verklagte er Synanon und verschaffte den Winns 300 000 Dollar Schmerzensgeld.

Der Schlangenangriff brachte Morantz nicht um, aber schlussendlich brachte er Synanon um. Die Polizei verhaftete die beiden Imperial Marines, die direkt für den Anschlag verantwortlich waren, und Dederich als Drahtzieher und Planer. Sie fanden Dederich sternhagelvoll mit einer leeren Flasche Chivas Regal vor sich und brachten den rückfälligen Alkoholiker auf einer Trage ins Krankenhaus. Die beiden Imperial Marines erhielten mehrjährige Gefängnisstrafen, während Dederich wegen seines schlechten Gesundheitszustands Bewährung bekam, zu deren Auflagen es gehörte, dass er Synanon nicht mehr leiten durfte. Er zog mit seiner Frau in einen großen Wohnwagen in Visalia, Kalifornien, wo er 1997 mit 83 Jahren starb.

Synanon starb sechs Jahre vor ihm, 1991, nachdem die Steuerbehörde ihm die steuerliche Sonderstellung genommen und siebzehn Millionen Dollar verlangt hatte. Synanon war pleite und verschwand.

Dederichs Geschichte beginnt an der Flasche und endet an der Flasche. Was das Potenzial hatte, zu einer lebensverändernden und einzigartigen Kraft des Positiven in der Gesellschaft zu werden, wurde zu nichts weiter als einer Nullachtfünfzehn-Sekte, auch ohne apokalyptische Prophezeiungen oder UFO-Fantasien oder Massenselbstmord. Es reichte der Größenwahn eines einzelnen Mannes.

Die Frau, die zwei Sekten überlebt hat

Laura Johnston Kohl ist wegen einer nicht gerade beneidenswerten Tatsache berühmt. Sie überlebte zwei der berüchtigtsten Sekten der Welt: den Peoples Temple und Synanon.

Kohl schloss sich 1970 Jim Jones und seinem Peoples Temple an. Sie war 22 und sozial engagiert: Sie hatte bereits gegen den Vietnamkrieg protestiert, mit den Black Panther zu tun gehabt und war 1969 beim Woodstock Festival. 2018 erzählte sie der BBC: »Mein Leben war im Umbruch. Meine Ehe war kaputtgegangen, und ich war nach ein paar schlechten Entscheidungen auf der Suche nach einem Ort, an dem ich mich in Sicherheit politisch engagieren konnte.«

Sie dachte, sie hätte diese sichere Umgebung im Peoples Temple gefunden. Jahrzehnte später schrieb sie in einem Artikel für die San Diego State University Library: »Ich dachte, ich lebe das Leben einer Aktivistin in einer egalitären Gemeinschaft mit allen möglichen Menschen, und dass allein unsere Existenz schon eine klare Aussage war.« Kohl blieb acht Jahre bei Jim Jones' Sekte. Sie zog sogar nach Guyana und baute Jonestown mit auf, aber sie überlebte das Massaker. Drei Wochen vor dem Besuch des Kongressabgeordneten Leo Ryan, der dem Massaker vorausging, wurde sie von Jones in das Hauptquartier der Sekte geschickt, in die weit entfernte Hauptstadt Guyanas. Sie glaubte, Jones habe sie dorthin geschickt, weil er wollte, dass der Kongressabgeordnete dort von seinen glühendsten Anhängern begrüßt würde.

Nach dem Massaker kehrte sie, traumatisiert und trauernd, nach Kalifornien zurück und landete schließlich in den offenen Armen von Charles Dederich und Synanon, jener Organisation, die als dringend benötigter Zufluchtsort für Süchtige begann und sich mit der Zeit in eine brutale Sekte verwandelte. Sie verbrachte rund zehn Jahre in dieser Sekte, war Zeugin ihres Zerfalls, bis sie sich 1991 nach einer Reihe von Verbrechen, darunter Körperverletzung, versuchter Mord, Entführung und Betrug, auflöste.

Im selben Artikel für die San Diego State schreibt Kohl: »Etwas, das mich an beiden Gruppen anzog, ist, dass ich Gemeinschaft mag, das wirkt sich auch auf meine Überlegungen zu ihnen aus. Ich fand das Leben in der Kommune zwar die faszinierendste Zeit meines Lebens, aber zu diesen speziellen Sekten würde ich nie wieder zurückkehren.« Als idealistischer, energiegeladener junger Mensch, der Gemeinschaft suchte, war sie leider die ideale Zielfigur.

Nachdem sie Synanon überlebt hatte, gründete Kohl eine Familie und wurde praktizierende Quäkerin. Sie ging in ihrer langen Karriere als Grundschullehrerin auf. Während ihres gesamten Lebens schrieb und sprach sie immer wieder über ihre Erfahrungen bei den Sekten. »Meine Aufgabe als Überlebende«, sagte sie 2018 der *San Diego Union-Tribune*, »ist es, das Gespräch weiterzuführen, nach Verständnis zu suchen und zu vermitteln, dass manche von denjenigen, die bei der [Jonestown-] Tragödie starben, zu den besten Menschen gehörten, die ich in meinem Leben jemals getroffen habe.«

Kohl starb am 19. November 2019 mit 72 Jahren an Krebs.

Die Seekers

Kosmische Dissonanz

Die Seekers sind eine wichtige Sekte, was ich über keine andere in diesem Buch schreibe. Es ist wahrscheinlich die erste bestätigte UFO-Sekte, was cool ist. Aber nicht deswegen ist sie wichtig. Die Seekers sind wichtig, weil die Sekte dank ein paar schnell reagierenden und moralisch nicht ganz sauberen Forschern entscheidend war bei der Entwicklung der Theorie der kognitiven Dissonanz, einem Konzept, das zu verstehen hilft, wie der menschliche Geist mit sich widersprechenden Informationen umgeht, was die Grundlage für das Denken ist, das Sekten verlangen. Im Ergebnis geht es in dieser Geschichte denn auch weniger um die Sekte selbst als um eine Gruppe von Forschern, die sie heimlich infiltriert haben.

Leon Festinger war ein Sozialpsychologe an der University of Minnesota. Er hatte Sekten untersucht, die fehlgeschlagene Prophezeiungen überlebt hatten, und war an der komplexen Gruppendynamik interessiert. Als er erfuhr, dass es eine moderne Sekte gibt, bei der er aus erster Hand Daten sammeln könnte, stellte er ein Forscherteam zusammen und ergriff die Chance. Und es war eine Goldgrube an falschen Prophezeiungen, die sie analysieren konnten, denn die Seekers sagten immer wieder vorher, dass fliegende Untertassen sie vor der baldigen Apokalypse retten würden. Auch, als sie schon mehrfach falschgelegen hatten.

Menschen haben seit Anbeginn der Zeit merkwürdige Objekte jeglicher Form am Himmel gesehen. Doch den Ausdruck fliegende Untertasse gibt es erst seit Juni 1947. Damals sah der Pilot Kenneth Arnold nahe Mount Rainier in Washington bei einem Flug eine Formation von neun spiegelnden und extrem schnell fliegenden Objekten. Er beschrieb sie als dünn und geformt wie eine Untertasse. Er verglich sie auch mit Kuchenblechen für einen Pie. Während diese Geschichte mit der Geschwindigkeit eines UFOs durch die Medien ging, wurde für die Objekte der Begriff fliegende Untertasse geprägt. Und während der nächsten Wochen wurden noch Hunderte weitere am Himmel über ganz Amerika gesichtet. Einen Monat nach Arnolds Erlebnis kam es zum Absturz bei Roswell, inklusive all der dazugehörigen Verschwörungstheorien. Es schien, als stünde die Menschheit an der Schwelle einer neuen Ära, als sei der Himmel voller außerirdischer Besucher.

Dorothy Martin, eine Hausfrau in ihren Fünfzigern, die in einem Vorort von Chicago lebte, interessierte sich damals nicht für eine neue Ära. Jedenfalls nicht sofort. Sie steckte als Spiritistin und Medium noch ganz im 19. Jahrhundert. Martin nutzte ihr spektrales Talent, um durch einen Prozess namens automatisches Schreiben mit den Toten zu kommunizieren. In einem Artikel im *Atlantic* mit dem wunderschönen Titel »Das Weihnachten, an dem die Außerirdischen nicht kamen« (die Bedeutung wird sich noch zeigen) beschrieb Martin, wie sie die Geister kontaktierte: »Ich spürte ein Kribbeln oder eine Taubheit im Arm, und er fühlte sich bis hoch zur Schulter ganz warm an. Ohne zu wissen, warum nahm ich einen Bleistift und einen

Block, die gerade auf dem Nachttisch lagen. Meine Hand begann, in einer anderen Handschrift zu schreiben, und die war seltsam bekannt, doch ich wusste, dass es nicht meine eigene war. Da wurde mir klar, dass jemand anders meine Hand benutzte.«

Zunächst war dieser Jemand ihr verstorbener Vater. Doch als in der restlichen Nation das UFO-Fieber ausbrach, steckte Martin sich an. Sie begann, zu New-Age-Treffen zu gehen und geriet in die Dianetik von L. Ron Hubbard, die zu diesem Zeitpunkt kurz davor war, sich in Scientology zu verwandeln. Und schon bald war es nicht mehr ihr Vater, der ihre Hand führte, sondern ein Außerirdischer – tatsächlich mehrere Außerirdische, darunter einer, der Elder Brother hieß. Ein anderer war Sananda, der behauptete, die Reinkarnation von Jesus Christus zu sein.

Schließlich schickten Martins kosmische Quellen eine Anweisung. Sie stand mit einer Rasse Außerirdischer in Kontakt, die sie die Guardians, also die Wächter, nannte. Sie stammten ursprünglich vom Planeten Car, der im Kampf der hellen und dunklen Mächte von atomwaffenähnlichen Waffen zerstört worden war. Die Guardians flohen auf die Planeten Clarion and Cerus und waren jetzt in der Lage, Menschen zu kontaktieren, weil unser Einsatz von Atombomben unsere Atmosphäre verändert hatte, wodurch sich Öffnungen für außerirdische Kommunikation boten wie Risse in einem Damm. Und das war auch gut so, denn die Guardians erzählten Martin, dass die Welt im August 1954 durch eine außerirdische Invasion zu Ende ginge, aber dass sie eine fliegende Untertasse schicken würden, um sie zu retten und jeden, der sonst noch an ihre Botschaft glaubte.

Bevor Martins Talente für automatisches Schreiben und Prophezeiungen Leon Festingers Aufmerksamkeit erregten, erregten sie die von Charles Laughead, einem Arzt an der Michigan State University. Laughead war ein UFO-Fanatiker, der in seiner Kirche und bei sich zu Hause Gruppen organisierte, um das Phänomen zu diskutieren. Er nannte seine Gruppe die Seekers. Laughead tat sich mit Martin zusammen, vereinte seine Seekers mit ihren Anhängern und wurde zu ihrem größten Missionar. Die Seekers waren zwar nur eine kleine Gruppe, vielleicht ein Dutzend, aber sie wurden jetzt zu einer echten UFO-Sekte. Die Anhänger verkauften sogar ihr Hab und Gut, um sich für die Science-Fiction-Erlösung vorzubereiten.

Als sich das Datum der Invasion näherte, folgten die Seekers den Anweisungen der Guardians und versammelten sich auf einem Flugplatz, um auf die fliegende Untertasse zu warten, die sie vor dem kurz bevorstehenden apokalyptischen Krieg retten würde. Sie hingen den ganzen Tag auf diesem Flugplatz rum, aber nichts Untertassenförmiges landete, also kehrten sie zurück nach Hause. Zum Glück hatten sie während der Warterei einen Fremden getroffen, und Martin enthüllte, dass der Mann Sananda gewesen war, inkognito. Sie behauptete, dass sie das Richtige getan hätten, als sie ihren Rettungswunsch in die Tat umgesetzt hatten, und dass ihr Glaube nicht umsonst gewesen sei.

Laughead begann bald, Lokalzeitungen anzurufen und Pressemitteilungen herauszugeben, mit der Ankündigung, das Ende sei nahe. Die *Chicago Tribune* druckte die Schlagzeile: »Doktor warnt vor weltweiten Katastrophen, am schlimmsten wird es 1955«. Überraschenderweise schien der Misserfolg auf dem Flugplatz die Seekers nur noch überzeugter zu machen.

Sobald ihre Vorhersage sich als falsch erwiesen hatte, veränderten sie einfach die Geschichte und machten ungerührt weiter.

Schließlich erhielt Martin von den Guardians einen echten Knüller. Sie verrieten ihr den Tag der echten Apokalypse, der 22. Dezember 1955. Und anstatt einer außerirdischen Invasion käme das Ende durch die Erde selbst: Eine weltweite Flut würde die Kontinente überschwemmen und neu formen und dabei jeden, außer die Seekers töten. Wieder war die einzige Möglichkeit, vor dieser Katastrophe gerettet zu werden, vom Raumschiff der Guardians, das nur die Gläubigen aufnehmen würde, mitgenommen zu werden.

Im Oktober 1955 hatten diese Schlagzeilen auch Leon Festinger erreicht, 600 Kilometer entfernt in Minnesota. Hier bot sich ihm die Chance, endlich direkt zu beobachten, was nach einer spektakulär fehlgeschlagenen Prophezeiung passierte. Er und ein kleines Team von Forschern, die auf soziale Gruppen spezialisiert waren, machten einen gewagten Plan: Sie reisten nach Chicago, gaben sich als Gläubige aus und traten der Sekte bei.

Die Sekte versammelte sich in Martins Haus in Oak Point, Illinois, und wartete auf weitere Anweisungen für ihre Abholung. Einige kannte sie schon. So sollten die Mitglieder zum Beispiel jegliches Metall an ihrem Körper entfernen, auch Reißverschlüsse und BH-Haken. Manche hofften darauf, dass das Metallverbot für Weltraumreisen nicht auch für Zahnfüllungen galt. Sie hatten auch spezielle Pässe (ein weißes Blatt Papier in einem gestempelten Umschlag) und eine Losung, um hineinzukommen: »Ich habe meinen Hut zu Hause gelassen.« Währenddessen machten sich die Forscher heimlich Notizen zu allem, was in der Gruppe geschah oder diskutiert wurde, manchmal gingen sie dafür ins Bad oder in nahe gelegene Hotels, um ihre Beobachtungen zeitnah aufzuschreiben.

Am 17. Dezember um vier Uhr nachmittags erhielten die Seekers einen Anruf von jemandem, der sich Captain Video nannte. Er sagte ihnen, es sei an der Zeit, sie sollten um Mitternacht hinausgehen, um die fliegende Untertasse zu besteigen, die dieses Mal wirklich landen würde, um sie vor der bevorstehenden Katastrophe zu retten. Sie nahmen ihre Pässe, schauten noch einmal nach Reißverschlüssen, übten die Losung und traten in Martins Garten. Doch nicht mal ein Plastikfrisbee landete dort.

Die Seekers kehrten geknickt wieder zurück ins Haus. Der Anruf war fast sicher ein Streich gewesen (*Captain Video* hieß damals eine Fernsehsendung für Kinder), aber die Seekers konnten diese Vorstellung nicht akzeptieren. Das Ergebnis der darauffolgenden Diskussion war, dass sie wohl wieder auf die Probe gestellt worden waren, sowohl um ihren Glauben zu beweisen, als auch als Übung, um später die fliegende Untertasse zu betreten. Schließlich bekämen sie nur eine Chance, die Erde zu verlassen, und wenn einer von ihnen auch nur einen Ohrring trüge, könnte alles umsonst gewesen sein. In dieser Nacht wurde von den heimlichen Forschern im Bad sehr viel notiert.

Am 22. Dezember, dem Tag der prophezeiten Flut, gingen die Seekers um Mitternacht wieder hinaus, ohne BH, ohne Reißverschlüsse, ohne Schmuck, aber mit Pässen in der Hand. Sie warteten zwei Stunden in der Dezemberkälte von Illinois, aber nicht mal eine Sternschnuppe tauchte am Himmel auf. Als sie schließlich zurück in Martins Haus gingen, trafen sie eine Entscheidung. Es war dieselbe wie schon zweimal zuvor: Sie würden es noch mal versuchen.

Zwei Tage später, um sechs Uhr abends an Heiligabend, verließen sie feierlich Martins Haus und sangen dabei Weihnachtslieder. Und während Kinder überall auf der Welt den Himmel nach dem Weihnachtsmann absuchten, taten die Seekers dasselbe, bloß auf der Suche nach ihrer Untertasse. Und an diesem Heiligabend stand natürlich Schulter an Schulter mit den Weihnachtsliedern singenden Seekers ein Team von Uniforschern.

Dieses Mal waren die Seekers und Pseudo-Seekers nicht allein. Gut 200 Menschen hatten sich um Martins Haus versammelt, die alle die Zeitungsartikel gelesen und von der merkwürdigen kleinen Gruppe und ihrem unerschütterlichen Glauben an Außerirdische gehört hatten. Die Menge war so aufgewühlt, dass die Polizei kommen musste. Währenddessen standen die Seekers an diesem kalten Heiligabend da wie die Familie Griswold in *Schöne Bescherung*, während sie darauf wartet, dass 25 000 importierte italienische Glühbirnen angehen.

Als die Prophezeiung sich erneut als falsch erwies, akzeptierten einige Seekers schließlich ihre Niederlage und verließen die Sekte. Aber die gläubigsten blieben. Laut demselben *Atlantic*-Artikel klingelte am nächsten Tag ein Fremder an der Tür, und sie ließen ihn ein, gaben ihm zu essen und hofften, dass er Sananda war. Als sich der Besuch in die Länge zog, fragte Martin ihn: »Sind Sie sicher, dass Sie keine Botschaft für mich haben? Jetzt, da wir allein sind, können wir reden.« Es stellte sich heraus, dass er nur einer der Forscher war.

Nach einer weiteren Diskussion beschlossen die Seekers, dass die Außerirdischen ihre Pläne geändert hatten: Durch die gläubigen Taten der Seekers hatten sich die Herzen der Guardians in dieser Nacht dreifach vergrößert, und sie hatten beschlossen, den Planeten nicht absaufen zu lassen, genau wie damals, als Gott Abraham sagte, dass die ganze »Opfere deinen Sohn«-Sache nur Spaß war. In einem Interview mit einer Lokalzeitung leugnete Laughead, dass die Seekers je von einer fliegenden Untertasse hätten abgeholt werden sollen, und behauptete, dass sie einfach nur draußen waren und Weihnachtslieder gesungen hätten, weil es eben Weihnachten war. Er sagte allerdings auch, dass die Außerirdischen bei ihnen gewesen waren. Laut *When Prophecy Fails*, dem Buch, das Festinger später über die Sekte schrieb, sagte Laughead dem Reporter: »Es war natürlich schwierig zu erkennen, aber als wir dann wieder auseinandergingen, war da sehr deutlich ein Raumfahrer zu sehen, denn er trug seinen Helm und ein weites weißes Gewand.« Laughead ergänzte, dass er nicht mit dem Raumfahrer gesprochen hätte, keiner der Seekers hätte das, aus Angst, dass es zu einem Aufruhr kommen könne, wenn man seine Ankunft an die große Glocke hänge.

Nach allem, was in dieser Nacht passiert war, drohte die Polizei damit, Martin und Laughead wegen Ruhestörung und Beeinflussung Minderjähriger (sie hatten Kindern von der bevorstehenden Apokalypse und den außerirdischen Rettern erzählt) zu verhaften, also verließen beide die Region. Laughead landete schließlich in Kalifornien, nachdem er seine Stelle an der Michigan State verloren hatte, weil er mit seinen Studierenden ständig über Außerirdische und UFOs sprach, aber er blieb in UFO-Kreisen aktiv und war weiterhin mit Martin befreundet. Martin hatte eine kleine Odyssee vor sich: durch Arizona, Peru und dann nach Mount Shasta in Kalifornien (ein Ort, der für Mystiker und UFO-Gläubige sehr wichtig ist). Die ganze Zeit über blieb sie mit den Guardians in Kontakt und machte weiterhin Prophezeiungen. Sie nannte sich Schwester Thedra, gründete den Order of Sananda and Sanat Kumara – Letzterer war ein weiterer Guardian – und versammelte eine kleine Anhängerschaft um sich, tauchte aber nicht mehr in den Medien auf. Sie starb mit 92 Jahren in Arizona.

1956 veröffentlichte Leon Festinger mit zwei der anderen Forscher, Henry Riecken und Stanley Schachter, das bereits erwähnte Buch *When Prophecy Fails: A Social and Psychological Study of a Modern Group That Predicted the Destruction of the World*. Es war sowohl ein Augenzeugenbericht über die Seekers als auch die Grundlage für Festingers Theorie der kognitiven Dissonanz, deren Einfluss innerhalb der Psychologie, aber auch als allgemein bekanntes Konzept enorm war.

Festingers vertrat die Meinung, die teilweise auf seiner Erfahrung mit den Seekers beruhte, dass Menschen widerstreitende Vorstellungen nicht gut vereinen können, weswegen sie innere Konsistenz über objektive Wahrheit stellen. Wenn neue Informationen auftauchen, die einer festen Überzeugung widersprechen (zum Beispiel, dass Außerirdische dich nicht abholen, obwohl sie das gesagt haben), dann rotiert das Gehirn auf vollen Touren, um einen Weg zu finden, die ursprüngliche Überzeugung beizubehalten. Grundsätzlich hat das menschliche Gehirn ein größeres Bedürfnis zu rationalisieren als zu denken. Es braucht Stabilität mehr als Fakten.

Natürlich gab es Probleme mit Festingers Methodologie. Vom Beobachtereffekt und den moralischen Fragen abgesehen, verstärkte allein die Tatsache, dass sie sich der Sekte anschlossen, die Überzeugungen und Taten der Seekers. Schließlich wuchs die winzige Sekte durch die Forscher um fast dreißig Prozent, was besonders wichtig ist, weil eines von Festingers

Kriterien für kognitive Dissonanz eine starke soziale Unterstützung ist.

Bei all den außerirdischen Rettern, der Fast-Apokalypse und den einflussreichen sozialen Experimenten war es sicherlich ein Weihnachten, das kaum einer der Betroffenen je vergessen würde.

AUF DER SUCHE NACH Selbstoptimierung

»Durch Gott fühlt man sich besser
als durch einen Einlauf!«

– Gwen Shamblin Lara, Remnant Fellowship Church

Wir alle wollen in irgendetwas besser werden. Wir lesen Bücher, wir belegen Kurse, wir hören Experten zu, wir lernen, wir üben, wir schwitzen, und wir bringen Opfer. Wir wollen gesünder und klüger und reicher und glücklicher und erleuchteter werden. Und viele Sekten behaupten, sie böten einen Weg, mehr aus sich zu machen, um ein besserer Mensch zu werden. Die Sekten in diesem Kapitel haben Selbstoptimierung ganz unterschiedlich definiert, zum Teil auf fantastische Art und Weise, nämlich zu lernen, ohne Nahrung zu leben, sich zu Außerirdischen zu entwickeln, zusammen mit berühmten Toten in einen Zustand der Reinheit zu gelangen oder auch ganz profan, Gewicht zu verlieren oder geschäftlich erfolgreich zu werden. Diese Wege endeten jedoch ausnahmslos nicht in der Besserung, sondern in Missbrauch und Tod.

Remnant Fellowship Church

Durchs Nadelöhr passen

In unserer Kultur gibt es Stars der Diäten und Gewichtsabnahme wie Jenny Craig, Robert Atkins, Jean Nidetch und ihre Weight Watchers, Dr. Arthur Agatston und seine South-Beach-Diät, Dr. Walter Voegtlin und seine Paleo-Diät, Harold Katz und Nutrisystem. Im ausgehenden 20. und zu Beginn des 21. Jahrhunderts sehen wir in ihnen unser letztes, verzweifeltes Bollwerk gegen den kontinuierlichen Anstieg von Übergewicht und Adipositas. Und dann gab es Gwen Shamblin. Sie war die christliche Version dieser Diätgurus, mit einem Hauptunterschied – niemand der anderen hat je eine Sekte gegründet.

Shamblins Version von Fitness war definitiv einzigartig – oder, besser gesagt, ihre Version von Dünnsein. Sie wurde 1955 in Memphis, Tennessee, geboren und machte einen Abschluss in Ernährungswissenschaften an der University of Tennessee, dann arbeitete sie sowohl für die Memphis State University als auch für das Gesundheitsministerium von Tennessee. 1978 heiratete sie den Buchhalter David Shamblin. Und wie die meisten Menschen in Tennessee war sie christlich erzogen worden – in ihrem Fall innerhalb der Church of Christ, einer konservativen, freikirchlichen, christlichen Sekte, zu deren Hauptunterscheidungsmerkmalen gehört, dass sie keine Musikinstrumente bei Gottesdiensten benutzt und die Taufe nicht für eine entscheidende Voraussetzung für die Erlösung hält.

1986, als Shamblin mit ihrem eigenen Gewicht und ihrer Karriere haderte, vereinte sie ihre beiden Leidenschaften, Diäten und Gott, und ersann den Weigh Down Workshop (später Weigh Down Ministries), eine christliche Diät, die sie in zwölfwöchigen Kursen und Videos lehrte. Bloß dass Shamblin ihr Programm nicht Diät nannte – was vom Marketingaspekt clever war und gleichzeitig auch passend. Sie verbot keine Lebensmittel, und sie sah auch Sport nicht als Lösung gegen Übergewicht. In ihrer üblichen blumigen Sprache erklärte sie ihre Philosophie 2000 in einem Interview mit dem *Wall Street Journal* so: »Diäten lassen Gott dumm aussehen. Er war der Koch hinter der Lasagne. Er liebt Sauerrahm. Er war nicht glücklich, als Brokkoli tugendhaft und Häagen-Dazs Sünde wurde.«

Shamblin glaubte, dass Gott den menschlichen Körper so geschaffen hat, dass der seinen eigenen Appetit kontrollieren kann. Man soll essen, wenn man Hunger hat, und aufhören, wenn man satt ist. Und wenn man Gelüste bekommt, die nichts mit einem knurrenden Magen zu tun haben? Dann betet man die weg. Shamblin war davon überzeugt, dass die meisten Diäten sich zu sehr auf Lebensmittel konzentrierten. Auf Kalorien. Auf Fett. Das sei fast Götzenanbetung. Der Hauptglaubensgrundsatz von Weigh Down war, die Liebe zum Essen durch die Liebe zu Gott zu ersetzen. In Interviews sagte sie gern: »Ich bringe den Menschen bei, wie sie aufhören, sich vor dem Kühlschrank zu verneigen, um sich wieder vor Gott zu verneigen.«

In einem Interview 2008 mit Matt Lauer bei *Today* erklärte sie ihr Abnehmprogramm als einen Weg zu einer höheren Befriedigung: »Gott, kannst du mich besser fühlen lassen als ein Stracciatella-Eis?«

Irgendwann legte sie sich eine turmhohe hellblonde Frisur und starkes Augen-Make-up zu, sodass sie leicht zu erkennen und zu karikieren war. Und sie war, natürlich, dünn. Sie gab viele Interviews im Fernsehen – bei *Larry King Live, The Tyra Banks Show* und der BBC – wie auch großen Zeitungen und Zeitschriften. Oft erschien sie mit Anhängern, die durch ihr Programm Gewicht verloren hatten. »Der Herr hat mich von Little-Debbie-Kuchen errettet«, sagte eine Anhängerin in einem Porträt von Shamblin im *New Yorker*. Shamblin verkaufte Millionen Bücher, und ihr Programm wurde von Kirchen in aller Welt übernommen. Laut der HBO-Dokuserie *The Way Down: God, Greed und the Cult of Gwen Shamblin* verbreitete sich ihre Lehre in »70 Ländern, 1400 Gemeinden und über 250 000 Menschen«. Das straft ihre Aussage im bereits erwähnten *Wall Street Journal*-Artikel Lügen: »Ich bin keine clevere Geschäftsfrau. Ich bin nur eine dumme Blondine mit einer aufrichtigen Liebe zu Gott, die das goldene Produkt gefunden hat, das jeder will.«

Und hätte sie sich ganz auf Weigh Down Ministries konzentriert, wäre sie vielleicht einfach das Aushängeschild dünner Christen gewesen. Aber sie hatte höhere Ziele. 1999 verließ sie die Church of Christ und gründete ihre eigene Sekte. Sie nannte sie die Remnant Fellowship Church, ein Verweis auf Esra 9,8, wo ein Rest (Remnant) von Gläubigen von Gott beschützt und unterstützt wird. Sie glaubte, dass andere Kirchen zu fortschrittlich und weltlich waren und dass die Kirche, die sie gründete, der einzig wahre Weg zu Gott war. Sie kaufte sechzehn Hektar Land in Brentwood, Tennessee, und baute dort eine Kirche. Und dann verprellte sie den größten Teil ihres Publikums.

Mit das Erste, was sie tat, nachdem sie die Remnant Fellowship Church gegründet hatte, war, die uralte christliche Doktrin der Dreifaltigkeit zu leugnen – also dass Gott in Wesenseinheit als Vater, Sohn Jesus Christus und als Heiliger Geist existiert. Sie verkündete das 40 000 Menschen in ihrem wöchentlichen E-Mail-Newsletter im August 2000. Dieser Glaube verstörte viele der Kirchen, die ihr Diätprogramm in ihren Gemeinden angeboten hatten. Sie sagten daraufhin ihre Auftritte und Kurse ab und schickten alle Materialien dazu zurück. Ihr christlicher Verleger Thomas Nelson strich ein geplantes Buch von ihr aus seinem Programm.

Doch wie sich herausstellte, war dieser Verlust eines Großteils ihrer Basis nicht entscheidend. Weigh Down war eine nicht aufzuhaltende Bewegung, und jetzt, da Shamblin sich nicht mehr nur um den Körper, sondern auch um die Seelen der Menschen kümmerte, trieb sie ihre Überzeugungen auf die Spitze. Für sie war Dünnsein göttlich, und der BMI eines Menschen war der direkte Beweis dafür, ob er sich an Gottes Willen hielt oder nicht. Sie begann auch, die Prinzipien ihrer Nicht-Diät als Methode für jede angebliche Sucht oder Sünde anzuwenden: Drogen, Alkohol, sogar Homosexualität. Obwohl sie sich der Dreifaltigkeit entledigt hatte, war die Remnant Fellowship Church auf anderen Gebieten extrem konservativ. Sie glaubten, dass Frauen ihren Ehemännern unterstanden, und animierten dazu, Kinder körperlich zu bestrafen. (Eine gängige Empfehlung, um Kinder unter Kontrolle zu behalten, war, sie mit dreißig Zentimeter langen Stangen für Heißklebepistolen zu schlagen.)

Doch Gerüchte kamen auf, dass sich hinter dem hohen Haar und der Schminke jemand verbarg, der Menschen misshandelte. Shamblin hatte eine immense Macht über ihre Anhänger und deren Leben, und für Shamblins Marke und ihr Einkommen war die äußere Erscheinung entscheidend. Im Ergebnis wurden die Mitglieder aufgefordert, mehr zu tun, als einfach nur auf ihren Körper zu hören, um abzunehmen; sie wurden dazu gedrängt, alles zu tun, um Kilos zu verlieren, auch zu hungern. Diejenigen, die nicht abnehmen konnten, wurden schlecht behandelt, und diejenigen, die die Kirche verlassen wollten, wurden bedroht. Laut Marina Zenovich, der Regisseurin und Produzentin von *The Way Down*, ging es bei Shamblins Kirche nicht darum, sich um die eigene Gemeinde zu kümmern, sondern um »Macht und die Kontrolle über das Leben der Menschen, Kontrolle über ihr Gewicht, Kontrolle über ihre Ehen, Kontrolle über ihre Finanzen«.

2003 tauchten weitere Gerüchte über Misshandlungen in den Medien auf, als zwei Mitglieder der Remnant Fellowship Church aus Atlanta, Joseph und Sonya Smith, schuldig gesprochen wurden, ihren achtjährigen Sohn Josef zu Tode geprügelt zu haben, und zwar als Teil von routinemäßigen körperlichen Züchtigungen, wie Shamblins Kirche sie empfahl. Die Eltern wurden zu lebenslang plus dreißig Jahren verurteilt. Ein Fernsehsender aus Nashville veröffentlichte eine Aufnahme, auf der Shamblin die Smiths dafür lobte, Josef drei Tage lang mit nichts als einer Bibel in einen Schrank eingesperrt zu haben. Bis heute besteht die Kirche darauf, dass die Smiths unschuldig seien, und behauptet, Josef sei an einem septischen Schock infolge einer Infektion gestorben.

2018 ließ sich Shamblin nach fast vierzig Jahren von ihrem Mann scheiden und heiratete Joe Lara, einen Schauspieler, der kurzfristig berühmt war, weil er in einem Film und einer nur kurz laufenden Fernsehserie Tarzan gespielt hatte. Gwen Shamblin Lara, wie sie nun hieß, scheffelte weiterhin mit vollen Händen Geld, von dem sie behauptete, dass alles entweder für Steuern oder ihre Kirche draufging, trotz vieler Beweise, dass ein Großteil ihr Konto und ihre Immobilienbestände fett machte.

Sie schien unbesiegbar, als wäre Gott wirklich auf ihrer Seite. Doch das änderte sich am 29. Mai 2021, als sie zusammen mit sechs weiteren Führungspersonen ihrer Kirche einen Cessna-Citation-501-Privatjet von 1982 bestieg, um nach Palm Beach, Florida, zu einer von Donald Trumps »Make America Great Again«-Versammlungen zu fliegen. Die von Joe Lara geflogene Maschine stürzte kurz nach dem Start in den Percy Priest Lake bei Smyrna, Tennessee. Alle Insassen starben, neben Shamblin und ihrem Ehemann gehörten ihr Schwiegersohn Brandon Hannah sowie die Kirchenführer David und Jennifer Martin und Jonathan und Jessica Walters zu den Opfern.

Ermittlungen ergaben, dass der Grund für den Absturz ein mechanisches Versagen des 39 Jahre alten Flugzeugs war und dass niemand an Bord die Lizenz hatte, es zu fliegen. Zwar besaßen sowohl Joe Lara als auch Brandon Hannah einen Pilotenschein, aber sie hatten ihn verfallen lassen und waren nicht qualifiziert, das Flugzeug zu fliegen.

Interessanterweise wurde die Remnant Fellowship Church nicht in ihrem Testament erwähnt, obwohl Shamblin über die Jahre wohl viel Geld in sie gesteckt hatte. Ihr gesamtes, enormes Vermögen ging an ihre zwei Kinder. Als sie starb, drehte Shamblin gerade eine Reihe Videos, in denen es ironischerweise darum ging, dass sie Gier verdammte und ihre Anhänger aufforderte, ihr Vermögen der Kirche zu überschreiben.

Der Verlust von Shamblin und einer gesamten Führungsriege sollte eigentlich das Ende der Remnant Fellowship Church bedeuten. Doch Shamblins Tochter Elizabeth Hannah übernahm sowohl die Leitung der Kirche als auch des Abnehmprogramms. Heute verbreitet die Kirche weiterhin Shamblins Mission und Vision. Laut ihrer Website werden die Gottesdienste in über hundert Remnant-Fellowship-Gruppen weltweit gestreamt.

Und Shamblins Persönlichkeit ist immer noch ein großer Teil der Kirche und ihrer Ausstrahlung. Schließlich hat sie das ultimative Ziel erreicht: dünn zu sterben.

I AM

Vom Berg zum Betrug

I AM entstand in den 1930ern, als der Okkultist Guy Ballard beim Wandern auf dem mysteriösen Mount Shasta in Nordkalifornien einen Unsterblichen traf, etwas Seltsames trank und dann mehr auf diesem Treffen basierende Merchandises verkaufte als die Rockband KISS.

Ballard, der 1878 in Kansas geboren wurde, diente im Ersten Weltkrieg als Soldat und wurde dann Bergbauingenieur. 1916 heiratete er Edna, eine professionelle Harfenistin aus Iowa. Beide interessierten sich sehr für das Okkulte, Edna bot manchmal ihre Dienste als Medium an. Sie wohnten in Chicago, doch als Guy einen Auftrag in Kalifornien bekam, mussten sie einfach den legendären Mount Shasta besichtigen.

Mount Shasta ist ein 4317 Meter hoher Schichtvulkan, der bis heute eine Art Disneyland für New-Age-Fans und Okkultisten ist. Geschichten und Folklore umgeben den Berg wie Nebel, und auf seinen Hängen wimmelt es oft von Leuten, die zu ihm pilgern. Die Klamath, ein Stamm der Ureinwohner, glauben, dass hier der große Himmelsgeist Skell mit einem Geist der Unterwelt gekämpft hat, wohl ein Verweis auf die vulkanischen Aktivitäten. Angeblich leben Bigfoot und Reptiloide auf seinen Flanken und außerirdische Raumschiffe verstecken sich in den linsenförmigen Wolken über seinem Gipfel. Und er soll auch voller Gold und Edelsteine stecken. Doch die irrwitzigste aller Geschichten ist die über die Stadt Telos, die in seinem Inneren liegen soll und bewohnt wird von zwei Meter großen Flüchtlingen vom verlorenen Kontinent Lemuria, der bei einem Atomkrieg mit Atlantis untergegangen ist.

Guy wollte den Berg besteigen, weil er Legenden über eine Gruppe namens Brotherhood of Mount Shasta, die dort leben sollte, gehört hatte. Sie war Teil der Großen Weißen Bruderschaft, einer mystischen Organisation von unsterblichen, erleuchteten Wesen, die sich um die spirituelle Entwicklung der Menschheit kümmerten. Zu ihren Mitgliedern zählten, natürlich, Jesus Christus, Buddha und Krishna. Diese Mitglieder, die auch Aufgestiegene Meister genannt wurden, waren dem körperlichen Tod entkommen und auf einer höheren Ebene der Existenz gelandet. Während er am Mount Shasta war, traf Guy einen anderen Aufgestiegenen Meister, einen Kerl namens Saint Germain, und damit ergänzte Guy die überreichen Merkwürdigkeiten rund um Mount Shasta um seine eigenen Erzählungen.

In seinem 1934 erschienenen Buch *Unveiled Mysteries* beschreibt Guy, wie er beim Bergwandern einen Fremden traf, der seinen Becher auf magische Weise mit einer »cremigen Flüssigkeit« füllte, die er als »omnipräsentes Leben« bezeichnete. Beim Trinken empfand Guy einen »elektrischen, belebenden Effekt«. Dann verwandelte sich die Kleidung des Fremden in ein edelsteinbesetztes Gewand, und ein Ring aus weißem Feuer umgab ihn, und er stellte sich als Saint Germain vor, ein Aufgestiegener Meister. Germain predigte dann tagelang über Liebe und Licht, während er mit Guy durch Zeit und Raum flog, damit der seine früheren Leben sowie Minen voller Schätze sah. Saint Germain führte Guy auch tief in den Mount Shasta, wo er die legendären Wunder aus Lemuria sah, und stellte ihn auch einem oder zwei Venusianern vor. Guy trieb sich auch mit einem Panther rum, der bei diesen Besuchen zu seinem Gefährten wurde. Germain überraschte Guy mit der Aussage, dass er selbst, seine Frau und sein Sohn Don auch alle zum Club der Aufgestiegenen Meister gehörten. Oder jedenfalls gehören würden, sobald ihre Zeit zum Aufstieg gekommen war.

Vieles von dem, was Guy erlebt haben will und worüber er in *Unveiled Mysteries* (wie auch in späteren Büchern) schrieb, war nicht auf seinem Mist gewachsen. Er und Edna waren begeisterte Theosophen, eine religiöse Bewegung, die Ende des 19. Jahrhunderts von der russischen Mystikerin Helena Blavatsky in Amerika begründet wurde. Zu ihren Überzeugungen gehörten auch transzendierte menschliche Meister, die Menschen halfen, sich durch Reinkarnation zu reinigen, bis sie auf eine höhere, erleuchtetere Ebene der Existenz aufsteigen konnten. Sie war es sogar, die Saint Germain zur Bruderschaft weihte. Vor Blavatsky war Saint Germain der Geschichtsschreibung als ein exzentrischer Europäer des 18. Jahrhunderts bekannt, dessen wahrer Name und Ursprung nie herauskamen (obwohl er sich, neben anderen Titeln, Graf nannte). Im Grunde wanderte er über den Kontinent, behauptete wilde Sachen und machte Musik. Ein Brief des englischen Schriftstellers Horace Walpole, der sein Zeitgenosse war, beschrieb ihn wie folgt: »Er singt, spielt wunderbar Geige, komponiert, ist verrückt und nicht sehr vernünftig. Es heißt, er sei Italiener, Spanier, Pole, jemand, der in Mexiko ein großes Vermögen erheiratet hat und dann mit den Juwelen der Gattin nach Konstantinopel geflohen ist, ein Priester, ein Fiedler, ein großer Adeliger.« Graf Saint Germain behauptete auch, 500 Jahre alt zu sein, weswegen Blavatsky ihn wohl für einen Meister hielt.

Zurück zu Guy Ballard. Nachdem der Graf ihm vorhergesagt hatte, dass er zu den Aufgestiegenen Meistern am Mount Shasta gehören würde, war Guy bereit, seine eigene religiöse Bewegung zu gründen. Also zogen er und seine Familie zu einem der besten Orte der Welt, um das zu tun: Los Angeles. Dort gründeten sie I AM (manchmal auch die I-AM-Bewegung oder I-AM-Aktivität oder I-AM-Präsenz oder Mighty I AM genannt). Der Name bezog sich auf Exodus 3,14, wo Gott Moses anweist, die Israeliten aus Ägypten zu führen. Moses fragt Gott nach seinem Namen, damit er den Israeliten sagen kann, wer ihn gesandt hat, und Gott antwortet: »ICH BIN, DER ICH BIN« (Auf Englisch »I AM THAT I AM« oder »I AM WHO I AM«). Der Name von Ballards Gruppe kann auch als Abkürzung für Aufgestiegener Meister gelesen werden, oder sogar für Accredited Messenger (Anerkannter Bote), wie sich die Ballards selbst nannten, da sie ja eigentlich noch nicht aufgestiegen waren. Sie gründeten auch die Saint Germain Foundation and Press, die Bücher wie das bereits erwähnte *Unveiled Mysteries* druckte und verbreitete, ebenso den Folgeband *The Magic Presence* und eine Reihe mit von verschiedenen Aufgestiegenen Meistern diktierten Texten. Guy schrieb unter dem Pseudonym Godfre Ray King und Edna als Lotus Ray King. Und dann gingen sie auf eine landesweite Vortragsreise.

Ballards Erzählungen von persönlichem Wachstum, Wunderheilung und Reichtum (bei seiner Initiation hat er erfahren, dass eine seiner Aufgaben sei, die Reichtümer, die Saint Germain ihm gezeigt hatte, zu verteilen) wurden von vielen sehr gut aufgenommen. Es war die Zeit der Weltwirtschaftskrise, die Menschen sehnten sich nach Hoffnung und Flucht, und Versprechen auf Heilung und Reichtum waren sehr verlockend. Die Ballards sagten ihren Anhängern, sie sollten Drogen, Alkohol, Zigaretten, Sex und Haustiere sein lassen. Sie sagten ihnen, sie sollten Zwiebeln und Knoblauch meiden, weil die Aufgestiegenen Meister den Geruch anscheinend nicht mochten. Sie spielten auch stark den amerikanischen Patriotismus aus, da die Aufgestiegenen Meister den Ballards anscheinend erzählt hatten, dass die Vereinigten Staaten eine Schlüsselstellung bei ihren Plänen für die weltweite Erleuchtung einnahmen. Auf ihr Geheiß skandierten ihre Anhänger »decrees« (Gebote oder Anordnungen), um ihre Wünsche zu manifestieren, indem sie aktiv die I-AM-Präsenz in sich abriefen und steuerten, vielleicht mithilfe der Aufgestiegenen Meister. Laut der Website des europäischen Zweigs von I AM ist ein Gebet eine hoffnungsvolle Bitte an Gott, aber Gebote gelten als aktiver.

Außerdem verkauften sie Merchandises. Viele Merchandises. Neben all den Büchern hatten sie I-AM-Anstecker und -Ringe im Angebot, Schallplatten mit Predigten und Ednas Harfensoli, Bilder der Aufgestiegenen Meister und laut einem Artikel in der *Los Angeles Times* sogar Cold Cream. Sie verkauften auch ein Elektrogerät mit bunten Lichtern darauf, das sie »Flamme in Aktion« nannten. Es war eine Meditationshilfe und ein Gerät zur Heilung. Das Einzige, wofür sie kein Geld nahmen, waren die Vorträge selbst – jedenfalls zuerst. Irgendwann konnten die Ballards der Versuchung nicht mehr widerstehen und akzeptierten von ihren Anhängern »Liebesgaben«, wie sie es nannten. Sie gingen sogar so weit, dass sie bei ihren

Vorträgen Umschläge für die Liebesgaben bereitlegten. Laut einem *Time*-Artikel von 1938, der einen Augenzeugenbericht von einem I-AM-Treffen enthielt (bei dem die Ballards in einer cremeweißen Limousine mit einer riesigen Harfe am Heck vorfuhren), sagten die Ballards, dass sie diese Gaben erlaubten, weil sie »ihren Anhängern nicht mehr das Recht, sich zu beteiligen, verwehren wollten«.

Die Bewegung wuchs. I AM hatte Lese- und Hörsäle in Städten in ganz Kalifornien sowie in Florida, Washington, Illinois und Pennsylvania. Nach einigen Berichten hatten sie 1938 bis zu einer Million Mitglieder, andere sprechen von 400 000 oder 700 000. Ein Artikel der International Cultic Studies Association von 2003 schätzte sie etwas konservativer auf irgendwas zwischen 10 000 und 50 000. Diese Diskrepanz spiegelt die Schwierigkeit wider, genau zu wissen, wer offizielles Mitglied von I AM war, weil viele Nicht-Gläubige zu ihren Treffen kamen, sich in den Verteiler eintrugen und vermutlich auch ihre Cold Cream kauften.

So oder so war I AM eine höchst erfolgreiche Unternehmung – bis 1939, als Guy einen höchst ungünstigen Zeitpunkt wählte, um aufzusteigen. Er starb im Alter von 61 Jahren an Komplikationen einer Herzkrankheit und einer Leberzirrhose. Abgesehen von der ganz praktischen Wirkung, die der Verlust eines Anführers für die Bewegung bedeutete, fand sie sich auch in einer unangenehmen Lage wieder – denn Guy sollte nicht sterben, er sollte aufsteigen wie Jesus bei der Himmelfahrt. Doch Edna und Don, der jetzt den Platz seines Vaters im Familienunternehmen einnahm, passten ihre Theologie an und verkündeten, dass der physische Tod Teil des Aufstiegsprozesses sein könne.

Viele ihrer Anhänger kauften es ihnen nicht ab und erzählten von nicht erfüllten Versprechen der Heilung und des Reichtums. Denn die Ballards behaupteten oft, dass sie über Geheimwissen zu verborgenen Gold- und Juwelenschätzen auf der ganzen Welt verfügten, das die Aufgestiegenen Meister mit ihnen geteilt hätten. Irgendwann verkauften die Ballards sogar Anteile an Seen, von denen sie behaupteten, sie seien voller Gold. Aber diese Investitionen zahlten sich nie aus. Und dann hatten sie es anscheinend auch nicht geschafft, einem blinden Senator das Augenlicht zurückzugeben. In einem anderen Fall spendete eine 75-jährige Frau all ihren irdischen Besitz an I AM gegen das Versprechen, dass man sich in diesem und im nächsten Leben um sie kümmern würde. Laut der *Los Angeles Times* lautete Ednas Antwort darauf: »Wir sind genauso wenig verpflichtet, das Geld zurückzugeben oder ihre Rechnungen zu bezahlen wie irgendein anderer Priester. Ich weiß, wie ich ihr ihre Bosheit zurückgeben kann. Hätte sie so viel Liebe und Segen in die Welt gebracht wie ich, würde sie sich jetzt nicht in dieser Lage befinden.«

Natürlich könnte Edna auch deswegen so gereizt reagiert haben, weil sie, ihr Sohn und acht Mitglieder des inneren Kreises gerade wegen achtzehn Fällen von Postbetrug aufgrund all ihrer Missionierungen und Spendensammelei vor Gericht standen. Der Prozess mit seinen mehrfachen Überprüfungen dauerte bis 1944 und endete mit einem Schuldspruch wegen Postbetrugs, weil sie von Anhängern drei Millionen Dollar eingesammelt hatten. Das Urteil hatte zunächst trotz einer Berufung beim Supreme Court Bestand, doch bei genauerer Betrachtung wurde es wegen eines Verfahrensfehlers fallen gelassen, weil das Gericht keine Frauen unter den Geschworenen zugelassen hatte. Doch I AM musste trotzdem eine Strafe zahlen und durfte die Post bis 1954 nicht mehr benutzen.

Edna, Don und die wenigen Anhänger, die noch übrig waren, machten mit I AM weiter. Edna stieg im Februar 1971 in Chicago auf. In einem Artikel der *McClatchy Newspapers* und einer AP-Mitteilung vom Juni desselben Jahres hieß es über ihren Tod: »Er wurde nicht öffentlich gemacht, weil die Bewegung nicht an den Tod glaubt.«

Die Bewegung I AM gibt es immer noch. Laut ihrer Website saintgermainfoundation.org unterhält I AM ein Netzwerk aus Hunderten Tempeln und Kultstätten in der ganzen Welt. Der interessanteste Ort, um die Gruppe zu sehen, ist wahrscheinlich der Mount Shasta, wo sie jedes Jahr Festspiele abhält. Sollten Sie hingehen, grüßen Sie Saint Germain.

NXIVM

Ein Selbsthilfe-Guru und seine Starlet-Sexsklaven

Selbsthilfe ist eigentlich ein falscher Begriff, da diejenigen immer auf jemand anders für diese Hilfe vertrauen, ob sie nun online, in einem Buch oder persönlich nach Ratschlägen suchen. Leider sind viele dieser Selbsthilfe-Gurus mehr an den Bankkonten der Leute interessiert als an deren innerer Reifung. Und das plus sexuellem Missbrauch war der Modus Operandi von Keith Raniere, Anführer von NXIVM (gesprochen NEX-ie-um).

Keith Raniere wurde 1960 in Brooklyn, New York, geboren. Seine Karriere bestand aus einer Reihe von Schneeball- oder Pyramidensystemen – diesen illegalen, hierarchischen Geschäftsmodellen, bei denen nur ein paar ganz oben an der Spitze der Pyramide profitieren, und zwar nur durch ständiges Anwerben, nicht weil ein wettbewerbsfähiges Produkt hergestellt und vermarktet wird. In den 1980ern arbeitete er für Amway, deren Multi-Level-Marketing-(MLM)-Geschäftsmodell einem Schneeballsystem sehr ähnlich ist, aber legal, weil theoretisch rechtmäßige Produkte verkauft werden. Während der 1990er begann Raniere mehrere eigene Schneeballsysteme. Sein erstes war Consumers' Buyline, das zusammenbrach, als der Staat New York ihn anklagte, weil er auf der falschen Seite der extrem dünnen Grenze zwischen Schneeball und MLM stand. Er verweigerte die Aussage und musste eine Strafe von 40 000 Dollar zahlen, schaffte aber nur, ungefähr ein Viertel davon zu berappen. Sein nächster Vorstoß in räuberische Geschäftspraktiken war sein National Health Network, das angeblich Vitamine vertrieb. Douglas Brooks, der sich als Anwalt auf Opfer von MLMs spezialisiert hat, sagte CNBC, dass diese Art von Geschäften »eine Reihe von Techniken anwenden, damit die Menschen unachtsam und unkritisch werden und es nicht mehr als ein Geschäft ansehen, sondern eine Möglichkeit, sich ihre Träume zu erfüllen«. Womit klar wird, warum MLMs und Schneeballsysteme einen ausgezeichneten Bauplan für sektenähnlichen Raub bilden.

Raniere brachte seine Betrügereien auf das nächste Level, als er Nancy Salzman kennenlernte. Salzman war eine Ex-Krankenschwester und Therapeutin, die sich in Raniere verliebte. Sie brachten sein Wissen über Schneeballsysteme und ihres über Therapiepraktiken zusammen, um 1998 NXIVM zu gründen. Der Name soll sich auf ein antikes römisches System der Schuldknechtschaft namens nexum beziehen oder aber einfach nur wie »next millennium« klingen. Das Hauptquartier von NXIVM lag in Clifton Park, New York, direkt bei Albany. Raniere verpasste sich selbst den Namen »Vanguard«, nach einem Videospiel, und Salzman wurde der »Präfekt« der Organisation. Das Hauptprodukt von NXIVM waren seine Executive Success Programs (ESP) für Führungskräfte in Unternehmen. Diese sind besonders anfällig für Selbsthilfeprogramme, wegen des hohen Drucks und der großen Verantwortung, die ihre Stelle mit sich bringt, außerdem haben sie persönlich oder auch ihre Unternehmen oft genug Geld, das sie in Fort- und Weiterbildung investieren können.

Das Programm selbst war ein Mischmasch aus Ideologien und Ideen, darunter Scientology, Ayn Rands Werke, Human Potential Development Movement, neurolinguistisches Programmieren und EMDR. Laut *Forbes* beschrieb Salzman Ranieres Programm in einer Broschüre wie folgt: »Seit der Erfindung der Schrift gibt es wahrscheinlich keine Entdeckung, die für die Menschheit so wichtig ist wie Mr. Ranieres Technologie.« *Technologie* war der Begriff, den Raniere für sein System aus recycelten Ideen benutzte. Er versuchte sogar, sein Programm patentieren zu lassen. Vergeblich.

Das Anwerben für ESP lief großartig, nicht nur in reinen Zahlen (laut neuesten Schätzungen nahmen ungefähr 16 000 Menschen an NXIVM-Seminaren teil), sondern auch was das Kaliber der Leute anging, die von einer Teilnahme an den Seminaren oder sogar von einer Mitgliedschaft überzeugt werden konnten, darunter Hollywood-Schauspielerinnen, milliardenschwere Geschäftsmänner und ihre Nachkommen sowie eine Politikerfamilie aus Mexiko. Ein Mitbegründer von BET nahm einmal an einem Seminar teil, ebenso wie ein ehemaliger Generalstabsarzt der USA und verschiedene Fortune-500-Vorstandsvorsitzende.

Trotz des Erfolgs des Programms und seiner Fassade der Business-Selbsthilfe wurde einigen schnell klar, dass Raniere tatsächlich eine Sekte aufbaute. Weniger als fünf Jahre nach der Gründung von NXIVM veröffentlichte *Forbes* einen Artikel, in dem es hieß: »Kritiker sagen, dass er ein sektenartiges Programm leitet, das darauf abzielt, die Teilnehmer psychologisch zu brechen, sie von ihren Familien zu trennen und sie in eine wirre Welt aus messianischen Anmaßungen, einer eigenständigen Sprache und rituellen Praktiken hineinzuziehen.« Viele der Merkmale einer Sekte waren von Anfang an präsent – zum Beispiel die Erhöhung des Anführers. Raniere wurde als Wunderkind bezeichnet, als Weltrekordhalter des höchsten IQs und als ethischster Mann der Welt gefeiert. (Auch wenn es etwas seltsam wirkt, wenn jemand, der angeblich so begabt ist, sein Leben Schneeballsystemen widmet.)

Außerdem waren die Programme weniger wie Kurse, um die eigene Karriere und das eigene Leben zu verbessern, sondern mehr wie eine Initiation und Indoktrination. Teilnehmer rezitierten den Zwölf-Punkte-Anwerbeplan von ESP, der Aussagen enthielt wie »Ich verpflichte mich, Menschen über die ESP und ihre Mission zu informieren und sie dafür zu gewinnen und die Welt zu einem besseren Ort zu machen« oder »Eine Bedingung, wenn man bei ESP akzeptiert wurde, ist, alle Informationen vertraulich zu behandeln. Wenn ich dagegen verstoße, breche ich ein Versprechen und meinen Vertrag, aber viel wichtiger, ich kompromittiere meine eigene Aufrichtigkeit und Integrität.«. Mitglieder trugen bunte Schärpen, um zu zeigen, welchen Rang sie innerhalb der Organisation erreicht hatten. Es gab einen besonderen Handschlag und eine besondere Art, sich vor den Anführern zu verbeugen. Und natürlich mussten alle eine Verschwiegenheitserklärung unterzeichnen. Es gab keine Obergrenze, wie viel Geld sie für aufeinander aufbauende Kurse ausgeben sollten.

Die Methode von NXIVM war besonders heimtückisch. Raniere praktizierte etwas, das er »Erforschung von Bedeutung« nannte. Dabei zwang er Teilnehmer dazu, vor der gesamten Gruppe ihre vergangenen Traumata offenzulegen. Angeblich sollten sie dadurch erkennen, wie diese alten Wunden ihre aktuelle mentale Entwicklung beeinflussten. Auf gewisse Weise war es sogar ein legitimes psychologisches Vorhaben, allerdings werden solche Methoden normalerweise unter vier Augen zwischen einem Patienten und einem zugelassenen Therapeuten eingesetzt und nicht vor einer ganzen Gruppe und als Teil eines Seminars. Die Therapeutin Kelly Scott sagte *Business Insider*, dass bei NXIVM eine »Fetischisierung der Verletzlichkeit« herrschen würde, und korrigierte es dann schnell zu »Fetischisierung der Ausbeutung«. Toni Natalie, die lange vor NXIVM mit Raniere zusammen gewesen war, erklärte ihn im *Rolling Stone* so: »Keith hat die Fähigkeit, sofort deine Schwachpunkte und Unsicherheiten zu erkennen. Und dann nimmt er diese Unsicherheit und redet dir ein, er würde dir damit helfen. Doch es ist nur etwas, das er nutzt, um dich als Geisel zu halten.«

Doch der *Forbes*-Artikel hatte keinerlei Auswirkungen. 2012 übernahm die *Albany Times Union* und veröffentlichte eine gründliche Untersuchung von NXIVM, in der der Sektenexperte Rick Ross sagte: »NXIVM ist eine der extremsten Gruppen, mit der ich jemals zu tun hatte, weil sie extrem eng um den Anführer gebaut ist.« Es gab immer mehr schlechte Presse, aber nichts davon traf NXIVM wirklich, bis 2017, als die *New York Times* die Gruppe näher untersuchte. Und das tat sie nur, weil es jetzt nicht mehr um einen charismatischen Anführer ging, der reiche Manager reinlegte, sondern um eine Sekte für Sexhandel.

2015 baute Raniere innerhalb von NXIVM eine DOS genannte Gruppe auf. Es war nicht ungewöhnlich, dass er kleinere Gruppen innerhalb der Sekte gründete. Es gab bereits

Jness, eine Gruppe für Frauen, die sich für andere Frauen stark machte, und die Society of Protectors, die dasselbe für Männer tat. Doch DOS unterschied sich drastisch von diesen beiden Organisationen. Das Akronym stand für *Dominus Obsequious Sororium*, angeblich eine lateinische Wendung, die etwas wie »gehorsame Frauen beherrschen« heißen sollte – mit einer Silbe mehr oder weniger.

Für diese Gruppe wurden Frauen unter dem Deckmantel des weiblichen Empowerments angeworben. Die kanadische Schauspielerin Sarah Edmondson, die DOS-Mitglied wurde und dann das erste Mitglied war, das sie an den Pranger stellte, beschrieb CNBC 2021, wie ihre Anwerberin ihr die Gruppe verkaufte: »Sie sagte mir, es sei eine internationale Frauengruppe, die komplett im Untergrund blieb, eine Gruppe von Frauen, die für das Gute in der Welt zusammenarbeiteten. Ich hatte das Gefühl, dass ich die Menschen getroffen hatte, mit denen ich die Welt verändern würde.« Für Edmondson und viele wie sie ging die Anziehungskraft von NXIVM weit über die Überzeugungskraft eines charismatischen Anführers hinaus. NXIVM bedeutete für sie idealistische Menschen, mit denen man für eine Verbesserung sowohl des Einzelnen als auch der Gesellschaft arbeiten könnte. Keith Raniere konnte diese guten Absichten ausbeuten, weil Menschen sich mehr für ein Ideal engagieren als für eine einzelne Person, inklusive sie selbst oder ihres Sektenführers.

Edmondson und ungefähr 150 weitere Mitglieder mussten entdecken, dass der wahre Zweck von DOS war, sie dazu zu zwingen, Ranieres Sexsklaven zu werden. Als Initiation wurden sie gebrandmarkt. Jedes Mitglied wurde nackt auf einen Tisch gedrückt, während ihm Ranieres Initialen auf die Hüfte eingebrannt wurden. Währenddessen mussten sie wiederholen: »Bitte brandmarke mich. Es wäre mir eine Ehre. Eine Ehre, die ich für den Rest meines Lebens tragen möchte.« Manchmal gehörten auch die Initialen des offiziellen Gesichts von DOS zur Brandmarke, Allison Mack, eine Schauspielerin, die es in der lange laufenden und von Superman inspirierten Fernsehserie *Smallville* zu etwas Bekanntheit gebracht hatte.

Die Frauen von DOS wurden unter Druck gesetzt, um kompromittierendes Material über sich selbst zu liefern, darunter Nacktvideos und unterschriebene Aussagen, die fälschlich behaupteten, sie seien von Familienmitgliedern sexuell missbraucht worden. Sie wurden gezwungen, sich nackt zu versammeln, während Raniere vor ihnen predigte. Er hatte Sex mit ihnen und überredete sie zu Abtreibungen, wenn sie schwanger wurden. Raniere erklärte den Frauen, dass Sex mit ihm sie von sexuellen Traumata befreien würde, überredete sie zu Gruppensex und bestand auf der mystischen Vorstellung, dass diejenigen, die sein Sperma schluckten, ein magisches blaues Licht sehen würden. Wenn sie nicht so auf ihn reagierten, wie es ihm gefiel, wurden die Frauen mit einem Lederriemen ausgepeitscht oder gezwungen, barfuß im Schnee zu stehen. Eine Mexikanerin wurde zwei Jahre lang in einem Haus gefangen gehalten, mit der Drohung, ansonsten abgeschoben zu werden. Manche der Frauen, die angeworben wurden, um Raniere zu dienen, waren keine Frauen, sondern Mädchen, gerade mal fünfzehn Jahre alt.

Diese anzüglichen Details und ihre Verbindung zu Hollywood-Schauspielerinnen weckten schließlich die Aufmerksamkeit der Medien, der Öffentlichkeit und der Polizei. 2018 lockte die Polizei Raniere, der sich seit dem *New York Times*-

Artikel in einem Haus in Mexiko versteckte, in einen Hinterhalt. Raniere und fünf Frauen aus der Leitung der Organisation wurden wegen genug Verbrechen angeklagt, um einen Mafiaboss zu schockieren: Visabetrug, organisierte Kriminalität, Identitätsdiebstahl, Einwanderungsbetrug, Erpressung, Zwangsarbeit, Menschenhandel, Geldwäsche, Überweisungsbetrug, Behinderung der Justiz, Besitz von Kinderpornografie und sexueller Kindesmissbrauch.

Salzman, Präfekt der Gruppe, wurde zu 42 Monaten Gefängnis verurteilt. Bei der Urteilsverkündung sagte Salzman dem Gericht: »Es hat Zeit und Seelenerforschung gebraucht, um hierherzukommen. Ich akzeptiere, dass manches, was ich getan habe, nicht nur falsch, sondern auch kriminell war.« Ihre Tochter, Lauren Salzman, die auch eine von Ranieres Geliebten war, erhielt fünf Jahre auf Bewährung und Sozialdienst. Clare Bronfman, eine Erbin des Spirituosenherstellers Seagram, die zusammen mit ihrer Schwester Sara NXIVM mitfinanziert hatte, bekam 81 Monate. Kathy Russell, die Buchhalterin von NXIVM, erhielt zwei Jahre auf Bewährung und Sozialdienst. Allison Mack wurde zu drei Jahren Gefängnis verurteilt. All diese Frauen, außer Bronfman, sagten gegen Raniere aus. Bronfman sagte dem Richter, dass Keith Raniere und NXIVM »ihr Leben zum Besseren verändert haben«.

Keith Raniere, der Vanguard höchstpersönlich, erhielt 120 Jahre, nachdem die Geschworenen sich nicht mal einen halben Tag beraten hatten. Er taucht immer mal wieder in den Nachrichten auf, wenn er eine Wiederaufnahme des Verfahrens verlangt. Und er hat immer noch Anhänger – ausschließlich Frauen. Sie protestierten nach seiner Verurteilung vor dem Gefängnis, und im März 2023 ist aufgeflogen, dass er einigen dieser Loyalen Nachrichten zukommen ließ, darunter Clare Bronfman und Nicki Clyne, eine Schauspielerin, die am bekanntesten für ihre Rolle in der Serie *Battlestar Galactica* ist und früher mit Allison Mack verheiratet war.

Es handelte sich um Promis, Schauspielerinnen, erfolgreiche Geschäftsleute. Menschen mit Ehrgeiz. Menschen, die wahrscheinlich niemals Mitglied einer UFO- oder Endzeitsekte würden. Und doch wurden sie Sektenmitglieder. Niemand kann sich sicher sein.

Ho No Hana Sanpogyo

Ein Fetisch für Füße und Finanzen

Wir befinden uns im Jahr 1996, und US-Präsident Bill Clinton bereitete sich auf seine zweite Amtszeit vor. Er machte Wahlkampf, schmeichelte Spendern und polierte seine politische Bilanz. Im Mai befand sich der Präsident im Sheraton Carlton Hotel in Washington, D.C., beim Democratic National Committee (DNC) zum Spendensammeln. Irgendwann wurde er in einen privaten Raum geführt, wo ihm zwei Männer rasch den »Mahatma Gandhi World Peace Award« überreichten. Die beiden Männer waren Yogesh Gandhi – der behauptete, ein entfernter Verwandter von Mahatma zu sein – und Hogen Fukunaga. Um diesen Moment zu ermöglichen, hatten sie bei diesem 5000-Dollar-pro-Kopf-Event 325 000 Dollar gespendet. Als sie ihm den Preis übergaben (eine Büste von Gandhi plus 100 000 Dollar in bar), schüttelte Fukunaga dem Präsidenten die Hand. Clinton hatte natürlich keine Ahnung, wie viele Tausend Füße diese Hand schon berührt hatte. Aber Fukunaga war kein Podologe oder Schuhverkäufer. Er war ein Fußleser, ein Betrüger und ein Sektenführer.

Hogen Fukunaga wurde 1945 im japanischen Yamaguchi als Teruyoshi Fukunaga geboren. Sein Vater ist schon vor seiner Geburt im Zweiten Weltkrieg gefallen. Fukunaga wuchs in Tokio auf, wurde Elektroingenieur und eröffnete 1976 ein Geschäft für elektrische Massagegeräte. Es lief drei Jahre lang gut, doch 1979 war es bankrott, also wechselte er die Karriere … und wurde zum Retter der Menschheit. Fukunaga behauptete, der letzte Messias nach Jesus Christus und Buddha zu sein, und begann den Befehlen einer »Himmelsstimme«, die nur er hören konnte, zu gehorchen. Laut Fukunaga versuchte er gerade, sich das Leben zu nehmen, als er diese Stimme hörte. Sie rettete ihn und bereitete ihn darauf vor, das Amt des Messias zu übernehmen.

Doch das neue Betätigungsfeld, das Fukunaga sich da ausgesucht hatte, war schon überfüllt. Jeder Sektenführer und dessen Mutter (und in den 1980er Jahren gab es viele Sektenführer in Japan) behaupteten exakt dasselbe. Aber Fukunaga fand eine Möglichkeit, seine Version der Wunder und Prophezeiungen abzusetzen. Wenn Buddha aus seinen Fußabdrücken Ikonen machen konnte und Christus mit großem Bohei Füße wusch, dann könnte Fukunaga den Leuten die Zukunft aus den Füßen lesen.

1987 gründete er eine Gruppe namens Ho No Hana Sanpogyo, was sich als »Weg der Blume/Drei Lehren« oder »Blume des Gesetzes und die drei Gesetzespraktiken« übersetzen lässt. Die Sekte wurde in der Stadt Fuji, am berühmten Berg, offiziell als Religion registriert und richtete dort ihr Hauptquartier ein, das Fukunaga Tensei-mura (»Himmelsstimmendorf«) nannte.

Fukunaga veröffentlichte auch Bücher über seine neue Religion. Er schrieb über hundert, die meisten seiner Ideen klaute er von anderen Religionen oder Bewegungen. Eins der Bücher hieß »Wie kannst du dich Mensch nennen, wenn du keine 5,5 Milliarden Yen gespart hast?« Seine Hauptlehre war, dass Energie vom

Kopf durch das Rückgrat nach unten fließt und dass Blockaden mentale, physische und situative Krankheiten auslösen. Seine Lösung für die unterbrochene Energie war vage, aber von den Medien oft als »den Geist ausschalten« übersetzt. Später stellte sich heraus, dass all diese Bücher, wie ja auch die Bibel selbst, von Ghostwritern geschrieben waren. Vor allem behauptete Fukunaga, dass er die Vergangenheit und Zukunft sowie auch Krankheitsdiagnosen der Menschen in ihren Füßen lesen konnte. Er behauptete, dass kurze Zehen eine kurze Zündschnur bedeuteten und dicke Zehen für eine gute Zukunft standen. Wenn ein Zeh einen Fleck hatte, konnte er sagen, bei welchem Familienmitglied das Problem seinen Ursprung hatte, je nachdem welcher Zeh betroffen war. Er glaubte, er könnte den Tod eines Menschen durch Krebs oder AIDS vorhersagen, indem er sich einfach die Mängel an seinem Fuß anschaute. Er konnte sehen, ob die Person bald Schulden oder Gewinne machen würde und ob der Besitzer des Fußes oder seine Kinder Selbstmord begehen würden.

Diese Wahrsagereien waren keine lockeren, entspannten Übungen. Es ging bei ihnen um Leben und Tod. Er sagte seinen Anhängern, dass sie sterben würden, wenn sie sich nicht aus den Füßen lesen ließen, was für 960 Dollar wirklich ein Schnäppchen war. Die Fußvorhersagen waren praktisch alle verhängnisvoll und das aus gutem Grund: Egal, was denjenigen belastete, die Lösung war immer ein Ho-No-Hana-Sanpogyo-Seminar. Und der Leidende oder zukünftig Leidende musste schnell handeln. In vielen Fällen wurde den Leuten erzählt, dass ihr Fall hoffnungslos sei, wenn sie nicht sofort ein Seminar belegten.

Diese Seminare kosteten mindestens 24 000 Dollar und konnten bis zu fünf Tage dauern. Teilnehmer durften weder essen noch schlafen, sie mussten trainieren und singen, durften aber weder miteinander, noch mit jemandem außerhalb des Seminars sprechen. Am Ende, wenn sie erschöpft und übernächtigt waren, wurden sie dazu gebracht, heilige Gegenstände zu kaufen, um ihre Behandlung zu vollenden, darunter religiöse Schriftrollen oder angebliche Prisen von Buddhas Asche.

In einem Artikel im *Independent* von 2000 sagte das Sektenmitglied Kenji Sakurai, er sei auf den Rat eines Freundes ins Ho-No-Hana-Sanpogyo-Zentrum in Tokio gegangen. »Ich zog meine Strümpfe aus, und sie betrachteten meine Füße und fingen an zu reden«, erzählte er der Zeitung. »Zuerst habe ich nicht hundert Prozent daran geglaubt.« Aber dann lasen sie sein Schicksal mit erstaunlicher Genauigkeit. Die Fußuntersuchung war kurz – ungefähr zehn Minuten –, aber bot mehr Informationen als eine ganze Serie MRTs. Sie erkannten richtig, dass Sakurai an Bauchweh litt, seine Augen schlechter wurden und ein Verwandter von ihm Selbstmord begangen hatte. Ihm wurde gesagt, dass er niemals glücklich verheiratet sein würde, was ihm korrekt vorkam, da er trotz vieler Bemühungen Single war. »Damals schien mir nichts zu gelingen, und ich erwartete schon, bei allem zu versagen«, meinte Sakurai. »Sie sagten mir, ›du hast großes Potenzial, aber du schöpfst es nicht aus‹. Eins nach dem anderen zählten sie all die Dinge auf, über die ich mir Sorgen machte. Ich konnte gar nicht anders, als ihnen Glauben zu schenken.« Die Fußleser sagten ihm, was er tun musste, um sein Leben in den Griff zu bekommen – der erste Schritt war, ihnen 20 000 Dollar zu schicken, was er sofort tat. Tatsächlich hatte sein Freund den Sektenführern Sakurais Situation vorher geschildert, und Sakurai selbst suchte nach irgendeinem Ausweg aus seiner aktuellen Malaise.

Während der nächsten zehn Jahre wurde Fukunagas religiöser Fußabdruck größer. Er versammelte 30 000 Anhänger um sich, eröffnete Zentren in verschiedenen Städten und bildete ein Kernteam von Anführern aus, die ebenfalls mit der Macht, Fersen, Sohlen und Zehen interpretieren zu können, ausgestattet waren, die Himmelsstimme konnte allerdings nur Fukunaga hören. Schätzungen gehen davon aus, dass die Sekte bis zu 820 Millionen Dollar verdiente, und Fukunaga zeigte seinen Reichtum. Er trug Anzüge für 5000 Dollar, und seine Frau gab bei monatlichen Shoppingtouren 7000 Dollar aus. Im bereits erwähnten *Independent*-Artikel wird er wie folgt beschrieben: »Mr. Fukunaga ist ein Meter neunzig groß, trägt teure Anzüge, seine Haare sind mit Gel nach hinten gekämmt. Fukunagas Erscheinung lässt an … die selbstbewusste Miene eines erfolgreichen Unternehmers denken.« Im Artikel wird auch angemerkt, dass eine solche Erscheinung in Japan extrem attraktiv ist, weil sich das Leben für viele Menschen dort um die Unternehmen dreht, für die sie arbeiten.

Um die Sekte bekannter zu machen, investierte Fukunaga große Summen, um Treffen mit weltweiten Berühmtheiten zu ermöglichen, darunter Mutter Teresa, der indische Guru Sai Baba, Michail Gorbatschow und Papst Johannes Paul II. Bei dem letzten Treffen brachte Fukunaga Seiner Heiligkeit zwei Ringe mit, einen streifte er selbst über und bat den Papst, den anderen zu tragen. Später, als ein Ho-No-Hana-Sanpogyo-Newsletter über die Zusammenkunft berichtete, wurde die Geschichte so verdreht, dass es hieß, der Papst habe die Ringe gekauft und Fukunaga gebeten, einen zu tragen, als Zeichen von »Solidarität im Bemühen um Weltfrieden«. Weiter ging es mit: »Unser Anführer hörte dann die Stimme Gottes sagen, dass der Geist von Jesu Christi Erlösung dem Ring innewohnt.«

Was das Treffen mit Bill Clinton anging, stellte sich heraus, dass Fukunaga bei dieser Preisverleihung nicht der einzige Betrüger war. Drei Jahre später wurde Yogesh Gandhi wegen Postbetrugs und Steuerhinterziehung verurteilt. Man stellte schnell fest, dass er gar nicht mit Gandhi verwandt war und dass Fukunaga den Mann und seine Stiftung regelmäßig finanziell unterstützte, um einen Fuß in die Tür zu Promis zu bekommen. Tatsächlich hatte auch Fukunaga selbst diesen Preis schon erhalten. Die Stiftung wurde kurz danach aufgelöst. Das DNC gab später die 325 000-Dollar-Spende zurück.

Die Methoden der Missionierung für Ho No Hana Sanpogyo waren intensiv, Fukunaga setzte hohe Anwerbeziele für seine Führungskaste, die ihnen, wenn sie sie erreichten, erlaubten, innerhalb der Organisation aufzusteigen. Sie suchten gezielt nach frisch geschiedenen oder trauernden Menschen, sprachen in Krankenhäusern Patienten und deren Familien an. Hidenori Kamai, ein Anwalt, dessen Rolle in dieser Geschichte gleich klar wird, sagte: »Es waren Menschen, die wegen Krebs operiert worden waren und Angst vor einem Rückfall hatten, Menschen, die Selbstmordgedanken hatten, Menschen, deren Kinder körperliche oder verhaltensbezogene Probleme hatten.« Anders gesagt, Menschen, die sich in einer Lage befanden, die sie extrem verletzlich machte und die deswegen die perfekte Beute für raubtierhafte Sektenanwerber waren. Die Anwerber überredeten sie zu einer Fußlesung und dann zu einem Seminar. Laut der japanischen *Daily Yomiuri* ermunterte Fukunaga seine Anhänger, alles zu tun, was nötig war, um die Menschen zu diesen Seminaren zu bringen, auch geradeheraus zu lügen.

Er wies sie an: »Ihr sollt eure ›Weisheit‹ einsetzen und Dinge sagen, auch wenn sie gar nicht wahr sind.« Fukunaga besuchte 1992 Nagasaki, ein Jahr nachdem bei einem Ausbruch des Fugen-dake-Vulkans im Unzen-Gebirge über vierzig Menschen umgekommen waren. Er sagte seinen Anhängern, sie sollten die Botschaft verbreiten, wenn 7000 Menschen ein ganzes Jahr lang seine Übungen abonnierten, würden die Vulkane in der Region nie mehr ausbrechen und wären keine Gefahr mehr.

Mitte der Neunzigerjahre bekamen die Mitglieder kalte Füße und verloren den Glauben an Fukunagas Methoden. Sie verlangten ihr Geld zurück. Mehr als 1000 verklagten Ho No Hana Sanpogyo und Fukunaga auf Schadenersatz in Höhe von insgesamt fünfzig Millionen Dollar. Nach vier Jahren andauernden Ermittlungen wurden zwei Dutzend Sektenmitgliedern einschließlich Fukunaga der Prozess gemacht und Entschädigungszahlungen angeordnet. Die Strafe folgte auf dem Fuße, 2005 wurde er zu zwölf Jahren verurteilt, ranghohe Sektenmitglieder erhielten ebenfalls Gefängnisstrafen.

Bei seinem Prozess behauptete Fukunaga, dass er des betrügerischen Fußlesens nicht schuldig sei. Laut Associated Press sagte er: »Ich habe nur den Himmelsstimmen gehorcht, aber ich erinnere mich nicht mehr, was sie mir gesagt haben.«

Kann man ein Gehirn tatsächlich waschen?

Wenn man über Sekten schreibt, kommt man um den Ausdruck Gehirnwäsche praktisch nicht herum. Aber ist Gehirnwäsche wirklich möglich? Sind Gehirne so formbar? Oder sind unsere Möglichkeiten, sie zu beeinflussen so mächtig?

Zum ersten Mal gesichert nachgewiesen wurde der Ausdruck Gehirnwäsche vom Journalisten und CIA-Agenten Edward Hunter im September 1950 benutzt. Er schrieb in der *Miami Daily News* über Mao Zedong und beschrieb die Fähigkeit dieses Regimes, antike chinesische Techniken zu nutzen, um Bürger auf fast übernatürliche Weise dazu zu bringen, gegen ihre eigenen Interessen zu handeln. Hunter übersetzte einen geläufigen Begriff, *xǐ nǎo*, der wortwörtlich »Gehirnwäsche« bedeutet, aber ein verbreiteter Euphemismus ist, der nichts mit Kontrolle des Geistes zu tun hat. Seine Schlagzeile schrie geradezu: »›Gehirnwäsche‹-Taktiken zwingen Chinesen in die kommunistische Partei«. Egal, wie übertrieben und ungenau sein Bericht gewesen sein mag, diese Vorstellung blieb im kollektiven Gedächtnis hängen.

Während des Koreakrieges wurde diese Vorstellung fester verankert, als amerikanische Kriegsgefangene Kriegsverbrechen gestanden, die sie nie begangen hatten. Bis zu 5000 Kriegsgefangene unterschrieben eine Petition, um den Krieg zu beenden. Manche verweigerten sogar die Rückkehr nach Hause. Niemand begriff, warum sich amerikanische

Soldaten gegen ihr eigenes Land wenden sollten. Als Reaktion darauf begann die amerikanische Regierung, Techniken der psychologischen Kriegsführung zu erforschen und zu testen, um sie in späteren Kriegen einzusetzen.

Aber fremde Mächte verfügten nicht über eine geheime Abkürzung zum Gehirn. Und im Fall der amerikanischen Kriegsgefangenen war die »Gehirnwäsche« schlicht Folter. Diese Aussagen und Entscheidungen waren unter extremem Zwang entstanden und spiegelten nicht die tatsächlichen Ansichten der Opfer wider.

Doch Menschen werden nicht durch Folter in Sekten gezwungen. Was ist also das Geheimnis der Sektenführer? Nun, es ist eigentlich keins. Die wahren Gründe, warum Menschen sich Sekten anschließen, sind viel profaner: Gruppendruck, Veranlagung, das Vertrauen in Familie und Freunde, sich in einer anfälligen Situation zu befinden und mehr. All das kann eine charismatische Persönlichkeit, die zur richtigen Zeit am richtigen Ort ist, ausnutzen. Das bedeutet, dass es eine vollkommen rationale Handlung ist, Mitglied einer Sekte zu werden. Man glaubt leicht, dass man selbst zu stark für eine Gehirnwäsche ist, die andere erlitten haben, aber die Realität – dass keine Gehirnwäsche nötig ist – ist vielleicht sogar noch erschreckender als Bewusstseinskontrolle.

Rebecca Moore, Professorin der Religionswissenschaft an der San Diego State University, die beim Jonestown-Massaker zwei Schwestern und einen Neffen verloren hat, schrieb 2018 in einem *Conversation*-Artikel, dass die Vorstellung der Gehirnwäsche »wissenschaftlich fundierte Erklärungen für menschliches Verhalten ignoriert und Menschen entmenschlicht, indem man ihnen ihren freien Willen abspricht«. Noch aufschlussreicher schreibt sie: »Wir sagen nur dann, dass jemand gehirngewaschen wurde, wenn wir mit seinen Überzeugungen oder Handlungen nicht einverstanden sind.« Außerdem ist Gehirnwäsche weder in der modernen Medizin noch in der Rechtswissenschaft oder Psychologie als ein Zustand anerkannt. All das sind überzeugende Gründe, den Ausdruck nicht zu verwenden. Im Übrigen sind Gehirne ausschließlich trocken zu reinigen.

Planetary Activation Organization

Sci-Fi-Spiritualität

Sheldan Nidle lebte in einer anderen Realität als der Rest von uns. Während der späten Neunziger, als wir gerade in einer Welt nach *Seinfeld* aufwachten, einen präsidialen Sexskandal bestaunten und den Tod des Grunges beweinten, füllte Nidle das gerade entstehende Internet mit Geschichten von außerirdischen Massenbesuchen und der Verwandlung der menschlichen Rasse in fünfdimensionale, superentwickelte Wesen. Er nannte seine Initiative das Ground Crew Project (GCP). Das Merkwürdigste am GCP war jedoch nicht die Vorhersage einer Flotte von Raumschiffen oder die extradimensionale Erweiterung des gesamten menschlichen Bewusstseins. Schließlich sind außerirdisches Eingreifen und Apokalypsen in Sekten so häufig wie Messiaskomplexe und Kommunen. Das Ungewöhnliche war und ist, dass das GCP eine fast vollständig virtuelle Sekte ist.

Nidle wurde 1946 in New York City geboren. Er studierte an der Ohio University und an der University of Southern California, danach ließ er sich in Kalifornien nieder. Und das war es dann auch mit Fakten zu seiner Biografie – denn Nidle behauptet, dass er direkt nach der Geburt von Außerirdischen von einem Planeten namens Sirius besucht wurde, ein bisschen wie bei den Heiligen Drei Königen. Diese Wesen kommunizierten telepathisch mit ihm, landeten mit ihren Raumschiffen in seinem Garten und nahmen ihn auf Flüge durchs All mit. Und all das, bevor er vierzehn war.

Im Laufe seines Lebens schickten die Aliens Nidle weiterhin Botschaften, und zwar durch ein Implantat in seinem Körper, und erzählten ihm all die Geheimnisse des Planeten und des Kosmos. Er erfuhr, dass Menschen Teil eines göttlichen/außerirdischen Experiments seien. (In seiner Mythologie scheinen das Göttliche und das Außerirdische einander zu entsprechen, obwohl Engel und Aliens darin unterschiedliche Wesen sind.) Der Schöpfer hat den Planeten – der ein fühlendes Wesen ist – mit, wie Nidle es nannte, »langsamen Seelen« bevölkert, in der Hoffnung, dass sie ihre Grenzen überwinden würden, um ihren Platz unter den anderen entwickelten Völkern des Universums zu finden und so Mitglied der Galactic Federation of Light zu werden. Das GCP waren die erdgebundenen Mitglieder, die die Aufgabe hatten, der Menschheit dabei zu helfen, zu dem Punkt zu transzendieren, an dem sie wieder in der Galaktischen Föderation aufgenommen werden können (daher der Begriff »Ground Crew«, also Bodenmannschaft, im Namen).

1996 erfuhr die Welt von GCP, weil Nidle begann, im aufkommenden Internet darüber zu schreiben. Seine Website empfing Besucher mit Aussagen wie: »Du bist dabei, die größte Reise deines Lebens anzutreten. Du und der Rest des Lebens auf dem Planeten Erde werdet das Aufkommen von planetarem Bewusstsein erleben.«

Aber seine GCP-Website war nicht nur zur reinen Information da, sondern hatte auch eine dringende Botschaft. Nidle sagte vorher, dass das Experiment der »langsamen Seele« am 17. Dezember 1996 enden würde. Er behauptete, dass der Planet an diesem Tag etwas, das er einen »Photonengürtel« nannte, durchqueren würde, den er als eine »extreme Liebesenergie« aus Photonen, Gammastrahlen und Antimaterieteilchen, die nur alle 25 000 Jahre entstehe, beschrieb. Dieses Liebeslicht aus dem Weltall würde auf unsere Zirbeldrüse treffen und zu einer spontanen Evolution der Menschen führen. Unsere dreidimensionalen Formen würden sich auf fünf Dimensionen ausdehnen. Unsere DNA würde sich von bloß zwei Strängen auf zwölf vergrößern. Wir würden nicht mehr altern oder krank werden. Blinde könnten sehen. Wir würden telepathisch. Wir könnten Dinge allein durch die Kraft unserer Gedanken manifestieren. Die Menschheit würde das Universum endlich sehen, wie es wirklich ist.

Laut Nidle würde uns der Photonengürtel zwar zu Supermenschen machen, aber gleichzeitig unsere Städte, Maschinen und Waffen zerstören. Um uns zu helfen, die Zerstörung zu überleben, würde die Galaktische Föderation gut 15,5 Millionen Raumschiffe zur Erde schicken. Diese Schiffe sollten die Menschheit vor der planetaren Apokalypse schützen, indem sie die Menschen entweder an Bord oder in holografischen Matrizes, die ihre Leben spiegelten, behielten. Ein paar Mitglieder der Galaktischen Föderation würden auch unterirdische Schutzräume bauen.

Es ist unmöglich zu schätzen, wie viele Follower Nidle in den frühen Jahren hatte, aber das beste Maß wären wohl Klicks gewesen, nicht echtes Engagement, und die Klickzahlen behielt er für sich. Es gibt keinerlei Berichte von Treffen in der realen Welt. Nidle blieb dabei, wöchentliche Updates über die bevorstehende globale Transformation zu posten.

Natürlich kam der große Tag und verging, ohne dass eine Zirbeldrüse irgendwo zuckte. Das war kein Problem – Nidle verschob die Transformation einfach aufs nächste Jahr. Währenddessen erschuf er eine Mythologie der galaktischen Geschichte und ihrer Rassen. Er beschrieb menschenähnliche Andromedaner und ihre zigarrenförmigen, über hundert Kilometer langen Mutterschiffe, die pferdeähnlichen Arkturianer mit ihren Frachtschiffen, die wie »zusammengeschweißte Wokdeckel« aussahen, und die Sirianer und Zentaurianer und Mintaukiner und Bellatrikianer, Letztere waren Reptilien. Irgendwann ergänzte er auch Bösewichte in seinem Universum: Wesen namens »dunkle Kabalisten«, die gegen die Transformation waren, genau wie die »planetare Elite« auf unserer eigenen Erde.

Einige von Nidles verschwörungsartigen Theorien passten gut zur *Akte X*-Begeisterung, die seit Beginn der Serie im September 1993 um sich griff. Nidle wäre nicht der Einzige, der davon beeinflusst worden war, allerdings bezog er sich in seinen Schriften eher auf *Star Trek* und *Star Wars*. Laut einem Reuters-Artikel von 2009 dokumentierte das britische Verteidigungsministerium 1996 609 UFO-Sichtungen, ein großer Sprung von den 117 im vorangegangenen Jahr. Das Verteidigungsministerium merkte an: »Dies fiel mit der zunehmenden Popularität von *Akte X* zusammen.« Ein ähnliches Phänomen ließ sich damals in den USA beobachten. Doch Nidles Geschichten über die Galaktische Föderation wurden so detailliert, dass daraus eine ganz eigene, mehrstaffelige Fernsehserie hätte werden können. Er tat, was man heute »Worldbuilding« nennt.

Nidle entschied sich schließlich für den 5. Mai 1997 als neues Datum für die Transformation und verband es mit dem Auftauchen des Hale-Bopp-Kometen. Laut den Nachrichten über sein Implantat war der Komet tatsächlich ein riesiges, getarntes Raumschiff. Es enthielt eine Mannschaft von über 200 000, darunter 10 000 außerirdische Botschafter, deren Aufgabe es war, die Menschheit durch die Transformation zu lotsen. Ein Shuttle des als Komet getarnten Raumschiffs sollte in der Nähe des Uluru in Australien landen, um die Party zu starten.

Natürlich ist das nicht passiert. Dafür passierte etwas anderes: Die Heaven's-Gate-Tragödie. Gut einen Monat vor dem Datum für die GCP-Transformation begingen die 39 Mitglieder der UFO-Sekte Heaven's Gate in einer Stadt nördlich von San Diego gemeinsam Selbstmord. Auch die Mitglieder dieser Sekte glaubten, dass der Hale-Bopp-Komet ein außerirdisches Raumschiff verbarg, das geschickt worden war, um sie zu retten. Sie glaubten, ihr Selbstmord würde ihnen helfen, ihre aktuelle Existenz zu transzendieren und auf das Schiff zu gelangen.

Da Heaven's Gate ihre eigene Website sowohl zur Anwerbung als auch für den Abschied vorm Selbstmord benutzt hatte, begannen die Medien, dieses neue Internet nach Gruppen mit ähnlichen Überzeugungen zu durchsuchen. Sie fanden Nidle und das GCP. Die *Palm Beach Post* aus Florida zum Beispiel brachte einen Artikel mit einer Liste von Internetseiten merkwürdiger Gruppen, auf der sich auch GCP befand. Die Überschrift lautete: »Jenseits von Heaven's Gate, das Web ist ein unheimlicher Ort.« Und in einem Artikel des *Atlanta Journal* wurde berichtet: »Eine Gruppe, die sich das Ground Crew Project of the Spiritual Hierarchy and the Galactic Federation nennt, hielt am Donnerstag eine gebührenfreie Konferenz ab und versprach, Details zu verraten, wie man in das UFO gelangt. Der Rat der Gruppe: Meditieren.«

An diesem Punkt benannte sich GCP um, aber nicht wegen der negativen Aufmerksamkeit durch Heaven's Gate. Schuld war eine Frau namens Valerie Donner, die zum inneren Kreis von GCP gehörte. Nachdem sie sich mit Nidle gestritten hatte, verließ sie die Gruppe, schaffte es jedoch, sowohl den Namen der Organisation als auch die so wichtige Webdomain mitzunehmen.

Anstatt um die GCP-Domain zu kämpfen, startete Nidle unter einem neuen Namen erneut: Planetary Activation Organization (PAO). In den Schriften hatte die neue Gruppe auch einen neuen Tonfall. Nidle zog die Vorhersage des Datums der Transformation zurück; er sagte, die intergalaktische Politik sei einfach zu komplex, um sich da sicher zu sein. Stattdessen predigte er, dass die Transformation ganz unpräzise kurz bevorstand, ähnlich wie die christliche Offenbarung. Außerdem verschob er den Schwerpunkt darauf, dass sich die Menschheit der Transformation erst einmal würdig erweisen sollte. Dabei würden die PAO-Mitglieder den Weg weisen, und zwar mit Massenmeditation und der Verbreitung der Information über das zu aktivierende Potenzial der Menschheit. Darüber hinaus ging seine Mythologie immer mehr in Richtung New Age als Science-Fiction. Er fing auch an, mit Konzepten anderer religiöser Gruppen zu arbeiten, wie den Aufgestiegenen Meistern, einer Idee aus der Theosophie und der Sekte I AM. Er ermunterte seine Anhänger, in ihren jeweiligen Communitys ihre eigenen PAO-Gruppen zu gründen, um ein Netzwerk der Erleuchtung rund um den Planeten aufzubauen. Er behauptete auch, dass die Erde nicht nur ein Experiment innerhalb der weitgefassten galaktischen Geschichte sei, sondern deren Drehpunkt. Ihre Transformation würde zum Bauplan für die Transformation der gesamten Galaxie. Außerdem befänden sich hier auch besondere Kristalle, die für das restliche Universum lebenswichtig seien.

Auf der PAO-Website ermahnte Nidle seine Anhänger auch weiterhin, sich auf die baldige Himmelfahrt vorzubereiten. Ein solches Update lautete zum Beispiel:

> *Zum globalen Meditationstag zur Sonnenwende war dazu aufgerufen worden, das Christusnetz durch eine spezielle Prozedur zu visualisieren. Dieser Tag war für diejenigen, die diese 1- bis 2-stündige Meditation erlebt haben, magisch. Die Galaktische Föderation und die Konföderation Freier Planeten sowie das Engelsreich haben alle bestätigt, dass unsere Meditation zur benötigten Verschiebung des Massenbewusstseins geführt hat, die nötig ist, damit die massenhaften Landungen Realität werden. Daher wurde ihnen von der spirituellen Hierarchie der Erde erlaubt, mit den Landungsoptionen weiterzumachen, je nachdem, ob die geheime Regierung sich widersetzen will.*

Nidle wurde auch immer produktiver und veröffentlichte Bücher, Webinare und DVDs und sprach bei New-Age- und UFO-Konferenzen. Seine Bücher und DVDs trugen Titel wie *You Are Becoming a Galactic Human, Tour a Sirian Mothership* und *Inner Earth, Your Future Home.*

Am 17. März 2011 wurde Nidle krank. Auf der PAO-Website wird das wie folgt beschrieben: »Als er an seinem Computer saß, wurde er von einer Direct Energy Weapon getroffen, was zu deutlichen Wesensveränderungen, einem Hirnschaden und schließlich Demenz führte. Im September 2021 hatte sich sein Gesundheitszustand weiter verschlechtert, und er wurde in ein Pflegeheim gebracht, wo er heute lebt.«

Doch er ist durchaus noch präsent, weil seine Anhänger seine Lehre weiterverbreiten. Nidles Worte stehen noch genauso im Internet wie 1996. Die PAO-Website verkauft immer noch seine Bücher und DVDs. Die Organisation bietet immer noch Webinare und Podcasts an und postet regelmäßig Updates. Auf YouTube finden sich viele Videos von Nidle, allein oder im Interview. Die Facebook-Seite von Sheldan Nidle hat, während ich das hier schreibe, 7900 Follower, obwohl sie am 30. September 2021 das letzte Mal aktualisiert wurde.

Das GCP/PAO sticht unter den Sekten in diesem Buch hervor. Seine Botschaften sind ähnlich wie die der anderen – Weltenende, Außerirdische und Messiasse, die zu einer neuen und fortgeschritteneren Zivilisation führen –, aber das Ergebnis dieser Lehre ist auffällig anders. Soweit bekannt kam es zu keinem Missbrauch, keinem Selbstmord, keinem Mord und auch keinen Verurteilungen. Ab und zu taucht auf einer YouTube-Seite oder auf Amazon ein Kommentar mit dem Vorwurf des Hausierens auf, aber das war's auch schon. Die meisten Mitglieder oder Anhänger der PAO scheinen aufrichtig an der Reifung ihrer selbst und der Menschheit durch Meditation und Science-Fiction interessiert.

Durch das Internet können Sekten vielleicht einfacher missionieren, aber im besten Fall fällt dadurch auch das Element der körperlichen Isolation weg, das für diese Gruppen nötig ist, um missbräuchlich zu werden. Es ist einfacher, einer Sekte zu entfliehen, wenn man sie mit einem Mausklick verlassen kann.

Breatharianism/ Luftnahrung

Den Bauch voller heißer Luft

Manche Sekten enden wegen Sexskandalen, andere wegen falscher Prophezeiungen, Verhaftung oder Tod der Anführer, Massenselbstmord und Mord. Das Breatharian Institute of America hat die einzigartige Ehre, die erste Sekte in der Geschichte zu sein, die durch ein Twinkie (kleine cremegefüllte Kuchen) endete. Es war auch die erste Atemsekte, die einem Massenpublikum ihr extrem bizarres Dogma vorstellte: dass der menschliche Körper von Luft leben kann, und zwar ausschließlich von Luft.

That's Incredible! hieß eine Fernsehshow Anfang der Achtzigerjahre, in der Menschen Erstaunliches leisteten – jemand zog einen Zug mit seinen Zähnen, ein Dreijähriger konnte Seiltanzen, eine Frau behauptete, die Musik berühmter, toter Musiker zu empfangen. Wiley Brooks hob in der Sendung eine 500-Kilo-Hantel, obwohl er selbst nur sechzig Kilo wog. Der ein Meter achtzig große Schwarze hatte den dünnen Körperbau eines Profi-Marathonläufers, aber die Kraft des dicksten Bodybuilders. Das war bereits unglaublich, aber das Geheimnis seines Erfolgs umso mehr. Er behauptete, dass er seit siebzehn Jahren kein festes Essen mehr zu sich genommen hatte: Er lebe von Luft.

Diese Behauptung war so unglaublich, dass Brooks schnell zu Talkshows wie *Late Night with David Letterman* und *The Tomorrow Show with Tom Snyder* eingeladen wurde. Im Interview mit Letzterem erklärte er, dass Breatharianism oder auch Luftnahrung möglich ist, wenn »der menschliche Körper in perfekter Harmonie mit sich selbst und der Natur ist«. Er sagte, essen sei unnötig und nur eine »Gewohnheit, wie Alkohol zu trinken oder Zigaretten zu rauchen«. In anderen Interviews klang er noch extremer. Im *Honolulu Advertiser* wird er wie folgt zitiert: »Es gibt einen Grund, warum der Körper stirbt, und zwar, weil wir ihn ständig mit einer fremden Substanz füllen, die Sie Essen nennen, ich nenne sie Gift.« Also blieb er dabei, nur Luft zu konsumieren ... und ab und zu mal einen Obstsaft, wenn er sich in einer Region mit unappetitlicher Luftverschmutzung befand.

Der 46-jährige Brooks gab an, mit 28 mit der Luftnahrung begonnen zu haben, als er merkte, dass er Haare verlor, an Arthritis litt und ständig müde war. Im Grunde merkte er, dass er älter wurde. Er beschloss, ein paar Bücher über Langlebigkeit zu lesen, und entdeckte, dass das Geheimnis, um all diesen »Altwerden«-Unfug zu reparieren, war, »die Gewohnheit zu essen loszuwerden« und den Körper einfach das tun zu lassen, was er ganz natürlich tut: Luft holen.

Brooks war allerdings nicht der erste Mensch in der Geschichte, der mit der Vorstellung, dass Essen überflüssig ist, hausieren ging. Verschiedene Heilige, Mönche und Okkultisten haben behauptet, jahrzehntelang ohne Essen gelebt zu haben. Während der viktorianischen Zeit machten Geschichten über

»fastende Mädchen« in Großbritannien und den USA Schlagzeilen. Molly Fletcher, alias das Rätsel von Brooklyn, behauptete Ende der 1870er, dass sie seit vierzehn Jahren nicht mehr gegessen hatte. Sarah Jacob, die fastende Waliserin, hatte angeblich mit zehn Jahren aufgehört zu essen. (Sie verhungerte 1869 mit zwölf Jahren – ihre Eltern wurden daraufhin wegen Totschlags verurteilt.) 1889 war Josephine Marie Bedard, alias das Tingwick Girl, in Boston eine so bekannte Hungerkünstlerin, dass der *Boston Globe* berichtete, als jemand ihr vorwarf, von einem Donut abgebissen zu haben.

Laut dem *Oxford English Dictionary* taucht das Wort breatharian 1957 das erste Mal im Buch *Parting of the Way: Lao Tzu and the Taoist Movement*, Band 10, von Holmes Welch auf. Als Welch bestimmte taoistische Konzepte darlegt, erwähnt er zum Vergleich Breatharianism: »Ich denke dabei an das Luftessen, das von der Natural Science Society of Maitland, Florida, propagiert wird. Laut der Breatharian-Doktrin ist Essen der Grund für den Tod. Fleisch und Wein sind giftig, Gemüse sogar noch giftiger.«

Anfang der 1980er hatte Brooks durch all die Medienaufmerksamkeit eine Idee: Er wollte eine Organisation aufbauen, die sich seiner Philosophie und Praxis widmet, und anderen Menschen beibringen, ohne Essen auszukommen. 1982 gründete Brooks das Breatharian Institute of America in Larkspur, Kalifornien. Er hielt Vorträge und mehrtägige Seminare zur Technik und zog Anhänger an, die sich für die scheinbar grenzenlosen Vorteile interessierten, die der Breatharianism laut Brooks bot. Ein Bericht von United Press International von 1983 schätzt seine Anhänger auf 400 Menschen, die sich einen luftigen Magen wünschten.

Obwohl Brooks Langlebigkeit (und manchmal sogar Unsterblichkeit) predigte, war das Breatharian Institute sehr kurzlebig. 1983 wurde Brooks erwischt, wie er nachts mit einem Slush, einem Hot Dog und einer Packung Twinkies einen Laden verließ, und diese Entdeckung schaffte es in die Zeitungen, genau wie der Donut des Tingwick Girls. Als der Hamburger einmal aus dem Sack war, tauchten weitere Geschichten über sein heimliches Essen auf, mit sehr genauen Beschreibungen seiner Tendenz, sich mit Chicken-Pie, Chili und Keksen vollzustopfen, die er sich in Hotels vom Zimmerservice bringen ließ. Seine frühere Partnerin, Lavelle Lefler, die ihm bei der Gründung seiner Organisation geholfen hatte, erklärte schließlich UPI: »Die Wahrheit ist, dass er sich in 7-Eleven- und Fastfood-Läden schleicht und isst, wie wir alle auch – oder schlechter als wir, weil er Läden braucht, die noch spätnachts geöffnet sind.«

Brooks behauptete, die Vorwürfe würde sie als Ex nur aus Rache äußern und dass niemand beweisen könne, dass er etwas aß, aber der Schaden war angerichtet. Dreizehn Leiter verließen die Organisation, wonach das Institut praktisch nur noch aus Brooks bestand. Seine Anhänger hatten allerdings nicht den Glauben an die Luftnahrung selbst verloren – nur den an Wiley Brooks. Lefler sagte UPI: »Ich unterrichte seit fünfzehn Jahren Yoga, und ich war in Indien, wo Menschen ohne zu essen überleben, daher weiß ich, dass das Konzept der Luftnahrung wahr ist.«

Ohne seine Anhänger und seine Medienpräsenz vertrat Brooks in den Neunzigern und bis ins neue Jahrtausend hinein seine Version des Breatharianism über seine Website. Irgendwann wurde er beim Essen in einem McDonald's erwischt. Ungerührt erklärte er, dass eine der perfektesten Mahlzeiten auf der Erde ein McDonald's Double Quarter Pounder mit Käse und einer Cola light sei, weil »die Summenfrequenz aller Teile gleich der Basisfrequenz dieser Elemente ist«. Im Grunde behauptete er, es sei fünfdimensionales Essen – womit Brooks ein ganz neues Süppchen kochte. Irgendwie war sein Glaube noch unglaublicher geworden als die Vorstellung, ohne Nahrung zu leben. Er predigte jetzt, dass der dreidimensionale Zustand der menschlichen Wesen nur unser gefallener Zustand sei, weil wir eigentlich fünfdimensionale Wesen seien, die etwas durchleben müssen, was er »Aufstieg« nannte, um wieder zu unserem wahren Potenzial zu gelangen. Jemand, der aufgestiegen war, würde zu einem »lebenden Gott auf Erden«. Außerirdische gehörten auch irgendwie dazu. Die Vorstellungen erinnerten an die, die sowohl I AM als auch die Planetary Activation Organization vertraten.

Doch während Wiley von Diättipps auf mehrdimensionale Trips umschwenkte, entdeckten andere den Breatharianism für sich. Es war eine leicht zu übernehmende Idee, einfach im Ausdruck und weniger vom Charisma und komplexer Theologie eines Einzelnen abhängig als bei den meisten Sekten. Ende der 1990er tauchte eine Australierin namens Jasmuheen (geborene Ellen Greve) im Fernsehen auf, schrieb Bücher über ihre Fähigkeit, ausschließlich von Luft und Licht zu leben, und brachte anderen bei, ihrem Beispiel zu folgen. Sie behauptete auch, dass sie Saint Germain als Medium diene und dass ihre DNA sich von zwei auf zwölf Stränge vergrößert habe, noch eine merkwürdige Überschneidung mit den Sektenlehren sowohl von I AM als auch der Planetary Activation Organization. Ihre Luft- bzw. Lichtnahrungslehre wurde jedoch schon bald mit Todesfällen in der ganzen Welt in Verbindung gebracht. Verity Linn, eine 49-jährige Schottin, wurde verdurstet in einem Zelt in den Highlands gefunden; bei sich hatte sie ein Buch von Jasmuheen sowie ihr Tagebuch, das die Verbindung bestätigte. Die 33-jährige Australierin Lani Morris starb im Krankenhaus, nachdem sie sich an Jasmuheens Programm gehalten hatte, wie auch der 31-jährige Erzieher Timo Degen in München.

Der Todesstoß für Jasmuheen als Guru kam 1999, als sie in der australischen Fernsehsendung *60 Minutes* auftrat. Das Konzept der Sendung war, sie sieben Tage lang zu beobachten, um festzustellen, ob sie die Wahrheit über ihre Ernährung sagte. Doch das Experiment musste nach wenigen Tagen abgebrochen werden, weil sie Gewicht verlor und eindeutige Zeichen von Dehydrierung und eingeschränkten kognitiven Fähigkeiten zeigte. Doch auch danach war die Luftnahrung noch nicht tot.

2017 erschien in der *Sun* eine Geschichte über das Ehepaar Akahi Ricardo und Camila Castello, die beide Breatharians waren. Die beiden behaupteten, dass sie abgesehen von einem gelegentlichen Stück Obst oder einer Gemüsebrühe seit neun Jahren nichts mehr gegessen hatten, in dieser Zeit waren auch ihre zwei Kinder geboren worden. Castello erklärte der Zeitung: »Menschen können ganz einfach ohne Nahrung sein – solange sie mit der Energie verbunden sind, die in allen Dingen und durch das Atmen existiert. Drei Jahre lang haben Akahi und ich überhaupt nichts gegessen, und jetzt essen wir nur selten, wenn wir zum Beispiel in einer entsprechenden gesellschaftlichen Situation sind oder einfach Lust auf den Geschmack einer Frucht haben.« Im selben Jahr sagte Akahi *GQ*: »Als ich damit begonnen habe, fühlte ich mich reiner, ich fühlte mich klarer. Ich fühlte mich … furchtlos.« Wie jeder andere

Vertreter der Luftnahrung verkaufte auch dieses Paar Seminare, die erklärten, wie man von Luft lebt. In dem *GQ*-Artikel nimmt die Journalistin Breena Kerr an einem dieser Seminare teil. Sie beschreibt die Erfahrung als:

> *Etwas arm an Aktivitäten ... Abgesehen von der Morgen- und Abendmeditation ist Ricardo nicht anwesend. Jeder hängt einfach nur von halb elf bis fünf Uhr nachmittags in dem dunklen, stickigen Haus herum und fastet, vielleicht spaziert man mal zum Fluss oder um Äpfel und Brombeeren zu sammeln, die man aktuell nicht essen darf. Auf dem Küchentisch liegen lauter Zeichnungen und Aquarelle von numinosen Bildern. Die merkwürdigen Figuren, geometrischen Muster und Naturszenen sehen aus wie von einem Drogentrip.*

Kerr entdeckte auch ein paar verstörende Einstellungen, als es darum ging, das Seminar zu bezahlen. Eine Teilnehmerin namens Mary erzählte ihr: »Ich musste hierfür die Rate für mein Haus verschieben. Aber was soll's? Das hier ist wichtiger.« Beth, eine andere Teilnehmerin, meinte: »Der Preis für dieses Retreat ist gar nichts, verglichen mit dem, was man bekommt. Ich meine, er gibt dir das Universum. Wer sonst kann dir das bieten?«

Ein paar Jahre später übernahm noch ein Vertreter der Luftnahrung den Staffelstab. Nicolas Pilartz wurde in Frankreich geboren, und nachdem er eine Dokumentation über Breatharianism gesehen hatte, beschloss er, es selbst zu versuchen, um seine chronischen Schmerzen loszuwerden. Zehn Jahre später leitete er das Eden Pranic Center in Coccore in Italien (*prana* ist ein Hindukonzept, das ungefähr »Lebenskraft« bedeutet). Laut *Vice* ist es »eine der größten Organisationen für Breatharianism auf der Welt«. Pilartz scheint eine weniger extreme Form der Luftnahrung zu predigen. Er isst angeblich eine Mahlzeit pro Woche und trinkt ansonsten nur. Er hat auch erzählt, dass er kein Problem habe, bei gesellschaftlichen Events zu essen, aber er müsse vorsichtig sein: »Wenn ich jetzt esse, fühle ich sofort, wie meine Schwingungen absinken. Es gibt auch den Augenblick, in dem sie steigen, wie wenn man etwas Alkohol trinkt, und dann erlebe ich den sinkenden Effekt. Ich habe dann das Gefühl, doppelt zu sehen, als wäre ich betrunken. Ich spüre, wie sich meine Schwingungen verändern.«

In vielerlei Hinsicht ist der moderne Breatharianism eher eine extreme Modediät als eine Sekte, ähnlich vielen anderen Modediäten und Ernährungslehren, wie sie seit den Achtzigern gekommen und gegangen sind. Doch in einem Punkt haben Wiley Brooks und die anderen Breatharians recht: Wir haben eine komplexe Beziehung zum Essen. Wir essen in Gesellschaft oder zum Trost, und wir fühlen uns dessentwegen, was wir essen oder nicht essen, schuldig. Für Menschen, die Probleme mit dieser Beziehung haben, ist es verlockend, das tägliche Brot im Staub liegen zu lassen. Aber man kann Jelly-Donuts nun mal nicht gegen Jetstreams austauschen und den Versuch überleben.

Heaven's Gate

Just »Do« It

Es waren gruselige Fotos. Darauf waren auf dem Rücken liegende Leichen auf weißen Matratzen zu sehen, sowohl in Etagenbetten als auch auf Klapptischen und dem Boden. Ein lila Tuch bedeckte Gesicht und Brust, alle trugen die gleiche schwarze Jogginghose und schwarze Nike-Schuhe mit einem so grellen weißen Swoosh, dass die Fotos fast wie Werbung wirkten. Aber das waren Fotos vom Tatort, von Selbstmördern – 39 an der Zahl. Alle Mitglieder einer Sekte namens Heaven's Gate, die sich im März 1997 das Leben genommen hatten. Und weil es Ende der Neunziger passierte, konnten die Menschen, die diese Fotos in den Nachrichten sahen, zum ersten Mal ins Internet gehen, die Sekte googeln und die ganze Geschichte an der Quelle nachlesen, auf heavensgate.com (wobei Google erst ein Jahr später auf den Markt kam, sie haben sie also wahrscheinlich yahoot oder altavistat).

Marcus Applewhite und Bonnie Nettles trafen sich 1972 in einer psychiatrischen Klinik in Texas. Applewhite war 41, Sänger, Musikprofessor und Sohn eines presbyterianischen Priesters. Außerdem war er geschieden, hatte zwei Kinder und war zwei Jahre zuvor von der University of St. Thomas in Houston entlassen worden, weil er eine Affäre mit einem Studenten hatte (obwohl der offizielle Grund, laut Unipräsident Reverend William Young in der *San Diego Union-Tribune*, »Gesundheitsprobleme emotionaler Art« waren). Applewhite war wegen lähmender innerer Konflikte aufgrund seiner Sexualität in der Klinik. Nettles war eine 45-jährige, geschiedene Krankenschwester mit vier Kindern und einem großen Interesse an Spiritualismus und UFOs. Applewhite sagte ihr, dass er Stimmen höre und brutale Visionen vom Ende der Welt habe. Nettles glaubte, dass Applewhite tatsächlich Visionen von hinter den Sternen erhielt. Plötzlich passte alles zusammen, zwischen den beiden hat es einfach klick gemacht. Also verließen sie die Klinik und gingen auf einen sechsmonatigen Roadtrip durch Amerika.

Während dieser Zeit bastelten Applewhite und Nettles an ihrer Vorstellung über das Leben. Sie glaubten, die beiden Zeugen zu sein, die in Offenbarung 11 erwähnt werden und denen von Gott die Macht gegeben wird, zu prophezeien, Feuer aus dem Mund zu speien, Plagen zu verbreiten und das Wetter zu kontrollieren. Sie nannten sich die »UFO Two«, »die Zwei« und Bo und Peep sowie Guinea and Pig. Die Spitznamen, die hängen blieben, waren allerdings die Tonsilben Ti und Do, dabei war Applewhite Do und Nettles Ti. Nach allem, was man aus ihren Briefen und von Menschen, die sie kannten, weiß, waren sie kein Paar, aber durch eine gemeinsame Fantasie und Wahnvorstellung verbunden.

Ihre Vorstellung über die Menschheit und das Universum war der übliche UFO-Sekten-Kram. Sie beschlossen, dass wir alle nur pure körperliche Hüllen sind, dazu gedacht, von unsterblichen außerirdischen Präsenzen bewohnt zu werden, und die dann darum kämpfen, diese groben Hüllen zu überwinden und die »nächste Ebene« zu erreichen, ein Konzept, das sie mit der christlichen Vorstellung des Reichs Gottes verglichen. Sie glaubten, dass Jesus der erste vollständig bewohnte und aufgestiegene Alien war und dass Applewhite der letzte war. Die Sektenmitglieder wurden aufgefordert, visuell darzustellen, wie ihr wahres, außerirdisches Ich tatsächlich aussah oder aber wie die Außerirdischen sie in ihrer Entwicklung leiteten. Sie zeichneten Bilder von freundlichen Wesen mit dicken Köpfen. Eines der Bilder wurde in der Villa, in der sie schließlich starben, gefunden, und der Rechtsmediziner beschrieb es gegenüber der Associated Press als »Kopf eines Aliens, wie man ihn in *Akte X* sieht«. Nettle und Applewhite glaubten, dass jeder einen außerirdischen Bewohner in sich aufnehmen und körperlich aufsteigen könne, um zu einem neuen, besseren, harmonischeren Wesen zu werden. Die Menschen mussten nur dieser neuen, asketischen Gruppe beitreten, die sie schließlich Heaven's Gate nannten, also Himmelstor, zu dem Ti und Do die Schlüssel besaßen.

Mitte der 1970er hatten Ti und Do eine Gefolgschaft um sich geschart, die sie »die Mannschaft« nannten, einer von vielen Verweisen in ihrer Sekte auf die Fernsehserie *Star Trek*, die nicht einmal zehn Jahre zuvor, 1966, gedreht worden war. Sie sammelten Anhänger bei Vorträgen über UFOs und darüber, wie man zu seiner vollständig entwickelten, außerirdischen Persönlichkeit wird. 1975 hielten Ti und Do zum Beispiel einen Vortrag vor 150 Menschen in einem Motel im Seeort Waldport in Oregon mit damals 600 Einwohnern. Ein Teilnehmer, Aaron Greenburg, beschrieb das Treffen über zwanzig Jahre später der *New York Times*: »Es hatte etwas Zwanghaftes. Wie Richard Dreyfuss in *Unheimliche Begegnung der dritten Art*, wenn er diesen Turm aus Kartoffelbrei baut.« Wie die meisten Sektenführer verfügten auch Ti und Do über ein außergewöhnliches Charisma.

Und dann, genau wie diejenigen, die in Steven Spielbergs Film von dem bunten Raumschiff angezogen wurden, folgten zwanzig Teilnehmer, darunter auch Greenburg, Ti und Do aus der Stadt, wie die Kinder dem Rattenfänger von Hameln, und verschwanden. Der Exodus war so groß, dass landesweit Medien darüber berichteten. Nachrichtenlegende Walter Cronkite persönlich verkündete bei den *CBS Evening News*: »Eine Gruppe Menschen sind aus einem kleinen Ort in Oregon verschwunden. Es ist ein Rätsel, ob sie auf eine sogenannte Reise in die Ewigkeit mitgenommen wurden – oder einfach nur mitgenommen wurden.« Die Wahrheit ist wohl, dass sie sich wahrscheinlich letztlich wieder von der Gruppe gelöst hatten, denn über die Jahre schlossen sich Hunderte Menschen Heaven's Gate an und stiegen wieder aus. Sicher ist jedenfalls, dass sich Jahrzehnte später unter den 39 Selbstmördern keiner aus Waldport befand.

Während der nächsten zwanzig Jahre lebten die Mitglieder von Heaven's Gate an verschiedenen Orten in Südkalifornien. Der nächste große Augenblick kam für sie 1985, als Nettles an Krebs starb. Ihr Tod war ein Schlag für ihre Lehre, da der Aufstieg ja im Körper geschehen sollte. Doch Applewhite passte die Theologie so an, dass der Körper manchmal zuerst abgelegt werden muss, eine relativ harmlos erscheinende Änderung, die jedoch schlussendlich zu ihrem berüchtigten Massenselbstmord 22 Jahre später führte.

Die Mitglieder wurden derweil identisch androgyn in ihrer Kleidung und ihrem Verhalten. Sie trugen alle kurze Haare und die gleichen weiten, bis oben zugeknöpften Hemden, die ihre Körper verdeckten. Sex war verboten, wie auch individuelle Freundschaften zwischen den Mitgliedern. Später stellte sich heraus, dass ein halbes Dutzend Männer, darunter auch Applewhite, kastriert worden waren, um sicherzustellen, dass ihre körperliche Hülle keinen unangemessenen Einfluss auf ihr höheres Ich hatte. Applewhite hatte anscheinend eine Möglichkeit gefunden, seinen inneren sexuellen Konflikt zu externalisieren.

Während der 1980er und den frühen 1990er Jahren blieb die Gruppe unbemerkt und isolierte sich von Freunden und Familie. Als sich das Internet Ende der Neunziger immer mehr verbreitete, nahmen sie die Chance wahr. Heaven's Gate begann, Geld zu verdienen, indem sie die Gestaltung von Websites unter dem Geschäftsnamen Higher Source anboten. Sie gestalteten auch ihre eigene Website, womit sie eine der ersten Sekten waren, die das Internet zum Anwerben nutzten.

Dann kam der Komet Hale-Bopp – einer der hellsten und am meisten beobachteten Kometen näherte sich nach Jahrzehnten erneut. Er wurde 1995 durch ein Teleskop gesichtet, war aber mit bloßem Auge erst ein Jahr später zu sehen. Danach wurde er ein Jahr lang immer heller und heller und faszinierte Millionen Menschen auf der Nordhalbkugel, von wo man die beste Sicht auf ihn hatte.

Für Heaven's Gate war er ein Zeichen. Sie glaubten, dass diese strahlende astronomische Erscheinung ein Raumschiff verdeckte, und da waren sie nicht die Einzigen. Wie schon gesagt, glaubte die Planetary Activation Organization etwas ganz Ähnliches, und viele UFO-Verschwörungsgläubige stimmten der Theorie zu, dass sich ein außerirdisches Objekt im Schatten des Kometen verbarg. Doch die Mitglieder von Heaven's

Gate waren überzeugt, dass das versteckte Raumschiff extra für sie kam. Es war endlich Zeit aufzusteigen. Und nach dem Tod von Nettles glaubten sie, dass sie dafür ihre Körper verlassen müssten.

Die 39 Mitglieder – 21 Frauen und achtzehn Männer – wurden am 26. März 1997 in einer gemieteten Villa in Rancho Santa Fe, Kalifornien, gefunden. Rio DiAngelo, ein Sektenmitglied, das mit der Aufgabe sicherzustellen, dass die Geschichte von Heaven's Gate korrekt erzählt wurde, zurückgeblieben war, gab einen telefonischen Hinweis. Als er 25 Jahre später von Diane Sawyer bei ABC News interviewt wurde, war er immer noch ein loyaler Gläubiger, aber er gab zu, dass er »weitermachen« musste, damit er sich finanziell und auch sonst um seine Familie kümmern konnte. Er erklärte die Anziehungskraft der Sekte auf ihn so: »Ich habe immer nach Antworten gesucht, nach einem Sinn in meinem Leben. Ich habe diese Menschen geliebt. […] Wir waren alle alleinstehende Menschen, die sich weiterentwickeln wollten.«

Die Mitglieder von Heaven's Gate nahmen sich das Leben, indem sie Barbiturate und Wodka konsumierten, Erstere mit Pudding oder Apfelmus vermischt. Dann zogen sie sich Plastiktüten über den Kopf und legten sich auf ihre Matratzen. Sie brachten sich nacheinander um. Die ersten fünfzehn wurden von den anderen friedlich in ihren Betten arrangiert, die Tücher über sie gelegt. Dann die nächsten fünfzehn. Schließlich die letzten neun, zu denen auch Applewhite selbst gehörte. Nicht alle starben am Gift, manche erstickten unter der Tüte. Auf den Armbündchen ihrer identischen schwarzen Jogginganzüge stand »Heaven's Gate Away Team«, ein weiterer Verweis auf *Star Trek*: »away team« werden die Mannschaftsmitglieder genannt, die als Außenteam bei einer Mission das Schiff verlassen.

Alle Mitglieder drehten Abschiedsvideos, auf denen sie glücklich und aufgeregt aussehen, eine Frau beendete ihr Lebewohl mit »39 bereit zum Beamen«. Zu diesen 39, die gebeamt werden wollten, gehörte Thomas Nichols, der mit ihr zerstrittene Bruder der Schauspielerin Nichelle Nichols, die in der *Star Trek*-Fernsehserie die bahnbrechende Rolle von Lt. Uhura gespielt hatte.

Auf der Heaven's-Gate-Website wurde eine Pressemitteilung über das Event »Nächste Ebene« gepostet. Weiß auf Sternenhintergrund lautete der erste Abschnitt der Mitteilung:

> *Wenn ihr das lest, sind wir gegangen – mehrere Dutzend von uns. Wir kamen von einer Ebene über den Menschen aus dem fernen All, und wir haben jetzt unsere Körper verlassen, die wir für unsere Arbeit auf der Erde getragen haben, um in die Welt zurückzukehren, aus der wir kamen – die Aufgabe ist erfüllt. Das ferne All, auf das wir uns beziehen, ist das, was eure religiöse Literatur das Himmelreich oder das Reich Gottes nennt.*

Die Pressemitteilung endete mit der Aufforderung an andere, ihrem Beispiel zu folgen und ihre grobe Menschlichkeit für ein interstellares Schicksal abzulegen:

> *Wir schlagen vor, dass jeder, der ernsthaft darüber nachdenkt, an den ruhigsten Platz geht und fragt, mit ganzem Wesen schreit, und die Frage an die höchste*

Quelle, die er sich vorstellen kann (jenseits der Atmosphäre der Erde), richtet, um geführt zu werden. Nur die von diesem nächsten Königreich »Auserwählten« werden wissen, dass es das Richtige für sie ist, und den Mut erhalten, den die Tat verlangt.

Die Mitglieder hinterließen auch Abschiedsbriefe – lange Fast-Essays, von denen manche auf der Heaven's Gate-Website erschienen. Sie wiederholten dasselbe – dass nichts an ihrem Leben schlecht war, dass sie sich auf die nächste Phase ihrer Existenz freuten und dass sie Ti und Do vollkommen vertrauten. Stephen McCarter schrieb zum Beispiel: »Meine privaten Gründe dafür, genau jetzt gehen zu wollen, haben nichts mit Hoffnungslosigkeit oder Verzweiflung zu tun, wie vielleicht vermutet wird. Ganz im Gegenteil, es ist eine zutiefst fröhliche Zeit für mich – die Erfüllung von allem, worauf ich immer gehofft habe.« Erika Ernst schrieb: »Der Hauptgrund ist, dass ich weiß, wer Ti & Do sind. Sie sind Mitglieder des Himmelsreichs, und ich weiß es. Ich wusste es, als ich sie das erste Mal traf.«

In den Monaten nach der Entdeckung des Massenselbstmords nahmen sich drei weitere frühere Mitglieder von Heaven's Gate das Leben. Eine Person, die nichts mit der Sekte zu tun hatte, deren Selbstmord aber den der Sektenmitglieder imitierte, hinterließ einen Brief, in dem sie erklärte, sie wolle zu dem Raumschiff, das sich hinter dem Kometen Hale-Bopp verbarg.

Nach der Tragödie nahm Nike den Schuh Decade, den die Sektenmitglieder trugen, vom Markt. Sie hatten sich für die Schuhe entschieden, weil sie sie günstig kaufen konnten und weil ihnen das Wortspiel gefiel, wenn man Applewhites Spitznamen Do mit Nikes Slogan »Just do it« kombinierte. Heute findet man Schuhe dieser Serie auf eBay für bis zu 6600 Dollar, und immer wird die Sekte erwähnt, die das Design berühmt-berüchtigt gemacht hat.

Bis heute ist die Website von Heaven's Gate in all ihrem Neunzigerjahre-Schick im Internet zu finden, gepflegt von Mitgliedern, die nicht aufgestiegen sind, aber glauben, dass das Außenteam jeden Moment zurückkehren und sie abholen wird.

Heaven's Gate stellt in vielerlei Hinsicht eine Sektenikone dar und eignet sich perfekt, um das Buch mit ihr zu beenden. Es war eine UFO-Sekte auf dem Höhepunkt des UFO-Fiebers. Eine Internetsekte ganz zu Beginn dieser weltverändernden Technologie. Eine Gruppe, die im Himmel nach Antworten suchte, wie Menschen es von Anbeginn der Zeit tun. Und sie begingen den größten Massenselbstmord in der Geschichte der USA. Sie waren eine Gruppe von ansonsten normalen Menschen, die an einem merkwürdigen Punkt der Geschichte auf Extremen balancierten und aus Gründen, die wohl immer ein Geheimnis bleiben, bizarren Vorstellungen und Praktiken anhingen, die zu einer Massentragödie führten. Sie waren eine Sekte.

EPILOG

Keine Kur gegen Sekten

Ich habe dieses Buch während der schlimmsten Phase meines bisherigen und hoffentlich gesamten Lebens geschrieben. Durch diesen traurigen Zufall konnte ich die grundlegende Motivation zum Beitritt einer Sekte nachvollziehen. Ich vermochte nicht einmal, journalistische Objektivität oder wissenschaftliche Neugier vorzuschützen. Sicher, die Suche nach der Wahrheit, nach Schutz, Sinn, Erlösung und Selbstoptimierung sind korrekte und sich überschneidende Gründe, warum Menschen Sekten beitreten, aber da die Entscheidung, Mitglied einer Sekte zu werden, hauptsächlich eine emotionale ist, dienten mir diese Kategorien vor allem dazu, das Buch zu gliedern.

Die Wahrheit ist, wenn man in tiefer Verzweiflung versinkt – ob körperlich, mental oder existenziell –, hinterfragt man die rettende Hand nicht. Man untersucht weder deren Nägel und Ringe, noch erforscht man, wem die Hand gehört. Man ergreift sie einfach nur. Voller Verzweiflung.

Und ehe man sich's versieht, befindet man sich an Bord eines Schiffs, das jemand anders in eine Richtung lenkt, auf die man keinerlei Einfluss hat, und eine Zeitlang ist das gut. Sogar toll.

Es ist eine Erleichterung. Und sicherlich besser, als zu ertrinken. Aber je länger man auf diesem Schiff ist, umso weiter entfernt es sich von allem, was man bisher kannte. Und sollten einem je Zweifel an diesem Schiff kommen, dann steht man vor einer krassen Entscheidung: entweder an Bord und auf Kurs bleiben, egal, wohin die Reise geht, oder wieder in das einsame, gefährliche Gewässer springen, jetzt noch weiter draußen als zuvor. Ich hatte das Glück, dass die Hände, die mich gerettet haben, nicht den Mitgliedern einer Sekte gehörten.

Trotz der großen Bandbreite der Sekten in diesem Buch – Fußsekten, UFO-Sekten, Hohlerde-Sekten, Weltuntergangssekten, Sexsekten und Therapiesekten – sind die Gemeinsamkeiten und sich wiederholenden Muster auf den ersten Blick ersichtlich. Dazu gehört:

1. Die Regeln der Organisation gelten nicht für ihren Anführer.
2. Der Anführer hält sich für übernatürlich einzigartig und talentiert.
3. Die Organisation ist geografisch oder gesellschaftlich isoliert.
4. Die Organisation handelt gemäß dringender Vorhersagen über ein drohendes weltveränderndes Ereignis.
5. Die Organisation lässt die Mitglieder durch massive Spenden und Überschreibungen verarmen.
6. Die Organisation vertritt Ideen, die ein unorigineller Mischmasch der Lehren anderer Organisationen sind.
7. Die Organisation trägt einen stinklangweiligen Namen.

Natürlich können Sekten noch mehr Gemeinsamkeiten haben als diese sieben, je nach Art der Sekte oder anderer entscheidender Elemente. Wenn zum Beispiel der Sektenführer ein Mann ist, dann hat er fast ausnahmslos das Recht, mit jeder Frau in der Sekte Sex zu haben.

Und doch, trotz all der laut flatternden Red Flags schließen wir uns einfach deswegen einer Sekte an, weil wir Menschen sind. Mitglied einer Sekte zu werden erfüllt ein Bedürfnis, das so fundamental ist wie Hunger oder Durst, oder was immer es in mir ist, weswegen ich Caramellos und *M*A*S*H*-Wiederholungen will. Mit anderen Worten, sich einer Sekte anzuschließen erfüllt nicht nur ein spirituelles Bedürfnis, sondern ein biologisches – und zwar nicht nur das Bedürfnis, soziale Gruppen zu bilden. Es ist, als hätte die Evolution bemerkt, dass sie fälschlicherweise die Entstehung eines sich selbst bewussten Tieres zugelassen hat, eines, das weiß, dass es schwach und zerbrechlich ist und sterben muss. Also hat die Evolution diesen Fehler korrigiert oder mit einer neuen Art von Überlebensmechanismus ausgeglichen: der Tendenz, die uns dazu bringt, uns spirituellen Organisationen wie Religionen, Kulten und Sekten anzuschließen. Die berühmte Leere, die die Form Gottes hat, hat wohl eher die Form einer Sekte. Die Form einer Gruppe Gleichgesinnter, die uns wichtig sind und die von einem überzeugenden Anführer geleitet wird. Wir jagen immer diesem Gefühl eines friedvollen, einfachen Sinnes hinterher, um das Toben in unserem Kopf zu beruhigen, um uns vor den Schrecken unserer Lage zu schützen, um das überwältigende Gefühl zu betäuben, nur ein anonymer Mensch von acht Milliarden zu sein, die auf einem Felsen durch ein so enormes Vakuum rasen, dass es weder vermessen noch kartiert werden kann.

Was bedeutet, solange es Menschen auf diesem Felsen gibt, solange wird es Sekten geben.

AUSGEWÄHLTE Bibliografie

Atkins, Stephen E. *Encyclopedia of Modern Worldwide Extremists and Extremist Groups*. Westport, CT: Greenwood Publishing Group, 2004.

Festinger, Leon, Henry W. Riecken und Stanley Schachter. *When Prophecy Fails*. Minneapolis, MN: University of Minnesota Press, 1956.

Guinn, Jeff. Manson: The Life and Times of Charles Manson. New York, NY: Simon & Schuster, 2013.

Ders. *The Road to Jonestown: Jim Jones and Peoples Temple*. New York, NY: Simon & Schuster, 2017.

Ders. *Waco: David Koresh, the Branch Davidians und a Legacy of Rage*. New York, NY: Simon & Schuster, 2023.

Jones, Faith. *Sex Cult Nun: Breaking Away from the Children of God, a Wild, Radical Religious Cult*. New York, NY: William Morrow, 2022.

Kaihla, Paul. *Savage Messiah: The Shocking Story of Cult Leader Rock Thériault and the Women Who Loved Him*. Toronto, ON: Doubleday Canada, 1993.

Lewis, James R., Hrsg. *The Order of the Solar Temple: The Temple of Death*. London, UK: Routledge, 2016.

Lindstrom, Lamont. *Cargo Cult: Strange Stories of Desire from Melanesia and Beyond*. Honolulu, HI: University of Hawaii Press, 1993.

Millner, Lyn. *The Allure of Immortality: An American Cult, a Florida Swamp und a Renegade Prophet*. Gainesville, FL: University Press of Florida. 2015.

Palmer, Susan J. *Aliens Adored: Raël's UFO Religion*. New Brunswick, NJ: Rutgers University Press, 2004.

Dies. *The Nuwaubian Nation: Black Spirituality and State Control*. London, UK: Routledge, 2010.

Stille, Alexander. *The Sullivanians: Sex, Psychotherapy und the Wild Life of an American Commune*. New York, NY: Farrar, Straus and Giroux, 2023.

Urban, Hugh B. *Zorba the Buddha: Sex, Spirituality und Capitalism in the Global Osho Movement*. Oakland, CA: University of California Press, 2016.

Zeller, Benjamin E. *Heaven's Gate: America's UFO Religion*. New York, NY: New York University Press, 2014.

Danksagung

Dafür, dass es dieses Buch gibt, muss ich zwei Gruppen danken. Zuerst dem großartigen Team bei Quirk, das erstaunlich viel Mühe in dieses Buch gesteckt hat, wie sie es mit all ihren Büchern tun: Meiner Verlegerin und unfehlbaren Hirtin, Rebecca Gyllenhaal. Der Verlegerin Jhanteigh Kupihea für ihre liebenswürdige Aufmerksamkeit und ihre weisen Ideen. Julie Ehlers, Kassie Andreadis und Jane Morley für das Einfangen meines wilden Texts bei diesem heiklen Thema. Und Elissa Flanigan für das Buchdesign und Joshua Noom für das Titelbild, wodurch dieser Haufen Wörter zu einem wirklich beeindruckenden Kunstwerk wird.

Und dann möchte ich denen Dank sagen, die mir während des letzten Jahres ihre Ohren und Schultern sowie Betten und Dächer geliehen haben, mir Rat und Trost geboten haben – also eigentlich einen riesigen Teil ihres Lebens und ihrer emotionalen Energie diesem Projekt einer Person gewidmet haben. Ohne sie würde es dieses Buch nicht geben: Meinen Töchtern Esme, Hazel und Olive. Meinem Vater Edward Ocker und seiner Frau Suzanne Malone. Den lebenslangen Freunden Mike und Trish

Colombo. Zach Sanzone. Brad Eardley. Becky Shott. Christian Haunton. Jacob Strunk. Alex Slater. Adam Perry. Frank und seinen Hunden. Katharine Bromley. Natalie Ash. Hazel Lydon. Jim Logan. Kandace Carpenter. Roger Barr. Victoria Bevan. Munther El Akabi. Angela Nilsson. Will Webster. Tripp Wilson. Caleb Ryan. Una Dunne. Catharine Bindschedler. Alex Carr. Alex Rodrigues. John Rozum. Doug Cross. James Lurgio. Samiya Anwar. Mitch Scott. Linda Stevens. Sarah Chrystal. Janet Hand. Jay Asher. Kathryn O'Shields. Bryan Moore. Joey, Diane und Jessica Vento. Katy Richards. Zach Shaw. George Dryden. Em Holmes. Bill Huxley. Katie Sedler. Tim Dunne. Haylee Swanson. Dawne Sohn. Danke euch allen.